国家自然科学基金专项项目"数字化变革、数据要素化与经济高质量发展"（批准号：72141305）成果

教育部哲学社会科学研究重大课题攻关项目"新发展格局下数字产业链发展战略研究"（批准号：21JZD022）成果

———————

受浙江大学文科高水平学术著作出版基金资助

数字社会科学丛书编委会

总顾问

吴朝晖 中国科学院副院长、院士

主　编

黄先海 浙江大学副校长、教授

编　委

魏　江 浙江财经大学党委副书记、副校长（主持行政工作）、教授
周江洪 浙江大学副校长、教授
胡　铭 浙江大学光华法学院院长、教授
韦　路 浙江传媒学院党委副书记、副院长（主持行政工作）、教授
张蔚文 浙江大学公共管理学院副院长、教授
马述忠 浙江大学中国数字贸易研究院院长、教授
汪淼军 浙江大学经济学院中国数字经济研究中心主任、教授

"十四五"时期国家重点出版物出版专项规划项目

数字社会科学丛书

国家出版基金项目
NATIONAL PUBLICATION FOUNDATION

黄先海

吴屹帆 著

经济数字化与企业创新

Economic
Digitalization
and Firm
Innovation

ZHEJIANG UNIVERSITY PRESS
浙江大学出版社
·杭州·

图书在版编目（CIP）数据

经济数字化与企业创新 / 黄先海，吴屹帆著. — 杭州 : 浙江大学出版社，2024.4
ISBN 978-7-308-24521-0

Ⅰ. ①经… Ⅱ. ①黄… ②吴… Ⅲ. ①信息经济－作用－企业创新－创新管理－研究－中国 Ⅳ. ①F279.23

中国国家版本馆CIP数据核字(2023)第254341号

经济数字化与企业创新

JINGJI SHUZIHUA YU QIYE CHUANGXIN

黄先海　吴屹帆　著

策划编辑　张　琛　吴伟伟　陈佩钰
责任编辑　陈思佳（chensijia_ruc@163.com）
责任校对　董　文
封面设计　浙信文化
出版发行　浙江大学出版社
　　　　　　（杭州市天目山路148号　　邮政编码　310007）
　　　　　　（网址：http://www.zjupress.com）
排　　版　杭州林智广告有限公司
印　　刷　杭州宏雅印刷有限公司
开　　本　710mm×1000mm　1/16
印　　张　17.5
字　　数　215千
版 印 次　2024年4月第1版　2024年4月第1次印刷
书　　号　ISBN 978-7-308-24521-0
定　　价　88.00元

总　序

在这个面临百年未有之大变局的时代，在这个数字技术席卷全球的时代，在这个中国面临伟大转型的时代，以习近平同志为核心的党中央放眼未来，在数字经济、数字治理、数字社会等方面做出重大战略部署。《中华人民共和国国民经济和社会发展第十四个五年规划和2035年远景目标纲要》第五篇"加快数字化发展　建设数字中国"强调，"迎接数字时代，激活数据要素潜能，推进网络强国建设，加快建设数字经济、数字社会、数字政府，以数字化转型整体驱动生产方式、生活方式和治理方式变革"。2021年10月，在中共中央政治局第三十四次集体学习之际，习近平总书记强调："数字经济发展速度之快、辐射范围之广、影响程度之深前所未有，正在成为重组全球要素资源、重塑全球经济结构、改变全球竞争格局的关键力量。"[①]

随着数字技术不断发展和数字化改革的不断深入，数字经济已经成为驱动经济增长的关键引擎，数字技术正逐步成为推动国家战略、完善社会

[①]　把握数字经济发展趋势和规律 推动我国数字经济健康发展.人民日报[N]，2021-10-20（1）.

治理、满足人们美好需要的重要手段和工具。但与此同时，社会科学的理论严重滞后于数字化的伟大实践，面临着前所未有的挑战。无论是基本理论、基本认知，还是基本方法，都面临深层次重构，亟须重新认识社会科学的系统论、认识论和方法论，对新发展阶段、新发展理念和新发展格局有深刻的洞察。

浙江大学顺应全球科技创新趋势和国家创新战略需求，以"创建数字社科前沿理论，推动中国数字化伟大转型"为使命，启动数字社会科学会聚研究计划（简称"数字社科计划"）。"数字社科计划"将以中国数字化转型的伟大实践为背景，以经济学、管理学、公共管理学、法学、新闻传播学等学科为基础，以计算机和数学等学科为支撑，通过学科数字化和数字学科化，实现社会科学研究对象、研究方法和研究范式的数字化变革。"数字社科计划"聚焦数字经济、数字创新、数字治理、数字法治、数字传媒五大板块。数字经济和数字创新将关注数字世界的经济基础，研究数字世界的经济规律和创新规律；数字治理和数字法治关注数字世界的制度基础，研究数字世界的治理规律；数字传媒关注数字世界的社会文化基础，研究数字世界的传播规律。在此基础上，"数字社科计划"将推动数字科学与多学科交叉融合，促进新文科的全面发展，构建世界顶尖的数字社会科学体系，打造浙江大学数字社科学派，推动中国数字化的伟大转型。

依托"数字社科计划"，集结浙江大学社会科学各学科力量，广泛联合国内其他相关研究机构，我们组织编撰出版了这套数字社会科学丛书。以"数字＋经济""数字＋创新""数字＋治理""数字＋法治""数字＋传媒"等为主要研究领域，将优秀研究成果结集出版，致力于填补数字与社会科学跨学科研究的空白；同时，结合数字实践经验，为当前我国数字赋能高质量发展提供政策建议，向世界展示中国在"数字赋能"各领域的探索与实践。

　　本丛书可作为国内系统性构建数字社会科学学科研究范式的一次开拓性的有益尝试。我们希望通过这套丛书的出版，能更好地在数字技术与社会科学之间架起一座相互学习、相互理解、相互交融的桥梁，从而在一个更前沿、更完整的视野中理解数字经济时代社会科学的发展趋势。

黄先海

2022 年 4 月

ECONOMIC DIGITALIZATION
AND FIRM INNOVATION

序

　　经济数字化已经成为当今全球经济发展不可逆转的重要趋势。由联合国贸易和发展会议（United Nations Conference on Trade and Development, UNCTAD）发布的《2019年数字经济报告》（简称《报告》）指出，全球因特网协议流量在2002年仅为每秒100GB，5年后大幅增长为原来的20倍。2017年，每秒已有超过46600GB的信息在全球范围内通过互联网被储存、传播和分享。一方面，庞大的数据流日益成为不可替代的生产要素，驱动全球经济的增长。《报告》估计当时全球数字经济规模，依据定义所涉及范围的不同，在GDP的4.5%至15.5%的区间内变动。另一方面，与数字技术深度融合的传统产业和由数字技术不断催生的新兴产业，在全球经济中扮演着愈来愈重要的角色。《报告》估算，电子商务的全球价值在2017年达到29万亿美元，约为当年GDP的36%，相较上年增长了13%。可数字交付的服务出口规模从2005年的1.2万亿美元扩张至2018年的2.9万亿美元，占全球服务出口总额的比例增长了7个百分点。其中，信息与通信技术（information and communication technology, ICT）服务出口总额从2005

年的1750亿美元爆发性地增长至2018年的5680亿美元，在全球服务出口总额中的份额提高了9个百分点。2019年末，新型冠状病毒开始在世界范围内肆虐。这一突发公共卫生安全事件严重扰乱了经济生产和日常生活，却极大地加快了全球经济数字化转型的进程。相较新冠疫情暴发前，人们更加依赖互联网来获取工作、学习和娱乐资源，很多原本通常发生在线下场景的活动（例如办公、教学、会议和购物等）也被迫转移到线上。UNCTAD发布的《2021年数字经济报告》指出，全球范围内的数据流量尽管难以测度，但无论使用哪种方法测算，都呈现出急剧增长的趋势。相关估计表明，2022年，全球互联网协议流量将超过截至2016年的流量之和，平均每月数据流量将从2020年的230EB①激增至2026年的780EB。统计数据显示，全球互联网带宽在2020年较2019年提高了35%，是2013年以来最大幅度的年增长。

全球数字经济的发展，伴随着数字技术的广泛传播和应用，已经渗透到经济生产和生活的各个领域。作为由新一轮技术革命驱动的经济转型，经济数字化不仅创造了许多全新的经济增长源泉，也深刻地改变了部分原有经济活动的组织和运作方式，进而影响它们在经济环境中的分布状况和活跃程度，创新活动便是其中一个最为突出的例子。进入数字经济时代，创新活动以成本更低、效率更高、主体更广的姿态持续地拓宽人类知识和技术的边界。借助打破时空藩篱的数字技术，数量庞大、距离遥远的思想和观点得以汇聚、整合并相互碰撞，进而孕育出更多具有突破性和开创性的创新成果。对于伴随数字经济蓬勃发展而来的创新模式改变和创新更加活跃的观察，让我们意识到有必要更加深入地思考经济数字化与创新的关

---

① 1EB=1024PB，1PB=1024TB。

系，尤其是经济数字化借由技术进步与市场竞争间的相互作用对作为社会创新主要来源的企业创新施加影响的一般模式和经济逻辑。

经济数字化及其对企业创新的影响业已成为世界各国在经济领域关注和研究的焦点之一。对中国而言，它们更是国家战略层面的重要议题。一方面，中国正加快推动经济数字化转型的进程，计划将数字经济培育为未来经济可持续增长和高质量发展的新动能。国务院于2021年印发的《"十四五"数字经济发展规划》明确指出，要不断做强做优做大我国数字经济，为构建数字中国提供有力支撑，并制定了到2025年初步建立数据要素市场体系和到2035年形成数字经济现代市场体系的发展目标。中国信息通信研究院发布的《中国数字经济发展报告（2022年）》测算，2021年，中国数字经济规模达45.5万亿元，占GDP比重达39.8%，同比名义增长16.2%，高于同期GDP名义增速3.4个百分点。数字经济在国民经济中的地位得到进一步巩固和提升，成为新冠疫情冲击和国内宏观经济下行压力下经济增长的重要"稳定器"，显示出对国民经济强大的支撑作用。另一方面，中国正致力于向国际社会普遍认可的创新型国家转变，创新驱动发展早已上升至国家战略的地位。2012年，中国共产党第十八次全国代表大会明确指出："要坚持走中国特色自主创新道路，实施创新驱动发展战略。"近年来，创新驱动发展战略在中国取得显著成效。根据国家统计局、科学技术部和财政部联合发布的《2022年全国科技经费投入统计公报》，2022年，中国研究与试验发展（research and development，R&D）经费投入总量达30782.9亿元，较2021年增长10.1%，延续了2016年以来每年超过10%的高增速；R&D经费投入强度（占GDP比重）达2.54%，比2021年提高0.11个百分点，继续保持较高的增长水平。更为重要的是，中国政府已经充分意识到经济数字化与创新之间的潜在联系，并制定了相应的目标和政策以释放经济数字化推动创新扩张的强大力量。例如，《"十四五"数字经济发展规划》将"数字化创新引领发展能力大幅提升""数字技术自主创新能力显著提升""通过建立数据要素市场激发市场体系主体创新活力"等纳入2025年发展目标，中共中央、国务院于2023年联合印发的《数字中国建设整体布局规划》则基于上述目标制定了数字中国建设的"2522"（两大基础、五位一体、两大能力和两个环境）整体框架，数字技术创新体系就是两大能力之一。同时，上述两个文件及其他相关文件也制定了一系列针对性政策或政策纲要，明确了中国利用数字经济发展机遇提升自主创新能力的具体实施方案。

本书正是在这样的背景下写成的。概括地讲，本书致力于回答以下问题：

（1）什么是经济数字化？

（2）如何测度经济的数字化水平？

（3）经济数字化如何影响企业创新？

（4）经济数字化影响企业创新的理论是否有证据支持？若有，有哪些证据支持？

在探索这些问题答案的过程中，本书先从一般的概念或理论出发，揭示具有普适性的规律和模式，再回到现实世界中，落脚于中国经济，寻找支持这些规律和模式的经验证据，并据此提出推动中国数字经济发展及促进经济数字化水平提升向创新能力增强转化的政策建议。

坦率地讲，经济数字化和企业创新在今天看来并不是什么新鲜名词或概念，经济学家们已经做了不少相关研究工作。然而，这并不意味着我们已经十分清楚地了解数字经济运行的一般原理及其影响企业创新的模式和机制。事实上，其中的许多理论和实践问题至今仍悬而未决。

第一，缺乏在企业层面或利用企业层面的数据构建测度经济数字化水平的动态指数的研究。目前，大多数研究都利用行业、城市、国家（地区）等层面的数据对相应层面的数字化水平进行评估，或基于加总数据衡量上一级层面的数字化水平。这不可避免地会产生两个问题：一是数据颗粒度太大，不能准确地衡量（有时甚至无法衡量）数据来源层面的数字化水平；二是无法恰当地识别数字企业或在企业层面评估数字化水平。

第二，缺乏运用规范的经济学理论及其对应的数理模型，将经济数字化转型纳入分析框架，考察其对企业个体创新策略和经济整体创新水平的影响，以及这些影响发挥作用所依赖的经济逻辑和传导机制的研究。目前的研究主要聚焦于数字化或数字技术对企业创新的直接定性作用，而忽视了企业的创新行为对技术环境改变的定量反应，以及数字化通过企业间交互和市场竞争动态间接地推动经济中创新活动总量与分布变化的模式。

第三，缺乏对数字技术与信息技术，或者数字经济与互联网经济在影响创新方式和路径上的异同的审视。一般而言，数字技术或数字经济是信息技术或者互联网经济发展到一定程度而演化出的高级形态。因此，与信息化相比，经济数字化对创新的影响必然是相似性和独特性在某种程度上的混合。探讨这种混合的方式并剖析其中的结构，有助于加深或校正我们对经济数字化创新效应的理解。

第四，缺乏对进入数字经济时代后贸易在影响创新的路径上可能扮演的新角色的探讨。尽管贸易对创新的影响早已不是学术意义上的新鲜话题，但分析经济数字化是否、如何以及在多大程度上改变了先前有关贸易在不同层面创新效应的诸多研究结论，仍是当前缺少却富有价值的工作。

第五，缺乏企业层面上中国经济的数字化转型影响创新的微观证据。由于缺少识别数字企业和评估企业数字化水平的有效方法与小颗粒度数据，目前相关文献大多在城市及以上层面对中国经济数字化与创新之间的关系展开经验研究，尚未能深入企业层面发掘隐藏于微观数据中的新模式。

本书正是对解决上述问题的一次努力和尝试。相较于现有研究，如下内容体现了本书的特色和创新性。

第一，从技术特性视角重新定义经济数字化，将其在概念上分为宏观层面的外部数字化和微观层面的内部数字化。其中，外部数字化是一种发生于企业外部、由通用数字技术主导、对经济整体而言具有一般普惠性的数字化转型模式；相对地，内部数字化是一种产生于企业内部、由专用数字技术主导、在不同企业间具有广泛异质性的数字化转型模式。两种形式的数字化尽管维度不同且风格迥异，但并行不悖又互为补充，统一于经济数字化的概念整体。这种定义方式揭示了被传统理解所掩盖的经济数字化在技术特性上区分鲜明的二元结构与数字化转型在宏观和微观层面相互交织的双重存在，进一步加深了我们对经济数字化的认知和了解。

第二，利用自然语言处理技术提取和检索给定文本中的特定关键词，以识别经济中的数字企业并据此监测和评估经济整体（宏观层面）的数字化水平。一是运用自然语言处理技术从国家统计局2021年发布的《数字经济及其核心产业统计分类（2021）》中非定向地提取出数字经济核心产业经营范围高频关键词；二是基于这些关键词，对样本中所有企业的经营范围文本进行定向检索，从而识别出中国经济中那些真正意义上参与数字经济关联产品生产或服务提供的数字企业；三是通过计算特定区域或行业中这些数字企业的数量或者规模份额，对相应区域或行业的经济数字化水平进行定量评估。相较于传统的基于所属行业的识别方法（直接匹配数字经济核心产业下的子行业和企业所属行业的4位代码以判断特定企业是否为数字企业），以企业经营范围为依据显著提升了识别数字企业和评估数字化水平的准确度，同时还解决了传统方法无法在4位代码行业层面测度数字化水平的问题。

第三，基于由从中国主要人才招聘网站抓取的相关数据构建的中国企业网络招聘数据库，通过对数字技能劳动力需求规模的观察，对企业个体（微观层面）的数字化水平进行度量。基于中国企业网络招聘数据库，通过追踪企业发布的每一则网络招聘广告的拟聘人员数量和职业技能要求，计算特定企业在网络招聘平台上对数字技能劳动力（即拥有数字技能的劳动力，数字技能涉及电信/通信/软件/互联网技术开发、系统集成、互联网产品、IT管理/支持等方面）的总需求，并进行适当的统计处理，测算得到企业层面的数字化水平。这项工作解决了现有研究无法为异质性企业个体数字化水平的衡量和不同企业间数字化水平的比较提供可靠的连续型指示变量的问题。

第四，使用规范的经济理论和数理模型，分别阐释了外部数字化与内部数字化影响企业创新的一般模式和作用原理。在运转良好的市场机制下，外部数字化水平的提高加剧了市场竞争，引发创新资源向高生产率企业倾斜的再配置。这在整体上提高了所有企业创新强度的平均水平（均值）和离散程度（方差）。就企业个体而言，有且仅有生产率较高企业的创新强度有所提高，而生产率较低企业的创新强度反而下降。内部数字化水平的提高借由企业可及市场规模的扩张推动创新强度的提升，其创新效应包括两个随时间递进的阶段：在第一阶段，企业的生产率不变，其由传统企业向数字企业转变的过程带来内部数字化水平的快速提升，最终引致创新强度的向上跃迁，这被称为数字革命效应；在第二阶段，数字企业生产率的逐渐提升推动内部数字化水平进一步提高，从而持续地强化其将自身生产率提升转变为创新强度提高的能力，这被称为数字赋能效应。

第五，指出企业的出口贸易参与是两种数字化创新效应的正向调节因子，外向型企业创新意愿的增强和创新成果的增长对两种数字化水平的提高均更敏感。给定任意一种数字化水平的提升量和其他变量，出口企业创新强度的直接提高和由生产率单位提升引致的间接增长均大于内销企业。进一步的经验研究还发现，出口贸易对数字化创新效应调节作用的存在性在统计意义上对企业出口规模并不敏感，但其估计强度随着作为企业出口状态判定依据的出口规模阈值的增大而有显著的提高。这暗示中国企业的"出口—生产率"悖论——以0作为出口交货阈值观察到中国工业企业数据库中出口企业平均生产率低于内销企业的现象——虽然不会在统计意义上掩盖出口贸易的调节作用，却可能导致其被明显低估。

第六，充分利用两个最新的大型微观数据库，为经济数字化对企业创新的影响及企业的出口贸易参与在其中扮演的角色提供了丰富翔实的中国证据。基于国家工商总局注册企业基础信息数据库（信息更新至2019年，收录了在此之前近7000万家于国家工商总局注册的企业的包括建立和死亡时间、经营范围、注册资本等在内的基础信息）和中国企业网络招聘数据库（信息更新至2019年，收录了2015—2019年超过100万家企业累计发布的超过1亿条网络招聘广告的包括拟聘人数、职业技能要求和学历限制等在内的相关信息），结合宏观（城市）层面的外部数字化水平和微观（企业）层面的内部数字化水平的多种量化方法和测度结果，综合展示了一批颇具启发意义的反映中国经济数字化转型进程以及该进程中企业创新行为动态的典型事实，并系统全面地检验了由理论分析导出的与本书议题密切相关的各项命题。

本书不仅着眼于数字经济研究的理论前沿，也关注中国在数字经济发展和自主创新能力提升等领域亟待解决的现实问题，因而兼具较强的理论和现实价值。其中，理论价值主要有以下几个方面。

第一，运用经济模型分析经济数字化影响企业创新的模式和机制，特别是作为"看不见的手"的市场力量在其中扮演的角色，为理解经济数字化和企业创新之间的关系提供市场导向的整体视角。

第二，对在技术变革或由其驱动的经济社会生产方式转变的条件下，与经济中创新运作模式和强度水平的反应相关的研究进行补充（创新如何产生或推动技术变革是大部分同类文献考察的问题，但相反的情况却鲜有关注）。

第三，在开放经济条件下探讨出口贸易除竞争激化、市场扩张和学习效应等渠道之外，通过数字化转型影响企业创新的可能路径，进一步丰富与出口贸易的创新效应有关的研究。

第四，基于企业层面的微观数据，利用多种回归分析和数据可视化技术，在经验上考察经济的数字化水平与企业创新强度的定量关系，检验理论模型中导出的可检验命题的真实性和可靠性。

现实价值主要有以下几个方面。

第一，提出理解和定义经济数字化的新思路，并据此制定在不同层面测度中国经济数字化水平的统计方案，为科学评估中国数字经济发展状况并编制相关监测性动态指数提供参考。

第二，基于对经济数字化影响企业创新的理论和经验研究，为政府合理制定数字经济治理的制度框架从而最大限度地激发社会创新活力提供政策建议。

第三，通过分析市场机制在经济数字化影响企业创新的过程中所扮演的角色，揭示数字经济时代市场力量借由资源配置模式的改变重塑创新格局的新特征，从而协助相关决策部门采取针对性的措施，更好地发挥政府作用，在推动创新效率不断提高的同时，管控潜在的结构性风险。

第四，在开放条件下，对经济数字化影响企业创新的扩展性分析将凸显出口贸易的地位，为政府在数字经济时代推进更高水平的对外开放提供政策设计和制度安排的理论与实证依据。

本书使用多种研究方法和技术开展研究工作，这些研究方法和技术为全面深入地剖析相关议题并严谨审慎地得出可靠结论提供了有力的支持。

第一，一般均衡分析。一般均衡分析是现代经济学开展理论研究的主要方法之一。与局部均衡分析相对，一般均衡分析将市场上所有商品和生产要素的价格与数量变动统筹起来，视任意一种商品或生产要素的均衡价格和数量是经济系统中所有商品与生产要素供求关系相互作用的结果，从而更加全面地反映经济动态。我们基于一个包含创新行为的异质性企业生产和贸易模型，分别引入经济的外部数字化和内部数字化水平，在封闭和开放条件下，运用一般均衡分析方法，研究由相应类型的数字化转型驱动的数字化水平提升通过调整市场上所有差异化商品的供求关系，改变在位企业和潜在进入企业的期望经营利润，进而重塑市场均衡并引发企业间或企业内的创新资源再配置，最终推动单个企业最优创新强度和经济整体创新强度分布变化的全过程。

第二，回归分析。回归分析是现代经济学常用的经验研究方法之一。借由推断性统计分析定量考察经济变量间的相关关系，设定良好的回归分析模型和来源可靠的参数估计结果，可以在庞杂的多维大样本中捕捉我们感兴趣的数据模式，并预测在给定其他变量的条件下，解释变量的变化在平均意义上如何以及多大程度地引起被解释变量的改变。我们基于中国城市和企业层面的大规模数据集，运用回归分析技术，在多种不同的回归模型设定下，对由理论推导得出的描述核心变量间关系性质的各项可检验命题的真实性和稳健性在统计意义上进行了充分详尽的检验，为经济数字化转型对企业创新强度的影响以及企业的出口贸易参与在其中发挥的调节作用提供了丰富的中国证据。

第三，自然语言处理。自然语言处理（natural language processing, NLP）是计算机科学和人工智能领域的一大研究方向，旨在为在人与计算机之间建立起有效的自然语言通信桥梁提供解决方案。其在经济学研究中的应用以文本分析为主，大大提高了研究者从海量自然语言文本中提取有价值的特征信息的可能性和效率。我们运用自然语言处理技术对国家统计局发布的《数字经济及其核心产业统计分类（2021）》中四大数字经济核心产业"说明"一栏的文本（包含对属于相应产业下4位代码行业的企业主要经营范围的描述）进行了非定向词频分析，将虚词和不具有明确指向意义的实词剔除后，从词频排序表中提取出排在前10位的数字业务高频关键词；之后以此为依据，对样本中所有企业的经营范围文本进行定向检索，从而识别出中国经济中那些真正意义上参与数字经济关联产品生产或服务提供的数字业务经营者。

第四，数据可视化。数据可视化是一种从混乱而复杂的原始数据中概括和提炼出清晰而简明的逻辑、秩序或模式的视觉呈现技术。在大数据时代，面对规模日益膨胀且信息愈发庞杂的数据资料，具有"透过现象看本质"之效的数据可视化技术变得愈来愈重要。我们灵活运用包括折线图、柱状图、散点图、箱线图、气泡图、拟合线图等在内的多种数据呈现方法，将两个大型微观数据库——国家工商总局注册企业基础信息数据库（包括近7000万家注册企业的基础信息）和中国企业网络招聘数据库（包括100多万家企业发布的总计超过1亿条网络招聘广告的相关信息）——中我们感兴趣的变量的统计特征和它们之间的统计关系以直观的视觉效果加以展示。这些描述性统计工作不仅是我们所提出理论的经验证据的一部分，也提高了回归分析中推断性统计结论的可信度。

围绕经济数字化与企业创新的研究主题，我们从多个不同的角度开展了研究工作，以尽可能立体地审视研究对象并充分地讨论相关议题，最终将研究成果编撰成书。下面我们将依次介绍本书的主要研究内容，为读者提供一份清晰的全书梗概和内容索引。

第一章阐明了我们在定义经济数字化时所持的立场，即经济数字化在概念上具有可拆解的复合结构，应从外部数字化与内部数字化两个角度分别理解发生于经济整体和企业个体层面的数字化转型。在澄清两者定义的同时，对比分析了它们的互斥特征和潜在联系，并特别强调混淆经济数字化与数字经济规模化可能带来的定性和定量认知上的偏差。

第二章根据第一章给出的两种数字化形式的定义，利用中国城市（地级及以上）和企业层面的数据，为测度每种形式的数字化转型进程或发展水平各设计了3个相互独立的动态指数（包含1个基准指数和2个备择指数），并基于测度结果展示了中国经济数字化转型或数字经济发展在相应层面的典型事实。

第三章从理论上探讨了外部数字化对企业创新的影响。首先设定经济模型的基本环境和关键参数，再展开一般均衡分析；将经济外部数字化水平引入模型后，基于封闭均衡下的比较静态结果，揭示并解释外部数字化水平的提升——由政府主导的数字基础设施建设驱动的经济外部数字化转型所带来的外生冲击——对具有生产率异质性企业的创新强度及其在经济中分布特征的影响；而后放松模型的封闭假定，通过比较开放和封闭均衡中外部数字化创新效应在强度和模式上的异同，考察企业出口贸易参与在其中发挥的调节作用。

第四章从第三章提出的理论模型中总结出多项可检验命题，之后利用中国城市（地级及以上）和企业层面的数据，通过多张直观的图表展示我们感兴趣的变量间的描述性统计关系，再通过回归分析仔细确认这些关系及其中的因果联系，以检验提炼自理论模型的各项命题与经验证据是否或在多大程度上相符。

第五章和第六章分别延续第三章和第四章的风格，只是讨论的主题变为内部数字化对企业创新的影响。第五章是理论推导。在这一章中，我们沿用了第三章理论模型中的绝大部分设定和理论分析的推进方式：先在封闭条件一般均衡分析中，控制经济外部数字化水平不变，聚焦于企业层面内部数字化转型的决策模式和作为内生变量的内部数字化水平提高对企业创新强度的影响及其背后串联起多个变量的传导机制；再令经济的外向性约束由自给自足转变为开放贸易，研究企业的出口参与对内部数字化水平影响企业创新强度的调节作用。第六章是关联第五章的经验研究。在这一章中，针对由第五章的理论模型导出的各项可检验命题，我们利用中国企业层面的小颗粒度数据，通过数据可视化和回归分析等实证技术找寻相应的描述性与推断性统计证据。

第七章归纳和总结了我们研究经济数字化和企业创新这一议题得到的主要结论，并据此为相关议题研究者或政策制定者对经济数字化水平的评估与测度、数字经济治理和在数字经济时代推进更高水平对外开放等提出具有针对性、启发性的方法论或政策设计建议。在本章的最后，我们还指出了我们研究工作的未尽和不足之处，以及未来可相应地深入和扩展的研究方向。

正如我们之前所提到的那样，本书是对解决时至今日仍悬而未决的与经济数字化及其对企业创新影响有关问题的一次努力和尝试，我们深知目前的研究工作远未完善。本书所阐述的部分内容难免存在争议或不足，恳请广大读者朋友批评指正。

ECONOMIC DIGITALIZATION
AND FIRM INNOVATION

目 录

| 第六章 |

内部数字化对企业创新的影响：实证研究

| 第七章 |

研究结论和未来展望

CHAPTER 1

| 第一章 |

经济数字化的内涵

　　欲分析和解释经济数字化及其对企业创新的影响，有两项不可或缺的前置工作：一是界定经济数字化的概念，二是制定经济数字化水平的测度方案。前者的目的在于阐明本书对经济数字化这一目前尚存许多争议的概念在经济学意义上的理解，为之后基于理论模型的原理和机制分析奠定必要的经济直觉基础；后者的目的则是提供一个或一组定量评估和比较特定层面不同个体经济数字化发展水平或转型进程的标准，为之后运用各种回归分析和数据可视化技术的经验研究做好准备。这些工作为我们认识数字经济运行的基本规律和追踪中国数字经济发展的时空轨迹带来了新思想与新洞见。本章首先回顾了现有文献对经济数字化的定义，之后针对当前研究存在的不足，从一个全新的视角阐述经济数字化这一概念的内涵，从而完成上述第一项工作，第二项工作则留至下一章进行。

第一节　现有文献中的定义

经济数字化（economic digitalization），或曰数字经济（digital economy），最早由被誉为"数字经济之父"的唐·泰普斯科特在其著作《数据时代的经济学：对网络智能时代机遇和风险的再思考》中正式提出。他认为，世界范围内正在发生的数字变革改变了人类社会生活的方方面面，将互联网经济全面推向了数字化时代。尽管彼时经济数字化或数字经济的概念还非常模糊，但越来越多的研究逐渐被学术领域这一新兴话题所吸引，而它们的首要工作便是界定经济数字化或数字经济的含义。从目前的研究来看，相关文献主要侧重于从投入、技术和产出三个方面来定义经济数字化或数字经济。

一、从投入角度定义经济数字化

部分研究强调经济数字化为生产活动中的投入要素带来的变化，并将其视为数字化转型过程中最鲜明的特征。Brynjolfsson and Kahin（2000）将信息的数字化视为数字经济的本质，认为信息资源存在形式的变化是数字经济时代为社会各领域带来变革的源泉。张亮亮等（2018）认为生产要素的信息化是经济数字化的基础。尽管网络技术的成熟应用亦是数字经济的重要组成部分，但其必须依赖海量数据信息创造和传递经济价值。Turcan et al.（2014）认为数据信息是数字经济生产的核心资源，其不仅可以作为一种投入要素创造可观的经济价值，亦可启发创意和灵感，为开发新产品和新服务提供窗口。易宪容（2019）认为数字经济区别于农业经济和工业经济的关键在于其主要的投入要素是数据①，而非传统的土地、资本和劳动力。数据资源通过数字技术的筛选和转化变为具有潜在价值的信息，对这些信息加以分析和处理便可释放其潜在价值。除了被独立研究广泛应用外，从投入角度定义经济数字化的方式也在一定范围内成为人们的共识。2016年G20杭州峰会通过的《二十国集团数字经济发展和合作倡议》明确指出，数字经济作为一种新型经济形态，其最为关键的生产要素是数字化的知识和信息。目前，该倡议提出的数字经济概念得到了国际社会广泛的接受和认可。

二、从技术角度定义经济数字化

由于技术变革是经济数字化的驱动力，数字技术的广泛应用和持续进化是数字经济时代最直观的表现，很多文献都尝试从技术角度阐释经济数字化的含义，这也是当前学术领域最常用的方法。Miller and Wilson（2001）认为经济数字化是由技术革命驱动的经济转型，数字经济是一种以数字技术应用和革新为基础的全新经济形态。逄健和朱欣民（2013）认为信息和通信技术（ICT）是数字经济的基础。尽管对数字经济所涉及的具体范围仍然存在不少争议，但只有那些ICT及其衍生技术（如互联网、物联网、区块链等）得到广泛应用的领域才可被视为数字经济的组成部分，这是公认的。李长江（2017）给予数字经济一个简单明了的定义——数字经济是主要以数字技术方式进行生产的经济形态，认为经济数字化本质上是作为通用技术的数字技术与各行业的传统生产技术深度融合，推动经济各部门实现生产技术的数字化改造，从而显著提高生产率的过程。中国信

---

① 最近已有部分研究将数据作为一种投入要素引入生产或研发函数，使用经典的分析框架考察数字化变革对经济增长或技术创新的影响，参见 Jones and Tonetti（2020）和 Cong et al.（2021）。

息通信研究院于2020年发布的《中国数字经济发展白皮书（2020年）》亦指出数字技术是数字经济的核心驱动力，是数字经济区别于传统经济形态的关键特征。另外，也有部分研究关注经济数字化对贸易模式的革新和重塑，提出了数字贸易的概念并从技术角度加以解释。美国国际贸易委员会（USITC）则认为数字贸易是由数字技术实现的贸易，概念的核心在于数字技术的应用，而参与交易的产品既可以是数字化的商品和服务，也可以是传统实物（USITC，2014）。Lopez and Ferenca（2018）也持有相似的观点，认为在商品和服务生产过程中对数字技术的使用，而非其最终的交付形式，才是区分传统经济和数字经济的依据。

三、从产出角度定义经济数字化

从产出角度定义经济数字化虽然不是主流，但可以为数字经济统计工作提供指导，因而具有较高的实用价值。Bo Carlsson（2004）认为数字经济之所以被称为新经济，更重要的原因在于经济中的新活动和新产品，而非数字技术引导的生产率提升。数字技术作为一种通用技术，将信息、观点和创意充分联结和组合，最终为经济的生产端带来巨大的变革。OECD（2017）指出，除了对数字技术的需求和应用之外，数字技术的供给也是数字经济活动的重要组成部分。那些从事数字技术研发的企业正是市场中不断革新的数字技术的主要供给者，也是数字经济长期保持增长的活力源泉。中国国家统计局于2021年发布的《数字经济及其核心产业统计分类（2021）》将数字经济核心产业划分为数字产品制造业、数字产品服务业、数字技术应用业、数字要素驱动业等与数字经济生产活动密切相关的4个大类行业，其中又包括23个中类和114个小类行业。基于数字经济产业的分类标准，根据所属行业确定企业的数字化属性，本质上是通过企业生产的产品或经营的业务识别数字企业，也即从产出（供给）角度定义经济数字化。

上述研究尽管在经济生产的各个环节上从不同角度充分讨论了经济数字化的潜在内涵，但并未注意或强调经济数字化的范围、形态和模式在经济不同层面的异质性，以及这种异质性与相应层面的数字化转型所依赖的数字技术特性之间的密切联系。本章接下来的内容对此进行了有益的补充。

第二节 新视角：从技术特性视角理解经济数字化

当前，尽管经济数字化早已不是一个新鲜概念，我们对由其带来的生产和生活方式变化亦有切身感受，但对于经济数字化的确切含义，几乎在任何领域都缺乏共识。导致这一现象的原因有二：一是人们对于经济数字化含义的静态理解存在广泛且持久的争议，来自社会不同领域的解释显示出与各自特点相适应的风格；二是经济数字化本身是一个处在不断变化之中的概念，随着数字化转型的逐步推进，它通常会相应地被赋予新的含义。由于数字经济的发展在不同经济体或同一经济体的不同区域间存在客观的不平衡性，经济数字化的含义天然地具有地域差异。诚然，在一般意义上，对经济数字化理解的矛盾与分歧并不会产生太多实质的妨害，甚至开放式讨论可能带来更全面的认识，但若要深入地研究其原理和影响，特别是以经济学的思维方式，我们就必须事先赋予其一个简洁而明确的定义，尽管它会不可避免地带有经济学的某种特定风格。

一、经济数字化的双重内涵

尽管经济数字化带来的改变已经广泛地渗透到经济生产和日常生活的各个领域，并催生出纷繁复杂的新产业模式和新生活方式，但究其原因，几乎无法绕开由数字技术主导的第四次科技革命。数字技术的出现、成熟和普及，对应经济数字化的兴起、加速和繁荣，成为驱动数字经济发展水平不断迈上新台阶的内源性力量。然而，当我们试图将经济数字化简单地归结为数字技术涌现和进步的必然产物时，经济数字化的技术特性，特别是这种特性中的分化结构，常常会被忽视。正如我们在现实世界中所能确切观察到的那样，数字技术至少可以被分为通用数字技术（general purpose digital technology，GPDT）和专用数字技术（specific purpose digital technology，SPDT）这两种在功能特性上充分互斥的类别。顾名思义，通用数字技术是一类在功能上具有高度泛用性的技术，它们通常以基础性或源头性技术的形式存在，且具有极其广泛的受众覆盖面，在概念上与数字基础设施相近，代表性子类包括互联网、5G通信技术、共享数据中心等；专用数字技术则是一类在功能上具有高度特异性的技术，它们通常被用于解决特定的问题或在特定领域提升效率，且难以在其他问题上或领域内发挥原本的作用，以至于几乎无法在不同的使用对象间交流或共享，代表性子类包括（企业）自研算法、内建数据库、定制化机器学习平台等。这种分类方法虽然简单，却揭示了数字技术在功能特性上的二元结构，以及该结构中每一个分支所驱动的数字化转型的鲜明风格。

对于任意一个给定的经济体而言，倘若站在数字技术最活跃的使用者——企业——的边界上，我们就能很方便地觉察到由两种功能特性不同的数字技术所主导的经济数字化在风格上的显著差异：边界之外，经济数字化的进程和模式表现出高度的一致性。如同共处于一个相对稳定且统一的数字化外部环境，不同企业所能感知到数字化水平的差异十分有限，所有企业在很大程度上共享数字化发展成果。在这里，经济数字化是一种由通用数字技术驱动的经济整体的组织形式和运作模式的宏观变革，其中的任何个体均受到这种变革的影响，又难以独立左右变革的进程。边界之内，取代边界之外高度一致性的是丰富的多样性。不同企业均有意或无意地为自己打造独一无二的数字化内部环境，它们的数字化进程和水平参差不齐，推动数字化转型所依赖的数字技术在原理和功能等关键特征上亦大相径庭。在这里，经济数字化更接近于一种由专用数字技术驱动的企业个体在生产或创新上实现模式迭代和效率提升的微观变革，不同企业自主决定采用与自身成长阶段相适应的数字化转型目标和路径。基于以上分析，我们便可以企业（边界）为基准，在外部和内部分别定义两类技术特性不同的经济数字化。

定义1-1 💡

外部数字化

外部数字化是发生在企业外部，开放地惠及几乎所有企业，以支持互联网、5G通信技术、共享数据中心等通用数字技术的数字基础设施建设和完善为主要表现形式的宏观层面的数字化过程。

定义1-2 💡

内部数字化

内部数字化是发生在企业内部，相对封闭地影响特定企业，以企业对自研算法、内建数据库、定制化机器学习平台等专用数字技术的研发和升级为主要表现形式的微观层面的数字化过程。

本节的后续内容将分别阐释上述两种数字化形式的概念特征，以及两者在经济学意义上的区别和联系。

二、两种数字化的特征

定义1-1暗示了外部数字化的三个重要特征。

第一，通用性。外部数字化的技术基础是作为经济数字化核心驱动因素的数字技术的通用部分，包括互联网、5G通信技术、共享数据中心等。外部数字化的通用性决定了其适用于各类主体、各个领域、各个环节的经济活动，并可迅速扩大与深化数字技术的影响力以重塑生产和生活方式的诸多方面，从而加快推动人类社会步入数字时代。例如，互联网作为一项由来已久且广为传播的代表性通用数字技术，已经渗透并覆盖了当今人类社会几乎所有领域，并显示出旺盛而持久的生命力。事实上，在所谓的数字时代来临之前，互联网时代作为人类社会技术革命的里程碑已存续数十年，从互联网时代向数字时代的转变是一种技术上更丰富、更成熟、更具泛用性的进化。这种进化的基础，尽管与互联网技术易于传播和便捷高效等特点不无联系，但根植于其通用性。

第二，外部性。应当注意到，外部性并非源自外部数字化的字面含义①，而是对作为其动力核心的通用数字技术所具有的准公共产品属性的概

---

① 外部数字化的"外部"和外部性的"外部"是两个完全不同的概念。前者是指经济数字化发生的空间在企业外部，后者则是指经济数字化产生的效应会向外溢出。

括①。外部数字化的外部性又涉及两个维度：一方面，通用数字技术因广泛适用于各类市场主体从事的各种经济活动而具有庞大的使用基数。当市场中的小规模团体（公共研发部门和部分有相关研发投入的企业）通过研发创新推动技术迭代和升级时，所有技术使用者都会因此受益。另一方面，通用数字技术具有显著的规模效应。当技术覆盖面扩大时，不仅新晋使用者可以获得此前无法触及的知识和信息资源，在位使用者也会因额外的技术接入而获得更多合作、分享和交流的机会。

第三，普惠性。外部数字化的通用性和外部性共同造就了其普惠的特征。通用数字技术不仅被广泛应用于生产和生活的众多领域，还具有从高水平地区向低水平地区、从已使用地区向未使用地区的扩散效应，这使得其传播和改进带来的效率提升并不局限于整个经济的某个特定部分或分支，而是适用于所有相关的市场主体及其从事的经济活动。因此，由通用数字技术的普及和进步驱动的外部数字化所产生的社会福利增长实际上惠及任何使用或接入相应技术的个人和实体。然而，必须指出的是：一方面，外部数字化的普惠性表明其福利效应具有广泛适用性，而非均等分布性，即经济中不同对象在特定方面的绩效尽管均受其（正向）影响，但受影响的程度可能存在个体差异；另一方面，外部数字化的普惠性是一种短期的局部特征，若以整体视角从长期考察其福利效应，可能发现部分对象在特定方面的绩效改善是以其他对象的相应绩效受损为代价的（例如数字鸿沟现象）。

---

① 通用数字技术具有不完全的非竞争性和非排他性。以互联网为例，若接入网络的用户或正在进行的活动增多到一定程度，网络传输的整体速率会不可避免地下降，此为竞争性的体现；可以设置不同档次的网络费用并在技术上将未支付相应费用的个人或团体排除在网络环境之外，此为排他性的体现。

根据定义1-2，我们亦可总结出内部数字化的三个区别于外部数字化的典型特征。

第一，专用性。内部数字化转型的推进依赖于包括企业自研算法、内建数据库、定制化机器学习平台等在内的专用数字技术的研发和升级。专用数字技术旨在为特定领域的特定问题提供专属解决方案，通常是企业针对这些问题并结合自身的发展和转型需要，在学习现有适用于企业层面的数字技术研发知识框架的基础上，有的放矢地进行适应性自主创新的定制化产物。因此，与外部数字化相反，内部数字化仅在使用特定数字技术或从事特定生产活动的企业内部发生，这些企业均有量身定做的数字化转型策略和发展路径。内部数字化的专用性是企业间数字化水平差异的主要来源，也是我们将经济数字化水平的测度方法从宏观推向微观的基础。

第二，封闭性。相较于外部数字化，内部数字化的运作模式是封闭而非共享的。一方面，企业的法定边界构成了一道阻碍内部数字化及其经济效应向外扩散的天然屏障。对于一家使用专用数字技术的企业而言，无论研发还是升级，技术内容的细节均涉及核心商业利益，原则上无法与其他企业交流和分享。另一方面，专用数字技术是高度定制化的，缺乏跨企业或跨项目运作的泛用性。即使一家企业的专用数字技术在某些条件下被转移至另一家企业，若未对其进行额外的适应性调整，则难免出现"水土不服"的情况。内部数字化的封闭性使得企业对专用数字技术研发和升级的投入所产生的回报被锁定在自身内部，为私人部门可持续的创新活动提供了必要的经济激励。

第三，垄断性。内部数字化的垄断性是其专用性和封闭性相结合的必然结果。由于专用数字技术基于定制化研发和升级产生，且难以在不同企业间实现交流与共享，单个企业通常掌握特定技术的全部知识产权，即拥有相应的技术专利，从而对这种技术形成垄断。与外部数字化的普惠性形成鲜明对比，内部数字化的垄断性暗示，以专用数字技术的应用和进步为标志的内部数字化转型仅会令掌握特定技术并致力于将其嵌入生产经营与组织管理流程的单个企业受益。然而，对专用数字技术的垄断并不意味着企业的内部数字化转型对于整个经济的绩效改善和福利增长毫无贡献。相反，企业在专用数字技术上的创新成果带来的超额利润会不断吸引潜在对手参与创新竞争，从而借由数字技术的更新迭代持续推动经济增长以及相关产品和服务质量的改善。

三、两种数字化的区别与联系

对于外部数字化和内部数字化基于各自定义的特征分析揭示了两者在概念上的诸多区别，其中最核心的一点在于它们由数字技术的两个具有不同功能特性的分支所驱动。通用数字技术的发展在经济的宏观层面推动外部数字化转型，并赋予其以在外部数字化水平不同地区间扩散和溢出的外部性，以及为所有关联企业带来潜在福利增长的普惠性为标志的"共享"属性；由专用数字技术主导的内部数字化转型则发生于经济的微观层面，并显示出以受限于企业边界的封闭性和对相关技术专利的垄断性为代表的"独享"属性。尽管技术特性的显著差异使两种数字化的运作模式和效应风格截然不同，但它们并非从经济数字化这个整体中剥离出来的两个独立概念，而是相互依存又彼此作用的两种处在不同维度上的数字化过程，即经济数字化的一体两面①。一方面，两种数字化在经济的任何时空都是共存的，既没有只发生于企业外部而不存在企业间水平差异的"统一数字化"，亦没有仅发生于企业内部而不涉及数字基础设施建设的"私人数字化"。另一方面，两种数字化的其中一者对特定经济绩效的影响通常与另一者有关。一般而言，两种经济数字化水平的提升对相应层面某个经济变量的影响具有不同的效应或遵循不同的机制，但其中一者水平的提高往往能强化另一者的作用。换言之：在通用数字技术更发达的地区，专用数字技术可以发挥更大效能；若企业掌握更先进的专用数字技术，它也能更充分地利用通用数字技术。

四、经济数字化不等同于数字经济规模化

潜在的质疑者可能认为，本书对于经济数字化的定义似乎显得过于狭隘。尽管数字技术发展确实是数字化转型的核心推动力，但作为新投入的数据要素，以及作为新产出的数字（或为数字经济发展提供支持的非数字）产品和服务，亦是与传统经济形态存在鲜明区别的数字经济的重要组成部分。因此，经济数字化不仅是数字技术普及和进化的过程，也包括数据投入的增长和数字经济关联产品规模与服务规模的扩大。正如《中国数字经济发展白皮书（2020年）》所指出的那样，数字经济具有数字产业化、产业数字化、数字化治理、数据价值化的"四化"内涵。其中，数字产业化和数据价值化分别涉及上文提到的数字经济关联产品与服务的产出和数据

---

① 请注意，这里的"一体两面"暗示外部数字化并非内部数字化的某种合成或加总。尽管外部和内部数字化分别是经济数字化在宏观和微观领域的表现，但宏观现象或模式未必是微观的汇集和聚合。这一点从两者的定义亦能看出（参见定义1-1和定义1-2）：作为外部数字化主要表现形式的数字基础设施建设通常由政府主导，而推动内部数字化进程的专用数字技术研发和升级则是企业行为，无论在内涵还是统计意义上，显然前者均不是后者的累加。

要素的投入。

　　然而，上面的观点实际上混淆了经济数字化和数字经济规模化这两个概念——前者侧重经济生产方式的转变，后者则侧重经济投入和产出结构的调整。应当注意到，如果没有经济生产方式的数字化转变，即仍然沿用传统的要素配置和生产流程，经济投入和产出结构的调整是无从谈起的。从中不难看出，经济数字化是数字经济规模化的原因，而数字经济规模化是经济数字化的表现，两者显然不是同一概念。正如人类历史上三次工业革命的火种均来自突破性技术创新或已有技术的成熟和改良，就经济生产方式的重大转变而言，新兴技术的推广普及与现有技术的更迭进步才是其本质和根源。因此，数字技术是经济数字化定义中不可被省略或取代的核心要素。另外，无论是投入端数据要素份额的提高，还是产出端数字经济关联产品和服务比重的增长，作为经济数字化的表现或结果，它们同样也源自数字技术的发展和渗透。在这个意义上，数字经济规模化的基本内容只是经济数字化定义在因果关系上的延伸，而不应被包含其中。

　　正是因为经济数字化和数字经济规模化是不同的概念，测度经济数字化水平与核算数字经济规模也是不同的工作。然而，这种区分的基础由前两者间的因果关系转变为后两者间的从属关系——数字经济规模化是经济数字化的必然结果，而对数字经济规模的核算则是测度经济数字化水平的一部分。由于数字经济规模的扩大是经济数字化的重要表现之一，数字经济（投入或产出）所占的比重与经济数字化水平存在明显的正向关系。因此，尽管不能用理解数字经济规模化的方式去定义经济数字化，但通过核算与数字经济相关的投入和产出规模占经济总体的比重，我们能很好地了解和评估特定对象的经济数字化水平。当然，数字经济规模化并非经济数字化的唯一表现，数字经济（投入或产出）所占比重也并非衡量经济数字化水平的唯一方式，与数字技术相关的基础设施普及率、在位企业中数字企业所占的比例、数字技术研发费用在研发总支出中的份额等指标都可在不同程度上反映经济数字化水平的动态。

第三节　本章小结

本章从全新的视角阐述了我们对经济数字化内涵的理解。我们认为，经济数字化包含两个维度不同且并行不悖的进程：一是发生于企业外部，以支持通用数字技术的数字基础设施的建设和完善为标志，以通用性、外部性和普惠性为特征的外部数字化；二是发生于企业内部，以专用数字技术的研发和升级为标志，以专用性、封闭性和垄断性为特征的内部数字化。两种形式的数字化既相互区别，又彼此联系，交织于经济数字化转型路径上的任何时空。一般而言，两种形式数字化的其中一种水平提高，另一种的经济效应会得到增强。尽管数字经济规模的扩大（例如数字产品的增多、数字产业的扩张等）是经济数字化的重要表现，但经济数字化绝不等同于数字经济规模化，将两者随意等同起来的做法可能影响我们评估经济数字化程度或数字经济发展水平的准确性。

CHAPTER 2

| 第二章 |

经济数字化的测度

ECONOMIC DIGITALIZATION
AND FIRM INNOVATION

———

对经济数字化概念的界定阐明了本书在理解其含义时所持的立场，以及将其抽象为经济理论模型中某些设定和变量的合理性，但倘若要在该定义的基础上进一步开展经验研究，我们还必须为刻画寓于整体概念中的两个分支——外部数字化和内部数字化——的程度或水平制定相应的量化策略。

本章首先回顾了现有的关于经济数字化测度的研究，梳理了主流或通用的测度方法，并在此基础上提出了两种数字化（外部数字化和内部数字化）水平量化方法面向中国的版本[①]。它们从对应数字化形式的定义及其所暗示的技术特性或经济特征出发，兼顾测度准确性、数据可得性以及中国数字经济发展的独特性，为相关的实证研究提供了方法论支持。另外，基于两种数字化水平的测算结果，我们还展示并简要地分析了中国各层面经济数字化转型或数字经济发展的部分典型事实，作为上述量化策略的一个应用性练习。

———

① 实际上，本章提出的经济数字化水平量化评估方法在技术上具有相当广泛的适用性。由于仅使用了中国的数据，并针对中国数字经济发展特性和官方发布的数字经济行业分类标准做了特别设计，我们在这里强调这些方法是面向中国的版本。

第一节　现有文献中的方法

　　一般而言，经济数字化的测度包含如下两方面的工作：一是对数字化水平的测度，用以评估数字经济的发展阶段和数字化转型的进程；二是对数字经济规模的测度，用以评估数字经济总量及其在经济总产出中所占的份额。相关文献的研究在这两个领域取得了不同程度的进展。

一、数字化水平的测度

　　当前研究主要通过建立综合指数刻画经济数字化的水平。该领域最具代表性的工作是OECD（2014），其构建了包含社会推进、创新能力、智能基础设施投资和ICT对经济扩张与就业增长的促进等4个一级指标以及38个二级指标的大型数字经济发展水平评价系统；同时也指出，数字经济的快速发展与演化为相应的统计和测度工作带来了巨大的挑战，特定经济体对衡量指标的定制化需求以及不同类型经济活动边界的模糊对数字化水平测度体系的灵活性提出了更高的要求。张雪玲和焦月霞（2017）将ICT应用、ICT基础设施、ICT关联产业发展和企业数字化发展纳入评价体系，发现中国经济的数字化水平总体呈上升趋势，但数字经济的发展也表现出明显的不平衡和不协调特征，特别是在ICT应用和ICT关联产业发展方面的表现较为薄弱。刘军等（2020）将数字经济指数的权重均等地分配至信息化发展、互联网发展和数字交易发展三个维度，对中国总体和各省份在2015—2018年的数字化指数进行了测算，发现中国经济的数字化水平正处在高速提升的阶段，但省际差异带来的数字鸿沟也是激化数字经济时代区域发展失衡的潜在隐患。范合君和吴婷（2020）另辟蹊径，基于经济活动的基本环节——生产、分配、交换和消费，对数字经济进行分解，选取生产数字化（企业）、消费数字化（消费）、流通数字化（电子商务）和政府数字化（政务）4个指标测算经济的数字化水平，尽管在指标选取上不同于以往的研究，但也发现了中国经济数字化水平整体快速提升和区域分布失衡的双重特征。

在测算经济数字化水平时，除了采用不同的变量或对一些常用指标赋予不同的权重，也有研究在方法论上进行创新。Zaman et al.（2011）使用了结构方程模型（structural equation model，SEM）对引领经济数字化转型的各种因素和渠道进行了分析与比较，发现与其他变量相比，人力资本和ICT是引领经济数字化转型与决定经济数字化水平的两个最为重要的因素。这也暗示了在评估特定经济体的数字化水平时，应当将人力资本积累和ICT应用放在突出位置。钱海燕和江煜（2020）将电信基础设施建设、信息技术产业发展、企业电子化水平和社会创新能力作为数字经济发展水平的量化要件，基于熵值法原理确定各项指标的权重，并计算合成指数以测度中国浙江省的数字经济发展水平。测算结果显示，浙江省经济数字化水平的逐年上升趋势和省内各区域显著的截面差异是浙江数字经济发展两个最为典型的特征。

二、数字经济规模的测度

与数字化水平不同，数字经济规模测度的主要任务是对数字经济定义范围内的商品和劳务总价值进行核算。目前国际上最常用的两个核算框架分别来自经济合作与发展组织（Organization for Economic Cooperation and Development，OECD）和美国商务部经济分析局（Bureau of Economic

Analysis，BEA）。Ahmad and Jennifer（2017）提出了OECD的数字经济核算框架——数字经济卫星账户（digital economy satellite account，DESA）。该账户涵盖了数字产品和服务、数字经济关联投资、数字平台交易三个维度，既兼顾了政策制定和统计实践，又保持了相当的灵活度和开放性。尽管当前账户内的一些指标很难从官方统计数据中获取，但未来数据的不断完善和账户设计兼容性的持续提升会进一步强化卫星账户在数字经济统计中的作用。Barefoot et al.（2018）建立了BEA的数字经济核算框架，主要涵盖数字媒体（数字产品服务和大数据服务）、电子商务（B2B、B2C、P2P电子商务①）和数字基础设施（计算机软硬件和电信设备与服务等）三个方面，基于预先设定好的与数字经济相关产业的划分标准，对各产业部门的增加值进行分类和加总统计。国内研究在吸收国际经验的基础上，结合中国数字经济发展的实际，逐步探索适合中国的数字经济核算方法。杨仲山和张美慧（2019）尝试构建中国的DESA，以核算中国数字经济规模及其对中国经济增长的贡献，不仅设计了数字经济供给、使用、投资矩阵和生产信息补充表等DESA的必需要件，还编制了数字经济静态总量指标和宏观经济直接贡献指标，为中国数字经济的统计和分析提供了对标国际的思路。

中国信息通信研究院（2019）将数字经济分为数字产业化和产业数字化两大部分，分类核算后再统一加总。在统计实践中，数字产业化是指由电子信息制造业、基础电信业、互联网行业和软件服务业组成的信息产业

---

① B2B（也作BTB）是business to business的缩写，表示一种企业与企业之间通过互联网开展产品、服务和信息资源交易的商业模式。与之类似，B2C（也作BTC）是business to customer的缩写，P2P（也作PTP）是peer to peer的缩写，分别表示上述交易的方向是企业对消费者和个人对个人。

的增加值；产业数字化则是数字技术与其他产业的融合应用带来的效率提升和产出增加（以额外增加值表示）。许宪春和张美慧（2020）将中国数字经济范围界定为数字化赋权基础设施、数字化媒体、数字化交易和数字经济交易产品四个方面，并筛选出数字产品和产业，运用行业增加值结构系数、数字经济调整系数和行业增加值率等工具调整、修正原始数据，对中国数字经济规模进行核算。研究发现，与美国和澳大利亚相比，中国数字经济规模的扩大更加迅速，其对经济增长的推动作用更加明显。还有部分研究关注数字经济发展未能被统计数字反映的部分，例如数字经济的福利效应。Diewert et al.（2018）是其中最具代表性的研究之一，其建立了数字经济的福利测度框架，致力于捕捉那些被官方统计数字遗漏，但却可以在经济和社会生活中被感知的福利。研究发现，数字经济发展与演化过程中的一个重要特征是新产品和新服务的出现，但基于最大重叠指数的官方统计框架仅涵盖在两个统计时期都出现的产品和服务，遗漏了来自新产品和新服务的福利增长。

第二节　外部数字化的测度：揭示宏观趋势

根据定义1-1，外部数字化是经济发生在企业外部的整体性数字化转型，这意味着在给定的区域内，所有企业共享同一个外部数字化水平。因此，为捕捉外部数字化水平在给定时间条件下的个体差异，必须在高于企业（微观）的中观或宏观层面构建统计指数。同时，为了尽可能充分地反映异质性并减少混杂信息，外部数字化水平指数亦不宜被置于过高的层面。下面介绍两种测度外部数字化水平的方法，一种是聚焦数字基础设施的传统方法，另一种是使用文本识别的新方法，后者在测度准确性上显著优于前者。

一、传统方法：使用互联网渗透率作为衡量指标

外部数字化进程中的一个重要环节是数字基础设施的建设和完善。对中国而言，数字基础设施的建设质量和完善程度最丰富的差异存在于城市之间，故我们可以在城市层面构建中国经济外部数字化水平的测度指数。在众多数字基础设施中，互联网毫无疑问处于核心地位。因此，衡量外部数字化水平的一个直接方式便是评估特定经济区域的互联网发展水平。在长达数十年的发展历程中，互联网不仅在技术上实现了突破性的革新和进步，还留下了丰富的长期跨区域观测数据，这为我们定量考察不同时空的互联网发展水平提供了可能。就中国城市层面的相关数据而言，每年发布的《中国城市统计年鉴》是最完整、最可靠的来源。《中国城市统计年鉴》是国家统计局主持编写的中国城市层面年度经济社会发展系列调查报告，涵盖从1985年至今数百个建制城市（县级城市和地级及以上城市）的包括人口、工业、教育、环境、生活等多个领域在内的十余个大项、百余个小项统计指标。《中国城市统计年鉴》从2001年开始汇报中国地级及以上城市的互联网用户数。计算其与当年相应城市的年末人口总数（亦可从《中国城市统计年鉴》中获得）的比值就可得到城市层面表征互联网普及程度的互联网渗透率（Internet penetration rate，IPR），我们可以将其作为外部数字化水平的基准指数 $\mathrm{DL}_{it}^{\mathrm{EX}}$：

$$\mathrm{DL}_{it}^{\mathrm{EX}} = \mathrm{IPR}_{it} = \frac{\mathrm{niu}_{it}}{\mathrm{ppl}_{it}} \tag{2-1}$$

其中，niu_{it} 表示城市 i 在 t 年的互联网用户数，ppl_{it} 表示城市 i 在 t 年的人口规

模。利用历年可获得的《中国城市统计年鉴》提供的原始数据，我们最终可以计算得到2001—2018年①中国297个地级及以上城市的互联网渗透率。应当注意到，互联网渗透率显然不是外部数字化水平的"完美"代理变量，但它是综合考虑指数相关性、资料准确性和数据可得性后的最佳选择。②

图2-1展示了历年外部数字化水平基准指数在中国不同城市间的分布模式。可以看到，基准指数的总体分布呈现出明显的上移趋势，集中表现为3个四分位数（上四分位数、中位数和下四分位数）的不断增长，这表明城市层面外部数字化水平整体逐年提高。另外，尽管基准指数在特定年份的分布具有典型的长尾特征，但随着时间的推移，四分位距（上四分位数与下四分位数之差）越来越大，这意味着数据变得更加分散，即不同城市间外部数字化水平的差异化程度更高。图2-2展示了外部数字化水平基准指数在城市层面均值的年度变化和地区差异：由图2-2（A）和图2-2（B）可知，平均来看，中国城市层面外部数字化水平的上升趋势明显，2001—2018年这18年间实现了从3%到32%的近10倍的增长。图2-2（C）和图

---

① 本书在写作时可获得的最新版本的《中国城市统计年鉴》是国家统计局城市社会经济调查司于2019年发布的《中国城市统计年鉴—2019》，其汇报的是2018年中国各建制城市的相关统计数据。因此，通过对原始数据二次计算得到的互联网渗透率也相应地更新至2018年。

② 以互联网渗透率衡量外部数字化水平忽略了互联网发展质量的影响，可以引入质量乘子对原指数进行调整，但难以获得充分的数据支持。目前适合充当质量乘子且数据可得的变量是平均宽带速率（average broadband speed, ABS），其为由中国宽带发展联盟在每季度发布的《中国宽带速率状况报告》中汇报的相应统计数据，但该报告只在省级层面进行统计，这使得调整后的式（2-1）变为：$\mathrm{Adj.\,DL}_{it}^{\mathrm{EX}} = \dfrac{niu_{it}}{ppl_{it}} * \mathrm{ABS}_{jt}$。其中，$\mathrm{ABS}_{jt}$是省份$j$在$t$年的平均宽带速率。然而，一方面，该变量反映的是特定省份宽带速率的平均水平，将其用于地级及以上城市外部数字化水平基准指数的调整必然带来统计偏误；另一方面，该变量因数据可得性的限制在2013年以前均缺省（《中国宽带速率状况报告》自2013年才开始发布），如果将其用于回归分析势必造成大量的样本信息损失。综上所述，$\mathrm{Adj.\,DL}_{it}^{\mathrm{EX}}$尽管包含了更多与外部数字化有关的信息，但并不能更准确地反映其水平，也不宜用于进一步的实证研究。

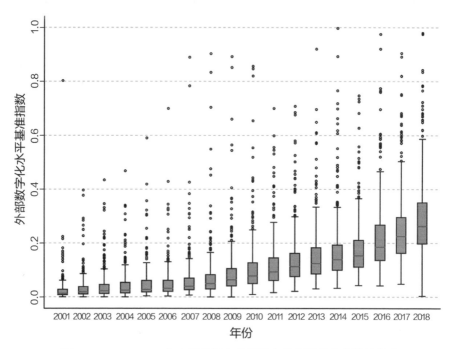

图2-1　2001—2018年中国地级市外部数字化水平基准指数的分布

注：①每个（灰色）箱体的上端和下端在纵轴对应的值分别表示特定组别数据的上四分位数（Q_{75th}）和下四分位数（Q_{25th}），中间的灰色实线则表示该组数据的中位数；②每个箱体的上端和下端各延伸出一条（竖直）实线，分别连接位于箱体上方的（水平）上边缘线和位于箱体下方的（水平）下边缘线，前者表示该组数据上四分位数加上1.5倍四分位距（IQR，IQR = Q_{75th} − Q_{25th}）之和与最大值（D_{max}）中的较小者（$\min\{Q_{75th} + 1.5\text{IQR}, D_{max}\}$），后者表示该组数据下四分位数减去1.5倍四分位距之差与最小值（D_{min}）中的较大者（$\max\{Q_{25th} − 1.5\text{IQR}, D_{min}\}$）；③位于每个箱体上边缘线之上或下边缘线之下的空心点表示该组数据中分布于由上下边缘线所确定区间之外的离群值。

资料来源：作者基于《中国城市统计年鉴》整理和计算。

2-2（D）则表明，尽管不同经济区域外部数字化平均水平都表现出与总体均值相似的增长模式，但仍存在不同程度的区域间差异。其中，东部地区的水平显著高于中部、西部和东北地区，而后三个地区之间的差距则相对较小。上述结论对均值水平按城市的人口规模进行加权调整保持稳健。值得注意的是，基于图2-1和图2-2的发现与我们经验上的认知——宏观层面的外部数字化水平与经济发展的实际水平正相关——无论在时间还是空间维度上均是一致的，这使得以互联网渗透率作为外部数字化水平基准指数所得到的分析性和统计性结论更加可信。

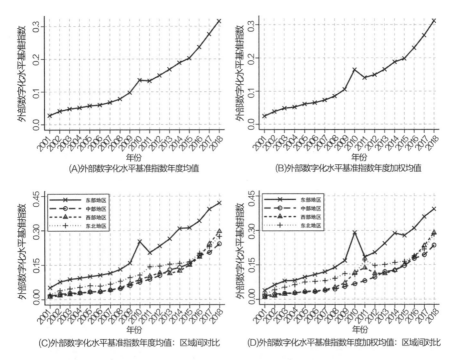

图2-2　2001—2018年中国城市外部数字化水平基准指数的均值：年度变化和地区差异

注：①外部数字化水平基准指数的年度均值是按年计算的样本内所有地级及以上城市的数据。②（A）和（B）中的曲线，以及（C）和（D）中东部地区对应的曲线，均在2010年处有不同程度的"冒尖"，明显背离了整体趋势。一个重要的原因是，中国于2010年进行了第六次全国人口普查，普查结果于次年发布。基于这个结果，各统计年鉴中的相关数据进行了相应的修正。上述曲线的变化模式表明这些修正以向下为主，且集中在东部地区。③（D）中西部和东北地区对应的曲线在2011年似乎也有"冒尖"现象，但由人口普查的年份及（D）与（C）的对比可知这与数据修正无关，而是这两个地区规模较大城市互联网渗透率暂时性快速提高的结果。

资料来源：作者基于《中国城市统计年鉴》整理和计算。

二、新方法：基于对企业经营范围的文本识别

除了从数字基础设施建设切入的直接手段外，我们还可以利用与经济外部数字化进程相关的其他变量间接地刻画外部数字化水平。理论上，作为经济数字化转型过程中最活跃也最敏锐的市场主体，数字企业总是聚集于相关基础设施最完善的区域，因为这些区域通常能够为其提供更广阔的市场空间、更密集的交流合作和更便利的营商环境。因此，市场上所有在位企业中数字企业所占的比例一定程度上反映了当地的外部数字化水平——数字企业的数量份额（$\mathrm{DL}_{it}^{\mathrm{EX*}}$）愈大，外部数字化水平愈高。我们可以将其作为衡量外部数字化水平的备择指数。

$$\mathrm{DL}_{it}^{\mathrm{EX*}} = \frac{\sum_{j \in \Omega_{it} \cap \Delta} \mathrm{survive}_{jt} \times w_{jt}}{\sum_{j \in \Omega_{it}} \mathrm{survive}_{jt} \times w_{jt}} \tag{2-2}$$

其中，$\mathrm{survive}_{jt}$表示企业 j 在 t 年的生存状态，若该企业在当年存活（即为市场在位者），则 $\mathrm{survive}_{jt} = 1$，否则，$\mathrm{survive}_{jt} = 0$。$w_{jt}$表示企业规模调整权数，有两个可能的取值——1 或企业 j 在 t 年的注册资本金 regcap_{jt}，即 $w_{jt} \in \{1, \mathrm{regcap}_{jt}\}$。[①] Ω_{it}表示由城市 i 在 t 年所有注册企业构成的集合。Δ 表示由所有数字企业构成的集合。企业生存状态及所在城市的数据来自国家

---

① 若 $w_{jt} = 1$，相当于不调整企业规模，直接计算数字企业的（非加权）数量份额；若 $w_{jt} = \mathrm{regcap}_{jt}$，相当于按企业的注册资本金调整其规模后，再计算以注册资本金比例为权数的数字企业（加权）数量份额。然而，注册资本金可能并非企业规模的良好代理，原因有二：一是我们可以获得的企业注册资本金数据是认缴额而非实缴额，一般而言，后者与企业规模的关联性更强；二是受限于数据可得性，我们在实际计算时使用的是各企业在 2019 年末的注册资本金数据（已统一换算成现价人民币）。尽管注册资本金的变动频率和幅度非常有限，但将注册资本金视为不随时间变动的变量仍不可避免地造成测量误差。综上，我们仅在本节使用按注册资本金调整企业规模的加权指数，与非加权版本形成对照，以考察相关结论对指数是否进行加权处理的敏感性，但在后文的经验研究中（如无特别说明）仍使用非加权指数作为测度经济外部数字化水平的备选方案。

工商总局注册企业基础信息数据库（更新至2019年，简称基础信息数据库）。该数据库收录了截至2019年的近7000万家在国家工商总局有注册记录的企业（无论存活还是死亡）包括建立时间、死亡时间、注册资本金（及其币种）、注册地所在行政区划代码等在内的基础信息。利用建立时间和死亡时间，我们就可以推算出企业的生存窗口，从而获得其每年的生存状态，即虚拟变量$survive_{jt}$的值[1]；根据注册资本金的数额和币种信息，可以将其统一换算成现价人民币（以2019年人民币兑其他货币的平均汇率为准），由此得到$regcap_{jt}$的数据；注册地所在行政区划代码与目标城市的匹配结果则用于确定企业的地理位置，以构建集合Ω_{it}。

使用式（2-2）评估外部数字化水平的一个挑战是识别数字企业，即确定集合Δ的范围。目前的主流方法是根据企业所在行业识别其数字化属性：若企业属于数字行业，则视其为数字企业，否则视其为非数字企业。数字行业是事先确定好的与数字经济有关的行业集合。我们根据2021年国家统计局发布的《数字经济及其核心产业统计分类（2021）》（简称《统计分类》）[2]建立数字行业列表。《统计分类》将数字经济核心产业划分为4个大类行业、23个中类行业和114个小类行业[3]，将基础信息数据库提供的企业所属行业的（4位）代码与这些行业对应的（4位）代码匹配就可以对每

---

[1]　在计算生存窗口时，企业的建立时间和死亡时间按年份取整。例如，企业于YY年MM月建立或死亡，视其于YY年建立或死亡。另外，部分企业的死亡时间在数据库中缺省。若该企业的建立时间同样缺省，则因必要资料缺失删去此样本；若该企业的建立时间有记录，则视其在基础信息数据库更新所至年份（2019年）仍然存活。

[2]　《统计分类》的详细内容参见：http://www.stats.gov.cn/xxgk/tjbz/gjtjbz/202106/t20210603_1818135.html。

[3]　在《统计分类》中，数字经济核心产业的4个大类行业包含23个中类行业，23个中类行业包含114个小类行业。其中，4个大类行业为数字产品制造业、数字产品服务业、数字技术应用业、数字要素驱动业，涉及《2017国民经济行业分类注释》中的116个4位代码行业。

家企业是否属于数字行业做出判断，进而得到一张完整的中国数字企业名单。然而，基于行业的识别方法存在明显的误差：一方面，在上述数字经济核心产业中的部分企业可能并不直接应用数字技术或经营与数字经济相关联的业务，这导致识别系统的"存伪"错误；另一方面，不属于上述数字经济核心产业的部分企业的经营活动又可能涉及数字技术或数字经济关联业务，这导致识别系统的"弃真"错误。为矫正两种识别错误，提高数字企业的识别效率和准确性，我们利用自然语言处理技术对《统计分类》第六部分"数字经济及其核心产业统计分类"中01—04大类行业（数字经济四大核心产业）"说明"一栏的所有文本进行了非定向词频分析[①]，并将虚词和不具有明确指向意义的实词（如"经营""技术""开发""制作"等非限制性词语）剔除后，得到了如表2-1所示的数字业务高频关键词。

表2-1 数字业务高频关键词

关键词	频数	频数排位
联网	69	1
信息	69	1
计算	41	3
网络	35	4
数字	34	5
电子	33	6
数据	27	7
智能	27	7
软件	26	9
机器人	17	10

---

① 《统计分类》为每个被列入数字经济核心产业的小类行业（共114个，每个小类行业包括1个或多个《2017国民经济行业分类注释》中的4位代码行业）提供了一份关于经营业务范围的说明，与《2017国民经济行业分类注释》一致。

基于表2-1给出的关键词，利用基础信息数据库提供的每家注册企业的经营范围文本，我们就可以定向检索其中是否包含这些关键词，从而判断特定企业是否为真正意义上参与数字经济关联产品生产或服务提供的数字业务经营者。具体的识别标准是：若某家企业的经营范围文本包含表2-1给出的10个关键词中的至少1个，则视其为数字企业；否则，视其为非数字企业。无论是基于行业还是基于经营范围的识别方法都提供了一个独立的构建式（2-2）中集合Δ的策略，结合企业的生存状态和地理位置，我们就可以计算得到两组不同的衡量外部数字化水平的备择指数，并在城市选择和时间跨度上与基准指数保持一致。将基于企业所属行业构建的数字企业集合记为Δ_A，由此，运用式（2-2）计算得到的指数相应地被称为外部数字化水平备择指数A，记为DL_{it}^{EX*A}；将基于企业经营范围构建的数字企业集合记为Δ_B，由此，运用式（2-2）计算得到的指数相应地被称为外部数字化水平备择指数B，记为DL_{it}^{EX*B}。我们可以利用基础信息数据库提供的企业层面的详尽信息，在中国国家层面比较上述两种数字企业识别策略在外部数字化水平指数构建上的表现，并通过交叉检验评估它们各自的识别有效性。[①]图2-3展示了这些比较和检验的结果。

---

① 尽管我们基于式（2-2）提出的外部数字化水平备择指数构建方案的适用对象是城市，但在技术上可以很方便地将其扩展到国家层面，只需将式中Ω_{it}的定义更改为"由国家i在t年所有注册企业构成的集合"即可。

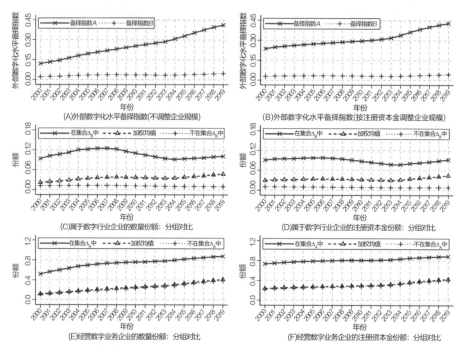

图2-3　两种数字企业识别策略的对比：中国国家层面的结果比较和交叉检验

注：①图中的所有数据均是在中国国家层面直接计算得到的。值得注意的是，国家层面的直接结果与地级及以上城市经其在位企业数量调整的加权结果完全等价。②（C）和（D）中加权均值对应的曲线是由上下两条曲线每年数据以各自分组集合中在位企业数量为权计算得到的加权均值的连线，故其分别与（A）和（B）中备择指数A对应的曲线完全相同。同理，（E）和（F）中加权均值对应的曲线分别与（A）和（B）中备择指数B对应的曲线完全一致。③注册资本金的数据已经过1%水平的缩尾处理。

资料来源：作者基于基础信息数据库整理和计算。

图2-3中，左侧三幅图描述的是在位企业中数字企业数量份额的年度变化而右侧三幅图描述的则是在位企业中数字企业注册资本金规模份额的年度变化。通过对比分析，我们主要有以下三点启示性发现。

第一，图2-3（A）显示，相较于所属行业，若选择基于经营范围的识别策略，则以数字企业数量份额衡量的中国经济整体外部数字化水平无论是在绝对水平还是增长趋势上，都更符合我们对中国经济数字化转型动态的经验认知：基于行业的结果显示，中国在位企业中与数字经济有关的企业数量所占份额在2019年仅为5%，且该份额在2000—2019年的增长速度均匀而缓慢；基于经营范围的结果则表明这一数字已经超过40%，且2013年以来的增长率显著高于之前，这与近年中国数字经济迅猛发展的事实①一致。上述结论对按注册资本金调整企业规模保持稳健[见图2-3（B）]。因此，若以企业所属行业识别其数字化状态，则势必低估中国经济中数字化成分所占比例和增长幅度，从而低估中国经济的（外部）数字化水平及其增长率。

第二，由图2-3（C）和图2-3（E）构成的交叉检验结果显示，在经营数字业务的企业中，属于数字行业企业所占的比例（9%—13%）远低于在属于数字行业企业中，经营数字业务企业所占的比例（51%—88%），该结果同样对企业规模调整保持稳健[调整后相应的数据分别是9%—10%和73%—89%，见图2-3（D）和图2-3（F）]。这意味着，若采用基于所属行业的策略识别数字企业，我们会不可避免地遗漏大量实际经营数字业务的企业（即犯"弃真"错误），但相对较少地将那些实际上与数字经济不相关的企业纳入统计范围（即犯"存伪"错误）。这也解释了为何以所属行业识别数字企业时会明显地低估数字企业的数量或注册资本金所占的份额。

第三，从图2-3（C）—（F）可以看出，尽管基于经营范围的识别策

---

① 中国信息通信研究院发布的系列研究报告《中国数字经济发展白皮书》（在2018年和2019年更名为《中国数字经济发展与就业白皮书》）显示，中国数字经济占GDP的比重在2016年、2017年、2018年和2019年分别为30.3%、32.9%、34.8%和36.2%，这些数据及其所呈现的中国数字经济发展态势显然更接近以企业经营范围作为识别依据得到的对中国数字企业数量份额的观测结果。

略比基于所属行业的识别策略更能准确地捕捉数字企业的数量和注册资本金份额在经济中的变化，但无论采用哪一种识别方法，数字企业的数量或注册资本金在由另一种方法确定的数字企业集合及其补集中所占的份额均实现了与两者加权均值的分离。以 Pr^E 表示经验概率，有：

$$\mathrm{Pr}^E\big(i\in\Delta_\alpha\,\big|\,i\in\Delta_\beta\big)>\mathrm{Pr}^E\big(i\in\Delta_\alpha\big)>\mathrm{Pr}^E\big(i\in\Delta_\alpha\,\big|\,i\notin\Delta_\beta\big),$$
$$\alpha,\beta\in\{A,B\},且\alpha\neq\beta$$

对所有在位企业 i 均成立。这一事实表明，两种识别策略都可以在一定程度上区分数字企业和非数字企业，因而至少在理论上都是有效的。[①]基于此，在后文的回归分析中，我们有更充分的理由相信使用2个外部数字化水平备择指数替换基准指数所得到的稳健性检验结果。

　　至此，对于外部数字化水平，我们共提出了3套相互独立的测度方案，并相应地计算得到了3组城市层面的平行指数。图2-4展示了它们之间的相关性。其中，所有散点图区域内额外标注了两条虚线和一条实线，分别表示两种指数的平均水平（数值标注在对应虚线的一侧）和散点拟合线，拟合线斜率（slope）、拟合优度（R^2）、皮尔逊相关系数（Pearson's ρ）和样本观测量（N）依序标注在右上角；散点图区域外的上部、右部分别附加了一幅散点图纵轴和横轴对应指数的频率分布直方图，用于呈现每种指数的分布特征。综合图来看，无论是否调整企业规模，外部数字化水平基准

---

① 比较图2-3的（C）和（E）、（D）和（F）可以发现，所有在位企业中属于数字经济核心产业企业的数量份额（无论是否按注册资本金调整企业规模）与不经营数字业务的企业中该份额的差距，明显大于所有在位企业中经营数字业务企业的数量份额（无论是否按注册资本金调整企业规模）与不属于数字经济核心产业企业中该份额的差距。这表明，不属于数字经济核心产业企业的数量远大于不经营数字业务企业的数量，即属于数字经济核心产业企业的数量远小于经营数字业务企业的数量。该发现进一步印证，基于所属行业识别数字企业将严重低估实际经营数字业务企业的数量或注册资本金所占份额。

指数与备择指数 A 和备择指数 B 均显示出一定程度的正相关关系，这是后文使用 2 个备择指数替换基准指数对回归分析结果进行稳健性检验的基础。然而，尽管正向关系得到了统计证据的支持，但基准指数与 2 个备择指数在线性相关程度上存在显著的差异。由图 2-4（A）和（B）可知，基准指数与未调整企业规模的备择指数 A 的相关系数为 0.16，这表明两者仅存在微弱的正相关性；按注册资本金调整企业规模后，相关系数上升至 0.41，但也仅意味着中等程度的相关关系。另外，基准指数仅解释了未调整企业规模的备择指数 A 不足 3% 的变化，且给定其他条件，前者每增长 0.1（互联网渗透率上升 10%），后者平均仅增长 0.002（属于数字行业企业的数量份额上升 0.2%）；调整后，尽管基准指数解释率上升至 17%，其他条件不变的情况下相同幅度增长带来的备择指数提升变为此前的 2 倍，但两者的关联在统计和经济学意义上仍非常有限。相比之下，基准指数与备择指数 B 之间的联系明显更强。从图 2-4（C）、（D）可以看出，基准指数与未调整企业规模的备择指数 B 的相关系数为 0.65，这意味着两者存在较强的正相关性；基准指数解释了未调整企业规模的备择指数 B 总变差（离差平方和）的 43%，且给定其他条件，前者每增长 0.1（互联网渗透率上升 10%），后者平均增长 0.04（经营数字业务企业的数量份额上升 4%）。尽管调整后相应的数据略有下降，但仍远高于备择指数 A 各项结果的水平。值得注意的是，上述证据所揭示的外部数字化水平基准指数与 2 个备择指数间相关性程度的差异，与图 2-3 展示的这 2 个备择指数在刻画中国经济数字化水平及其变化趋势上的差异，具有相同的根源——相较于所属行业，利用经营范围的识别策略能更准确地筛选出数字经济关联企业，从而通过结构性指数更真实地反映宏观层面的数字化转型动态。

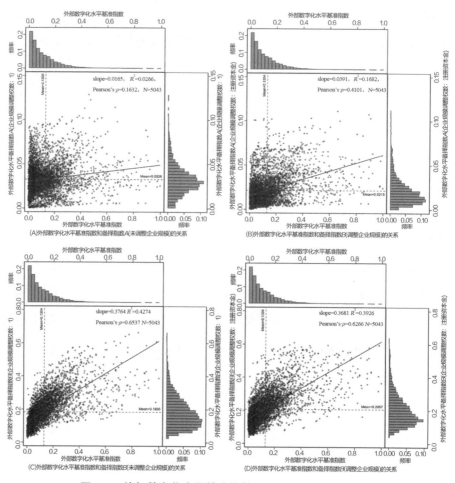

图2-4　外部数字化水平基准指数与备择指数间的相关性

注：①散点图部分的每个空心点都表示在特定年份对特定城市外部数字化水平基准指数和相应备择指数的一次观测。这些点覆盖了样本中所有297个地级及以上城市2001—2018年的数据。除去少量包含缺省值的样本，平均每年实际有约280（城市总数量的94%）次观测。②企业注册资本金的数据已经过1%水平的缩尾处理。

资料来源：作者基于《中国城市统计年鉴》和基础信息数据库整理、计算。

第三节　内部数字化的测度：洞察微观动态

与外部数字化不同，内部数字化是单个企业在学习适用于企业内部的数字技术开发和运作的基本原理后，进行定制化研发创新和改造升级的转型过程。由于同一时间不同企业所处的转型阶段不尽相同，我们必须构建具有企业间异质性的统计指数以捕捉内部数字化水平的个体差异。我们注意到技术的研发和升级是一个连续过程，而统计指数所刻画的实际上是这个过程中某个时间点的即时状态或一段时间内的平均状态，这里的状态便指的是企业专用数字技术的发展水平。然而，对于特定企业而言，专用数字技术发展水平通常很难直接定义或观测，这就要求内部数字化水平的测度指数包含可以间接反映这一点的变量。

一、从网络招聘广告透视企业内部数字化

根据传统的经济理论，企业的技术转换，无论是另起炉灶还是迭代升级，都会带来投入要素结构的变化。例如，当一家企业首次引入自动化生产技术或生产技术的自动化程度提高时，其对劳动力的相对需求就倾向于减少，转而更密集地进行自动化设备投资。值得注意的是，技术转换引致的要素替代不仅存在于不同种类的要素之间，也可能在同种要素的内部发生。上文例子中的企业在不断用资本替代劳动力的同时，也在用能操作自动化生产设备的高技能劳动力替代只能使用普通生产设备的低技能劳动力。由于专用数字技术的研发和改进需要具备相应专业技能（即数字技能）的劳动力，且他们难以被其他非专业劳动力替代，对于一个正在经历内部数字化转型的企业而言，我们应能观察到数字技能劳动力相对需求的增长。

然而，一方面，数字技术的规模膨胀催化效应使得内部数字化转型企

业在扩大数字技能劳动力招聘规模的同时，倾向于招聘更多的非数字技能劳动力以支撑其数字业务的扩张和发展①；另一方面，根据定义，内部数字化转型的核心——专用数字技术的研发和升级——在强度上取决于数字技能劳动力投入的总量而非整体的劳动力结构。因此，较之相对需求，企业对数字技能劳动力的绝对需求能更真实地反映其内部数字化水平。综上所述，我们可以将企业招聘的数字技能劳动力总量（调整后取对数）作为其内部数字化水平的测度指数②，相关数据来自中国企业网络招聘数据库③。中国企业网络招聘数据库提供了100余万家中国企业在2015—2019年发布的总计超过1亿条网络招聘广告的相关信息，包括每条招聘广告的发布企业、发布时间、对拟聘人员所具备的职业技能的要求和拟聘人员数量等。④

① 数字技术的规模膨胀催化效应将在第五章和第六章被更详细地讨论，包括其产生原因、作用机制和经验证据等。

② 上文已经提到，理论上，数字技能劳动力的绝对需求比相对需求更能准确地反映企业内部数字化水平。在测度实践中，我们发现了相应的证据：使用企业招聘人员中数字技能劳动力所占比例作为内部数字化水平的测度指数将不可避免地带来系统性偏差，且由其衍生的推论与我们对企业层面数字化水平分布模式的经验认知存在明显的矛盾。关于这些细节的讨论参见附录。

③ 中国企业网络招聘数据库是我们在写作本书时可用的最新、最全、最可靠的中国企业层面招聘数据来源。尽管网络招聘只是现代企业的招聘方式之一，但随着互联网等数字技术与人力资源服务的深度融合，网络招聘凭借其低成本、高效率、广覆盖和强针对性等优势，在近几年逐渐成为中国企业招聘新员工的重要渠道。人力资源和社会保障部（简称人社部）为促进国内不断壮大的网络招聘服务业健康有序发展，于2020年12月专门出台了《网络招聘服务管理规定》。人社部就《网络招聘服务管理规定》答记者问时指出，网络招聘已成为劳动者求职和用人单位招聘的主渠道。截至2019年底，全国共有3.96万家人力资源服务机构和1.50万个人力资源市场网站，2019年通过网络发布4.04亿条招聘信息、8.23亿条求职信息。上述事实表明，网络招聘数据在中国劳动力市场上具有显著的代表性，目前也没有其他证据表明拟聘劳动力的技能结构在不同招聘渠道中的分布存在系统性的显著差异。因此，基于网络招聘数据计算得到的企业对数字技能劳动力的需求量虽然与真实情况有一定距离，但相对准确地反映不同企业对数字技能劳动力的需求大小，从而捕捉它们内部数字化水平的异质性。

④ 中国网络招聘数据库中的数据和信息主要来自猎聘、前程无忧、智联招聘等中国大型网络招聘平台。中国网络招聘数据库还包含企业发布的每条招聘广告对拟聘人员的最低学历限制、工作经验要求和薪资待遇说明，其中的部分信息为第六章的经验研究提供了不可或缺的支持。

利用这些信息，我们就可以构建如下衡量内部数字化水平的基准指数（$\mathrm{DL}_{it}^{\mathrm{IN}}$）：

$$\mathrm{DL}_{it}^{\mathrm{IN}} = \ln \left(\sum_{j \in \Theta_{it} \cap \Psi} \mathrm{staff}_j + 1 \right) \qquad (2\text{-}3)$$

其中，staff_j表示招聘广告j的拟聘人员数量；Θ_{it}表示由企业i在t年发布的所有招聘广告构成的集合；Ψ表示由所有招聘数字技能劳动力的广告构成的集合。将数字技能劳动力总量加1后再取对数是为了使基准指数可以覆盖样本中占大部分的不招聘任何数字技能劳动力的企业，并将它们的内部数字化水平赋值为0。与式（2-2）类似，应用式（2-3）的关键在于识别企业发布的招聘广告中哪些与数字技能劳动力有关，即确定集合Ψ的范围。中国网络招聘数据库附带的数据说明文件《招聘维度词典》将劳动力的职业技能进行了详细的多级分类，我们事先从中选出与数字技术应用和研发相关的技能条目（见表2-2），再检视每一条招聘广告对职业技能的要求是否包含了这些技能对应代码的关键字段，从而判断特定的招聘广告是否表现出对数字技能劳动力的需求。

在建立集合Ψ之后，结合由中国企业网络招聘数据库直接提供的关于变量staff_j和集合Θ_{it}的信息，我们就可以基于式（2-3）计算得到2015—2019年中国企业网络招聘数据库所列各企业通过网络招聘的（调整后）数字技能劳动力总量。图2-5展示了历年样本中有数字技能劳动力招聘记录企业的内部数字化水平基准指数的主要分布特征，有助于我们直观地了解对数字技能劳动力的需求在异质性企业间的分布模式。①从中可以看出，基

---

① 样本中的企业平均每年仅有27%在当年发布过至少1则数字技能劳动力招聘广告，换言之，每年基准指数数据中的大部分为0，这导致针对样本中全部企业的箱线图所传达的与内部数字化企业分布相关的信息反而非常有限。因此，为了更好地发挥箱线图的功能，同时呈现我们更感兴趣的数字技能劳动力需求在异质性企业间的分布特征，图2-5中内部数字化水平基准指数每年的统计对象仅包括那些有数字技能劳动力招聘记录（基准指数不为0）的企业。

准指数在这些企业间的整体分布非常稳定，每年数据的中部50％所在区间几乎没有变化；与外部数字化水平基准指数相同，内部数字化水平基准指数的分布也具有明显的长尾特征——每年数据中前25％的区间长度超过了该年全部数据所覆盖区间长度的80％。尽管利用中国企业网络招聘数据库和式（2-3）构建的内部数字化水平基准指数提供了一种如图2-5所示的将每家企业映射到数轴上特定一点的连续型量化方案，但潜在的怀疑者可能会担心源自这种映射的评估系统所产生的结果——和外部数字化水平备择指数A对中国经济数字化水平的刻画一样——与我们的基本经验相冲突。为了打消该疑虑，我们充分利用所掌握的数据资料，对基础信息数据库和中国企业网络招聘数据库进行了匹配，将前者直接提供的企业注册资本金和通过后者中相关数据计算得到的企业网络招聘总人数分别作为企业规模的代理变量，考察内部数字化水平与企业规模间的统计关系，并将结果绘制于图2-6。由图2-6可知，平均来看，随着规模的扩大，企业计划招聘的数字技能劳动力的数量愈来愈多，相应地，内部数字化水平也不断提高。这一发现与我们对于数字技能劳动力市场流向的经验观察——掌握前沿数字技术的高技能劳动力集中于那些生产率水平较高、人力成本预算充足、富有开拓和创新精神的大型企业——是一致的。

二、与企业经营范围文本识别相结合

尽管内部数字化水平的基准指数提供了一个基于企业聘用劳动力技能结构的连续度量，但有时我们更关心内部数字化作为企业层面的一项经济转型，在多大程度上导致了正在经历它的数字企业和尚未经历它的非数字企业间的绩效差异。为此，有必要构建一个在企业层面随时间变化的0－1

表2-2 《招聘维度词典》中与数字技术相关的代码

一级代码(职业技能)	二级代码(职业技能)
RHZN_03 (计算机/互联网/通信/电子)	RHZN_03_01 (软件/互联网开发/系统集成)
	RHZN_03_03 (互联网产品)
	RHZN_03_04 (IT管理/支持)
	RHZN_03_05 (电信/通信技术开发及应用)

注:《招聘维度词典》对职业技能的划分还包含颗粒度更小的三级指标,限于篇幅不再列出。同时,RHZN_03下还有RHZN_03_02、RHZN_03_06两个次级代码,分别对应两类与数字技术无明显关联的职业技能:硬件、电子/电器/半导体/仪器仪表。综合考虑运算效率和准确性,我们基于表格中的二级代码识别数字技能劳动力招聘广告。

变量以区分数字和非数字企业。上文提到的基于所属行业和经营范围识别数字企业的方法赋予每个企业不随时间改变的数字化转型状态,通过基础信息数据库和中国企业网络招聘数据库的匹配,结合对企业发布网络招聘广告行为的分析,我们就可以赋予其动态属性,从而得到如下衡量内部数字化水平的备择指数(DL_{it}^{IN*}):

$$DL_{it}^{IN*} = digfirm_i \times \min\left\{1, \sum_{j \in \Theta_{it}} digad_j\right\} \tag{2-4}$$

其中,$digfirm_i$是数字企业指示变量,若企业i是数字企业,则$digfirm_i = 1$,否则$digfirm_i = 0$。$digad_j$是招聘广告对数字技能劳动力需求的指示变量,若广告j是数字技能劳动力招聘广告,则$digad_j = 1$,否则$digad_j = 0$。数字企业和数字技能劳动力招聘广告的判定方法与上文相同;若企业在式(2-2)的集合Δ中,则该企业为数字企业,否则为非数字企业;若招聘广告在式

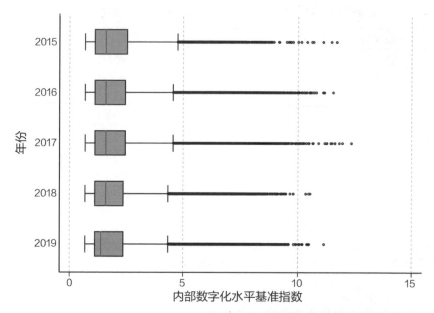

图2-5   2015—2019年通过网络招聘数字技能劳动力企业的内部数字化水平基准指数

注：①本图的统计对象是中国网络招聘数据库中2015—2019年所有在当年发布过至少1则数字技能劳动力招聘广告的企业。②水平箱线图是垂直箱线图顺时针旋转90度的结果，前者包含的信息与后者完全相同。欲了解箱线图的基本含义，参见图2-1下的注释。③招聘广告拟聘劳动力数量的数据已经过1%水平的缩尾处理。

资料来源：作者基于中国企业网络招聘数据库整理和计算。

（2-2）的集合Ψ中，则该广告为数字技能劳动力招聘广告，否则为非数字技能劳动力招聘广告。

如上文所述，我们有两种方法构建集合Δ：一是基于企业所属行业（Δ_A），二是基于企业经营范围（Δ_B）。与外部数字化水平备择指数的命名规则相对应，利用集合Δ_A和Δ_B识别企业数字化属性得到的内部数字化水平备择指数分别被称为备择指数A（记为$\mathrm{DL}_{it}^{\mathrm{IN}*A}$）和备择指数$B$（记为$\mathrm{DL}_{it}^{\mathrm{IN}*B}$）。基于基础信息数据库和中国企业网络招聘数据库，应用式（2-4），我们就

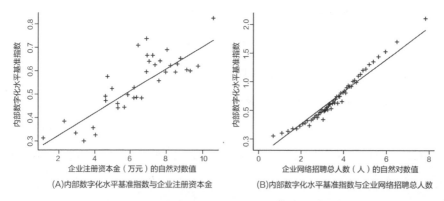

图2-6　内部数字化水平基准指数与企业规模

注：①本图的统计对象是中国企业网络招聘数据库中2015—2019年所有发布过至少1则招聘广告的企业（无论其是否招聘数字技能劳动力）。②为保持计算方法的一致性和变量之间的可比性，（B）中企业网络招聘总人数的自然对数值也是中国企业网络招聘数据库相应数据在特定年份的总和加1再取对数的结果。③（A）和（B）并未包含所有样本观测点，而是经过了如下的处理，以呈现更直观的视觉效果：将样本中横轴变量取值范围构成的区间平均分成100份，然后分别计算每个子区间中横轴变量和纵轴变量的均值，最后将以前者为横坐标、后者为纵坐标（图中的点标记为+）绘制在图上。应当注意到，两图中点的数量均小于100，因为各自横轴变量的分布并不均匀，在部分按取值范围百份均分的区间内没有数据。④（A）和（B）中向上倾斜的直线是对所有样本观测点（而不仅是图中所列的点）的线性最小二乘拟合。⑤企业注册资本金和招聘广告拟聘劳动力数量的数据均已经过1%水平的缩尾处理。

资料来源：作者基于中国企业网络招聘数据库和基础信息数据库整理、计算。

可以计算得到2015—2019年同时出现在两个数据库中企业的动态数字化标签的值。应当注意到，式（2-4）选取两个可以独立识别企业数字化属性的0-1变量，并将它们以乘积的形式整合为一个新的虚拟变量，其优势在于充分利用基础信息数据库和中国企业网络招聘数据库的信息——既通过分析不同年份招聘行为的差异赋予企业在数字化战略选择上的动态性，又将那些招聘数字人才但并非真正致力于开展数字业务的企业排除在数字企业的行列之外。

　　至此，与外部数字化相同，我们亦提出了三套相互独立的测算内部数字化水平的方案，并相应地计算得到了企业层面的一组连续指数（基准指数）和两组离散指数（备择指数）。图2-7展示了它们之间的相关性。其中，（A）和（B）是在图2-5的基础上，分别根据备择指数 A 和 B 的取值将样本分为两组，再针对每个子样本以与原图相同的方式绘制而成的；位于（C）、（D）和（E）、（F）的绘制方法同上，对应的原图分别是（A）和（B）。由图2-7的（A）和（B）可知，内部数字化水平基准指数的分布对备择指数 A 和 B 的取值均有相当程度的敏感性，具体表现为在备择指数 A（或 B）为1的样本中，基准指数的上四分位数和中位数（对于备择指数 B 为1的样本，还包括下四分位数）显著大于其为0的样本。类似的模式亦可见于图（C）—（F）——对备择指数取值不同的组别而言，尽管内部数字化水平基准指数与企业规模（无论是以注册资本金还是网络招聘总人数来衡量）均仍保持正向关系，但若控制后者，前者的均值在备择指数 A（或 B）取1所对应的组别中明显更大。这些证据表明，内部数字化水平基准指数与2个备择指数间存在强有力的正向关系（我们因此有理由相信后文使用2个备择指数替换基准指数的稳健性检验结果），也暗示企业对数字技能劳动力的招聘行为与其自身的数字化转型状态是高度一致的。

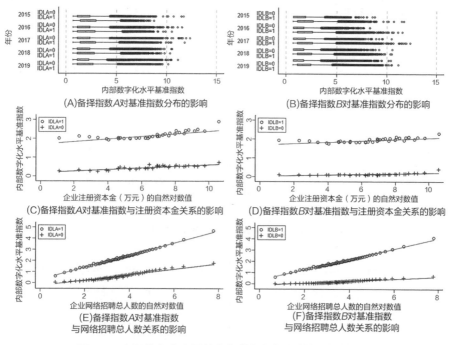

图2-7　内部数字化水平基准指数与备择指数间的相关性

注：①（A）和（B）的统计对象是中国企业网络招聘数据库中2015—2019年所有在当年发布过至少1则数字技能劳动力招聘广告的企业，（C）—（F）的统计对象是该数据库中同一时间段内所有发布过至少1则招聘广告的企业（无论其是否招聘数字技能劳动力）。②IDLA表示备择指数A，IDLB表示备择指数B。③（A）和（B）中箱线图的基本含义参见图2-1下注释的第②点。④企业注册资本金和网络招聘总人数的数据均已经过1%水平的缩尾处理。

资料来源：作者基于中国企业网络招聘数据库和基础信息数据库整理、计算。

第四节　本章小结

根据之前对经济数字化的定义，以中国为例，本章利用基础信息数据库和中国企业网络招聘数据库，分别在地级及以上城市层面和企业层面制定了外部数字化与内部数字化水平的一揽子量化策略并得到了相应的测度结果。对于每种形式的数字化，一揽子量化策略中均包含基础方法（对应1个基准指数）和备选方法（对应2个备择指数），以尽可能全面而立体地捕捉中国经济宏微观层面数字化水平的动态。这些方法及其所构建指数的数据来源和时间范围被概括地总结于表2-3。基于数字化水平的测度结果，本章还展示了中国经济数字化转型或数字经济发展在相应层面的典型事实，并通过比较由不同测度方法导出的典型事实与我们对现实世界经验观察的差距，评价这些方法的相对优劣或在它们之中做出取舍。其中，以下两点发现颇具启发性。

表2-3 中国经济数字化水平的各种测度方法

测度对象	项目	基准指数	备择指数A	备择指数B
外部数字化水平（城市层面）	计算方法	互联网用户数 总人口数	数字行业的在位企业数 在位企业总数	经营数字业务的在位企业数 在位企业总数
	数据来源	《中国城市统计年鉴》	基础信息数据库、 《统计分类》	基础信息数据库、 《统计分类》
	时间跨度	2001—2018年	2001—2018年	2001—2018年
内部数字化水平（企业层面）	计算方法	拟聘数字技能劳动力总量加1后取对数	数字行业从属状态 × 数字广告发布状态	数字业务经营状态 × 数字广告发布状态
	数据来源	中国企业网络招聘数据库	中国企业网络招聘数据库、基础信息数据库、《统计分类》	中国企业网络招聘数据库、基础信息数据库、《统计分类》
	时间跨度	2015—2019年	2015—2019年	2015—2019年

注：①数字行业从属状态遵循如下的取值规则：若企业属于数字行业，则取1，否则取0。②数字业务经营状态遵循如下的取值规则：若企业经营数字业务，则取1，否则取0。③数字广告发布状态遵循如下的取值规则：若企业（在相应年份）发布了至少1则数字技能劳动力招聘广告，则取1，否则取0。

第一，传统的基于所属行业识别数字企业的方法不可避免地产生将实际与数字经济有关但并不属于预先设定的数字行业的企业识别为非数字企业的"弃真"错误，以及将实际与数字经济无关但属于预先设定的数字行业的企业识别为数字企业的"存伪"错误，这可能导致对中国数字企业所占份额的低估和对数字经济整体发展趋势的误判。采用基于企业的经营范围文本，以非定向筛选出的数字业务高频关键词作为识别依据的新方法，有助于不同程度地缓解和消除上述问题。

第二，使用企业对数字技能劳动力的相对需求刻画其内部数字化水平具有传统经济理论基础，相较于绝对需求似乎也更符合经济直觉，但测度结果所暗示的推论——企业的内部数字化水平与其规模存在负向关系——与我们在现实世界中形成的经验认知存在明显的冲突。一个可能的原因是，在中国，数字经济的发展或数字技术的进步促使数字技能劳动力和非数字技能劳动力变得更加互补，而非加速前者对后者的替代。这意味着，随着内部数字化水平的提升，企业自然产生对数字技能劳动力更多的（绝对）需求，但对非数字技能劳动力的（绝对）需求会以更快的速度和更大的幅度增长。因此，至少就测度中国企业的内部数字化水平而言，对数字技能劳动力的绝对需求是比相对需求更恰当的指标。

CHAPTER 3

| 第三章 |

外部数字化对企业创新的影响：理论框架

ECONOMIC DIGITALIZATION
AND FIRM INNOVATION

———

本章从理论上讨论第一章定义的经济数字化两种形态（参见定义1-1和定义1-2）中的其中一种——外部数字化——对企业创新的影响。尽管很少被当前与数字经济有关的研究提及或强调，但外部数字化对企业创新的影响却有坚实的经济直觉基础。正如第一章的定义1-1所指出的那样，外部数字化的主要表现形式是支持通用数字技术的基础设施的建设和完善，而这些基础设施正是创新活动得以开展并走向繁荣的硬件保障。在这个意义上，一条自然的经济学逻辑很快浮现出来：经济的外部数字化转型借由推动具有广泛适用性的数字基础设施的建设和完善，对市场上所有企业的创新活动强度均形成一种正向刺激，这也与外部数字化的普惠性特征相契合。然而，正如我们在第一章对外部数字化普惠性的补充说明所指出的那样，上述逻辑最明显的局限性在于，其仅适用于短期和局部分析，而忽略了在一个市场机制运作良好的环境中，自由的进入退出行为和创新活动的相互作用带来的企业间竞争动态的系统性变化、如何使经济的短期局部均衡结果与长期一般均衡结果分离。如果我们确信相较于短期，经济分析的长期结果至少在经济政策和制度的顶层设计上可以提供更多有益的洞见或带来更少有害的误导，那么相对复杂的长期分析就有重要且独特的价值。本章的核心内容正是建立一个兼容短期和长期情形的分析外部数字化影响企业创新的一般均衡框架，并给出了在封闭和开放条件下的均衡解析解及其对应的可检验命题。这些命题揭示了企业创新活动强度的分布特征与个体差异受到经济外部数字化转型和开放贸易影响的模式。

在本章接下来的内容中，我们首先回顾了过往文献对经济数字化影响企业创新的研究。[1]进入正式的理论模型部分后，我们先介绍了模型的基本设定，而后再对封闭条件下外部数字化影响企业创新的模式和机制进行讨论，最后放松封闭假定，考察对一个开放的经济体而言，企业的出口贸易参与在外部数字化转型的创新效应中扮演了何种角色。[2]通过比较封闭和开放条件下不同企业的创新强度动态，我们得以研究企业的出口行为对外部数字化创新效应的调节作用，以及这种调节作用如何重塑企业层面创新强度的分布模式。

第一节　经济数字化如何影响企业创新：文献回顾

作为由前沿技术驱动的范式变革，数字化重塑了诸多经济活动的组织方式和运作模式，创新便是其中的典型代表。然而，尽管 Romer（1990）雄辩地指出了由创新驱动的技术进步对全要素生产率提升和经济长期增长

---

[1]　过往文献没有区分外部数字化和内部数字化这两个概念，因此我们在本章的第一节笼统地介绍了经济数字化影响企业创新的各种方式。出于同样的原因，对经济数字化影响企业创新相关文献的回顾仅在本章进行，在第五章讨论内部数字化对企业创新的影响时不再赘述。

[2]　在将开放条件引入模型之前，我们简要地回顾了研究贸易对创新影响的文献，以便感兴趣的读者了解数字时代真正到来之前相关研究的最新进展。

的重要性，但由经济学家索洛（Solow）在 1987 年提出的一个著名悖论——"除了生产率统计数据，计算机的作用无处不在"——为 ICT 和创新之间的关系蒙上了一层纱。这使得越来越多的研究开始审慎地思考作为数字经济时代核心技术的 ICT 与创新之间的关系。如今，随着理论的深化和数据的丰富，相关研究揭示了由 ICT 驱动的经济数字化进程影响创新活动的多种模式和机制，并从更加翔实可靠的统计数据中找到了相应的证据。总体来看，经济数字化在如下两个方面影响创新：一是改变创新的流程或形式，二是提升创新的强度或总量。

一、经济数字化重塑创新流程

经济数字化影响创新最直接的表现就是改变了创新流程的执行方式，那些过去流行或惯用的创新行动指南已不再适用于数字经济时代的技术环境。现有研究表明，经济数字化对创新流程的改造并不局限于某个特定的方面，而是完整地覆盖了创新活动的事前、事中和事后三个阶段。

(一)对创新事前阶段的改造

创新事前环节的主要工作是获取知识和收集信息，以酝酿创意并制定行动方案。Spiezia（2011）指出，ICT 技术的广泛应用，特别是在图书馆和科研机构的普及，使科研人员可以通过互联网方便快速地取得开展研究前所需准备的知识和信息，而不必依赖于效率较低的纸质资料查阅。李海舰等（2014）认为共享和普惠作为互联网时代的核心精神理念，令知识获取的主要途径变成基于互联网铸就的开放式信息资料平台和由通信技术打造的网络交流讨论渠道，而不再局限于个人思考和有限的面对面交流。Paunov and Rollo（2016）认为以互联网为代表的 ICT 显著降低了知识和信息的复制成本，同时也提高了其扩散的速度和可能性。更为重要的是，知识在企业间的扩散不要求所有企业都必须接入互联网或进行ICT投资，这意味着那些在技术上稍显落后的企业也可以通过参与商务会议或雇用来自互联网企业的员工等方式快速获取此前获取壁垒较高、阻碍较多的关键知识。

(二)对创新事中阶段的改造

创新事中环节的主要工作是展开团队协作，与相关研究人员深入交换想法和意见，推进研究进度。Agrawal and Goldfarb（2008）利用1981—1991年美国270所大学在电气工程期刊上发表的研究论文数据，考察了Bitnet（因特网的前身，专门用于连接世界教育和研究机构的计算机网络）的使用对合作型研究的促进作用。研究发现，Bitnet的使用平均增加了约40％的多机构合作型研究，这一效应对那些中等水平的研究机构影响最为明显。Hempell and Zwick（2008）利用4500家代表性德国企业的ICT使用和扩散数据，发现ICT可以显著地促进员工间交流并提升员工的专业素质，从而鼓励员工更加积极地参与特定的项目和工作，使整个团队更加活跃且更富凝聚力。高良谋和马文甲（2014）在分析中引入了开放式创新的框架，认为互联网或ICT的使用令创新活动向更广泛的主体开放，伴随着知识和信息充分的内外部交换与区域间整合，创新过程中的团队合作超越了组织结构的边界，企业或研究机构的合作创新因而变得更加方便，也更富成效。

(三)对创新事后阶段的改造

创新事后环节的主要工作是向市场交付创新成果，获取创新的社会和经济价值。Bygstad and Aanby（2009）通过对挪威一个企业服务总线

（enterprise service bus，ESB）案例的分析，指出ICT与传统行业的融合不仅降低了企业的营运成本，提高了组织的运作效率，更提供了一个创造新服务类型的潜在机会。在数字经济时代，创新的产出和成果已不再受限于实体形式，特别是在服务业领域，数字化交付开始越来越多地被尝试。Barrett et al.（2015）研究了数字时代服务创新的概念和发展模式，以及伴随ICT应用和进步的经济整体的数字化转型在其中扮演的角色。Barrett et al.（2015）指出，在经济数字化转型的过程中，相较于传统意义上的创新，服务创新变得越来越重要。数字技术天然地具有创造特性，不仅作为服务创新的基础和源泉不断向市场提供新的服务类型，甚至开辟新的服务行业，也作为一种新兴技术工具被整合进服务的交付流程，使特定类型服务供求双方的联系更加紧密。

二、经济数字化提升创新强度

经济数字化影响创新的另一个方面是提升创新强度。尽管不同研究对创新强度的刻画和描述不尽相同，但这些刻画和描述都可被恰当地视为与创新意愿、产出或成果等概念近似。从当前的研究来看，经济数字化主要通过加速信息与知识的扩散和整合、打造跨区域的合作性创新网络，以及促进人力和社会资本的积累三个渠道推动创新强度的提高。

(一)加速信息与知识的扩散和整合

信息与知识是经济中两种重要的无形创新资源，前者决定在特定场景和时期中适宜的创新方向，而后者则是创新的长期驱动力。尽管信息与知识就存在形式而言并无本质区别，但经济数字化加速两者的扩散和整合应当被视为效率提升的两个不同维度。

一方面，ICT在生产者和消费者之间架起了一座桥梁，将消费者的偏好信息传递给企业，同时也令企业基于这些偏好信息生产的定制化产品可以被消费者快速地搜索和识别，从而实现了供求信息的双向扩散和匹配，降低了供求双方的信息搜索成本，提高了创新的效率。Bartel et al.（2007）通过对美国阀门制造企业相关数据的研究发现，信息技术的应用或信息技术增强设备的投资使企业可以更加敏锐地捕捉市场信息的变化，从而制定出更灵活的商业策略，同时缩短生产过程中的启动、运转和审查环节所需的时间，这使得企业有更多的资源和更强的意愿根据特定需求生产高度定制化的产品。Brynjolfsson et al.（2011）基于179家大型贸易企业的商业行为和信息技术投资调查数据发现，运用信息技术进行数据驱动型决策的企业在产出和生产率上较一般企业平均高出5%—6%。其中的机制在于，基于数据和商业分析做出的决策更加精准并具有更强的可操作性，能够为企业带来更可靠的前景和更稳定的收益，而信息技术投资为企业收集和分析反映市场动态的商业数据提供了必要的技术支持，有助于企业制定商业策略的模式向数据驱动转型。杨德明和刘泳文（2018）采用2013—2015年中国上市公司的相关数据，从经验角度考察"互联网＋"对传统企业绩效的影响。研究发现，"互联网＋"通过提高市场信息的透明度、促进供求信息交换、推动厂商和消费者社群间的互动等方式，为企业提供更多有价值的信息。经过收集、处理和分析，这些信息可以帮助企业更从容地应对市场需求的变化，兼顾大规模生产和个性化定制两条并行的成长路径。经验证据表明，"互联网＋"战略的采用使企业每股收益平均提高31%，资产收益率平均增加24%。Collard-Wexler et al.（2011）从创新主体的角度思考，强调对未来市场需求的不确定性是阻碍企业创新的关键因素之一，而ICT

的普及使企业能够以极低的成本获取市场信息,并基于此做出针对性战略决策,有助于打消它们在创新方向和路线选择上的疑虑。政府可以为企业提供具有更强可预见性的商业环境的政策,减少宏观经济波动,引导企业更灵活、更高效地配置生产资源。

另一方面,研究人员可以快速运用ICT实现知识的系统化整合,便于从现有成果中提炼有价值的信息,以酝酿新的灵感和创意,为创新活动做好准备。OECD(2004)指出,ICT令更多的信息与知识以更快的速度被收集和整理,提高了企业知识创造过程的效率。另外,企业运用ICT进行信息处理和知识整合的过程已经突破了传统意义上的经济边界,延伸至充斥更丰富信息和知识的外部环境。由于ICT在提升效率上的显著作用,进行ICT投资的企业具备更强的外部知识学习能力,从而在自主创新上有更好的表现。Arthur(2007)研究了发明与创造的基本结构和流程后发现,发明与创造并非特定领域取得突破性成果的简单事件,而是串联起最终目标和各个环节上解决方案的完整链条。无论方向和结果如何,一项发明总是源于迫切的需求、全新的现象、缺漏的元素或知识的空白,捕捉这些开启发明的机遇依赖于对相关知识的加工和整合,而包含ICT在内的数字技术则提供了一个高效的解决方案。张军和许庆瑞(2014)通过对419家企业的问卷调查发现,知识积累依托创新能力的中介作用助力企业成长,且内源性知识积累较外源性知识积累对企业长期发展有更强的促进作用。内源性知识积累依赖于企业内部知识的交互和激荡,以及在此基础上对零散知识的跨部门整合,积极的ICT投资可以帮助企业大幅削减这一过程的经济成本和时间消耗,从而加快创新能力的提升步伐和提高创新成果的产出效率。

尽管ICT是驱动数字经济增长和创新活动开展的核心技术，但也有研究指出用于创新的信息与知识在数字化时代的极大丰富和高度整合并非ICT独自的功劳，而是其与创新主体协同演进的结果。正如Lyytinen et al.（2016）所指出的那样，数字技术的应用在扩充知识库的同时也显著提升了知识的异质性。面对越来越复杂的知识结构，企业对知识整合的需求不断增加，从而推动数字技术在功能上不断进化，这种进化又倒逼企业学习和掌握活用更先进技术的技能。在知识需求和技术水平的交互过程中，企业不仅获得了更加丰富和扎实的创新知识积累，也掌握了管理和使用规模更加庞大、体系更加复杂的知识系统的数字技术，逐步建立起各种类型的自主创新网络。韩先锋等（2014）在产业链上展开分析，认为信息技术提升工业部门技术创新能力和效率的方式包括前向、后向两种不同形式的创新溢出效应，前向主要表现为向信息技术应用企业或行业的创新溢出，后向则主要表现为向信息技术研发企业或行业的创新溢出。两种溢出路径共同作用、相互反馈，最终，由这种双向溢出推动的研发和应用部门间的互动，使创新成果和信息化水平实现可持续的循环增长与提高。

(二)打造跨区域的合作性创新网络

伴随着学科知识的细化和专业分工的深化，越来越多的科研成果由两名以上的研究者署名，其中最有价值的贡献来自国际合作（Adams，2013）。在经济数字化日益成为不可忽视和扭转之发展趋势的今天，合作也逐步成为当代社会进行科学研究和技术创新的基石。以ICT为代表的数字技术通过广泛的空间联结和高效的信息传输，使跨区域的大范围合作成为可能，并带来传统小范围合作所不具备的优势，这驱使部分研究思考数字技术在构建区域间创新合作网络上发挥的作用。Czernich et al.（2011）通过分析1996—2007年OECD成员的一组面板数据发现，10％宽带渗透率的提升平均约能带来每年0.9％—1.5％的人均GDP增长。其中一个很重要的原因在于，宽带网络的出现和使用让信息与数据的处理过程可以跨越地理空间并以去中心化的形式运作——研究人员可以借助网络平台各取所需，获得的创新成果也可以及时与团队中的其他成员共享。与电信基础设施相比，高速宽带网络最突出的优势在于促成那些依赖于海量信息和观点的空间交换的跨区域合作，从而为此前难以实现的联合创新提供机会。Forman et al.（2015）利用美国信息技术投资和专利与商标办公室1990—2015年的匹配数据，考察了信息技术的使用与创新活动集中度之间的关系。研究发现，信息技术的发展和进化与远距离合作专利数量的增长有显著的正向关联，但与近距离或非合作专利数量增长并无关系。这在一定程度上表明，信息技术的广泛渗透让合作创新变得越来越重要，在总体上降低了创新活动的空间集中度。张旭亮等（2017）利用2005—2015年中国省域互联网及创新数据考察了互联网的发展对中国区域创新的作用。研究表明，互联网发展水平的提高对所在区域创新产出的推动效应和对邻近区域创新产出的溢出效应均有统计意义上的显著性。突破远距离合作的时空束缚和推动创新资源的跨区整合是互联网发挥其区域创新促进作用的两个重要渠道。尹士等（2018）对互联网的资源性特征与传统企业创新模式间的演化关系进行了分析，发现随着互联网渗透范围的扩大和技术支持的成熟，企业技术创新模式先后经历模仿创新、自主创新、合作创新三个阶段。当前，经济发展步入资源互联网阶段，合作型技术研发项目数量不断增长，更大范围、更加稳定的创新合作网络的形成将会推动技术创新能力持续提升。

　　作为创新主体间交流与合作的催化剂，随着创新网络的完善和成熟，互联网逐渐发展成为一个信息与知识的共享平台，并孕育出一种由早期的合作式创新演化而来的新的创新模式——开放式创新。Chesbrough（2003）率先正式提出了开放式创新的概念。高良谋和马文甲（2014）在此前相关研究的基础上，通过对开放式创新与封闭式创新、用户创新、合作创新等概念的对比分析，进一步界定了其内涵和外延，认为信息技术是开放式创新的先驱者和赋能者，信息技术的出现和推广，特别是伴随而来的开源软件运动，是开放式创新作为更高水平的合作创新模式得以建立和持续发展的基础。王金杰等（2018）利用2009—2015年中国上市公司微观数据发现，与那些依赖于传统组织结构和治理模式的企业相比，通过互联网这一开放式平台吸纳研究人员和研发资金的企业更能利用与发挥这些创新资源的优势，从而在创新绩效上表现更优，这种模式在资本和技术密集型行业中更为常见与明显。

基于ICT的开放式创新不仅为企业或科研机构的内部和外部合作提供了更多机会，也改变了参与合作项目的创新主体的结构，使那些原本因资源匮乏或技能不足而被排除在创新网络之外的潜在创新者也能成为研发团队的一员，包容性创新的理念应运而生。Agrawal and Goldfarb（2008）通过分析美国大学的科研成果数据发现，大学间计算机网络的架设令头部和中部大学间的科研交流与合作更加密切，同时提升了资质一般（特别是与高水平研究机构并立）的大学参与高端研究的可能性，从而在总体上扩展了参与科学研究的专业机构圈，提升了创新系统的包容性。Ding et al.（2010）持有相似的观点，认为信息技术是一种创新的民主化力量，可以促成来自非精英机构的研究人员与高水平学者间的合作。Ding et al.（2010）分析了来自美国314个研究机构的3114名研究人员长达25年的随机样本数据，发现联结不同机构的计算机网络的建立对提升科研人员的生产率和合作意愿有显著的正向影响，且来自非精英机构的科研人员从中获益更多。部分研究也考察了由企业组成的创新网络的包容性，并从详尽的微观数据中找到了互联网对创新的驱动作用在小规模、非出口、处于经济非集聚区的企业群体中更为显著的证据（Forman and Zeebroeck，2012；Paunov and Rollo，2016；秦佳良等，2018）。

（三）促进人力和社会资本的积累

尽管创新的内涵和形式随着技术革新不断进化，但创新始终是一项依赖于人的智慧和才能的探索性活动。因此，培养和使用高素质技能型人才，并为其营造相互协作、支持和信任的社会环境，充分释放和发挥他们的才能，对整体经济创新水平和效率的持续提升至关重要。与经济数字化影响创新相关的一支文献研究了ICT分别通过促进人力资本和社会资本的积累推动创新增长的机制。

人力资本方面，Bresnahan et al.（2002）指出，信息技术的出现和进步加大了企业对能够熟练运用这项技术的高技能劳动力的需求，这又倒逼在职员工和潜在的就业者学习和掌握相关知识，提升创新素养和能力。从经济整体来看，信息技术推动了劳动力市场需求偏向高技能劳动力的进程，同时也激励低技能劳动力通过学习和训练缩小与高技能劳动力的能力差距或尽可能地达到市场需求的特定标准，从而促进人力资本的长期积累和创新能力的持续提高。Indjikian and Siegel（2005）考察了发展中国家信息技术投资对经济绩效的影响并得出了相似的结论。研究发现，信息技术投资使劳动力结构向高技能或受到高水平教育的群体倾斜，并推动组织环境向更有效地利用信息技术的方向转变，这有利于与信息技术相关的人力资本积累，可以解决发展中国家在最大化信息技术投资的经济回报上遇到的两大难题：一是缺少关于信息技术使用最佳方案的知识；二是缺少拥有信息技术相关技能的劳动力。王亦斌（2012）认为信息技术不仅可以作为一种创新工具直接作用于经济内生增长能力的提高，还可以通过刺激社会加强人力资本投资，间接地提升整体创新能力，最终推动经济发展方式的转变。常青青和仲伟周（2018）利用中国2003—2015年省际面板数据发现，以平均受教育年限衡量的人力资本是互联网对科技创新促进作用的活化剂。在那些人力资本水平更高的地区，互联网普及率提高对科技创新成果增长的正向效应也更显著。

社会资本方面，严成樑（2012）在一个包含社会资本的内生增长模型中考察社会资本积累对长期经济增长的促进作用，并使用中国31个省级行政区2001—2010年的相关数据检验了理论预测。研究发现，社会资本在总体上对自主创新有显著的正向作用，对高水平创新的促进效应更强。使用互联网使用率及人均电话拥有量刻画的社会资本在统计意义上对自主创新的积极作用，暗示了互联网和通信基础设施建设在积累社会资本、提升创新水平上的重要性。Polder et al.（2010）和Hall et al.（2013）都运用CDM模型①展开分析，发现ICT不仅是产品和工艺创新的决定因素，也会推动企业在组织结构和治理模式上的转型，即所谓的组织创新。经验证据显示，组织创新和产品与工艺创新之间存在相互促进的互补关系，共同推动企业生产率和创新水平的提高。其中的内在机制是，组织创新作为一种社会资本的积累在企业层面的表现形式，使创新资源的配置不断适应技术环境的

---

① CDM模型由Crepon et al.（1998）首次提出，并以三位作者名字（Crepon、Duguet、Mairesse）的首字母命名。

变化，以培养研究人员开放协作、互惠共赢的意识，从而提高取得具有巨大社会价值的突破性创新成果的可能性。郭家堂和骆品亮（2016）从互联网技术、平台、思维和网络效应四个方面分析互联网及相关技术对中国全要素生产率的提高作用。研究认为，在社会学看来，互联网思维的产生本质上是社会资本积累的结果。其中的机制在于，互联网的使用可以减少由投资者与研究人员间信息不对称引发的道德风险和逆向选择问题，同时减少创新活动过程中的风险和不确定性带来的阻碍，有助于形成相互信任的社会氛围，促进投资者与研究人员间的合作，令更多的经济和非经济资源聚集到研发领域，提升经济整体的创新水平或强度。

第二节　外部数字化对企业创新的影响：封闭模型

在本节，我们将企业的创新行为纳入 Melitz and Ottaviano（2008）的分析框架，在一个正经历外部数字化转型的封闭经济体中，考察具有生产率异质性企业的创新强度在整体分布和个体选择上对外部数字化水平提高的反应，揭示外部数字化的竞争增强性质并阐释了从市场竞争激化到企业创新变化的传导机制，从而为我们理解外部数字化对企业创新的影响提供了一个源自微观但超越微观的市场化视角。

一、模型的基本设定

我们考虑的是一个由大量同质性消费者和异质性企业构成的经济体。给定消费者的数量为 L，每个消费者向市场无弹性地供给 1 单位劳动力。

(一)偏好和需求

代表性消费者的产品空间由1种同质化计价产品和表示所有差异化产品之集合的连续统Ω构成。其所拥有的效用函数如下：

$$U = q_0^C + \alpha \int_{\omega \in \Omega} q_\omega^C d\omega + \beta \int_{\omega \in \Omega} z_\omega q_\omega^C d\omega - \frac{\gamma}{2} \int_{\omega \in \Omega} (q_\omega^C)^2 d\omega - \frac{\delta}{2} \left(\int_{\omega \in \Omega} q_\omega^C d\omega \right)^2 。$$

其中，q_0^C 和 q_ω^C 分别表示计价产品和差异化产品 ω 的消费量，z_ω 表示产品 ω 的质量，参数 $\alpha, \beta, \gamma, \delta > 0$。假定 $q_0^C > 0$，令 $Q^C = \int_{\omega \in \Omega'} q_\omega^C d\omega$，$\Omega'$ 为消费者可获得的差异化产品集合，$\Omega' \subset \Omega$，则产品 ω 的逆需求函数为：

$$p_\omega = \alpha + \beta z_\omega - \gamma q_\omega^C - \delta Q^C, \quad \omega \in \Omega' 。$$

可以清楚地看到，产品质量的提升使产品本身变得更具吸引力，进而在给定价格的条件下引致需求的增加，这与我们的经济直觉相符。

(二)技术和生产

每家在位企业同时生产计价产品和一种差异化产品，两种产品的生产均具有规模报酬不变的特征。劳动力是唯一的生产要素，这意味着给定单位工资率，产品的单位生产成本为生产率的倒数。所有企业生产计价产品的单位成本均为1，但差异化产品的生产成本不同。所有差异化产品都具有相同的基准质量水平 z^B。在开始生产前，企业从服从帕累托分布的总体中随机地抽取其所生产的差异化产品的单位成本 c，其累积分布函数 $G(c)$ 为公共信息。在知晓生产成本后，企业决定是否进入市场。由于计价产品的单位成本为1，企业从生产和销售计价产品中获得零利润。对差异化产品而言，追求利润最大化的企业的定价规则如下：

$$p(c) = \frac{\alpha + \beta z^B - \delta Q^C}{2} + \frac{c}{2} 。$$

不失一般性地，令$z^B \equiv 0$。我们注意到差异化产品的定价是企业生产成本的增函数，但前者的增长速度只有后者的一半。因此，当生产成本超过某一阈值时，定价低于成本，企业将停止生产。记该阈值为c_T，由上面的分析可知$p(c_T) = c_T$，这意味着$c_T = \alpha - \delta Q^C$且$p(c) = (c_T + c)/2 = p(c; c_T)$。结合产品的逆需求函数，我们便可以构建企业的创新前利润水平$\pi(c; c_T)$与其生产的差异化产品单位成本c之间的关系：

$$\pi(c; c_T) = \begin{cases} \dfrac{L}{4\gamma}(c_T - c)^2, & c < c_T \\ 0, & c \geqslant c_T \end{cases}$$

利润函数对生产成本的（非严格）单调递减性揭示了盈利能力在异质性企业间的基本分布特征：给定其他条件，若生产成本在阈值之下，则企业可以获得正利润，且生产成本越高，经营利润越低；若生产成本超过（或等于）阈值，则企业获得零利润并最终退出市场。

(三)创新

在开始生产前，获得成本信息的企业还可通过技术创新在保持生产成本不变的条件下提升产品质量。[1]具体而言，为使产品质量水平提升k，企业需要支付的研发费用为λk^2。其中，λ是恒为正的研发成本系数，k为企业的创新强度。研发成本函数的设定与创新领域的相关文献保持一致，反映了研发成本对创新强度在绝对水平和边际水平上的双重单调递增性。基于这一创新模式，企业面临的优化问题为：

$$\max_{k \geqslant 0} \pi[c; c_T + \beta(0 + k)] - \lambda k^2。$$

---

[1]　创新的最终结果是企业生产率的提升。正如Melitz（2003）所指出的那样，企业生产率的提高既可指以更低的成本生产同等质量的产品，也可指以相同的成本生产更高质量的产品。这里采用第二种定义。

企业的最优创新强度可从一阶必要条件中解得:

$$k^{*}\left(c;c_{\mathrm{T}}\right)=\begin{cases} \Delta\left(c_{\mathrm{T}}-c\right), & c<c_{\mathrm{T}} \\ 0, & c\geqslant c_{\mathrm{T}} \end{cases}$$

$$\Delta=\frac{L\beta}{4\lambda\gamma-L\beta^{2}}\text{。}$$

其中,Δ 表示与生产成本和成本阈值无关的创新强度系数。假定 $4\lambda\gamma>L\beta^{2}$ 以满足二阶充分条件。$k^{*}\left(c;c_{\mathrm{T}}\right)$ 的数学形式表明,只有那些可以在竞争中存活下来的企业才会进行创新[①],且存活企业的生产率越高(生产成本越低),创新的意愿就越强。应当注意到,创新强度在企业间的这种分布模式是由异质性企业研发支出的边际收益差异导致的:给定其他条件,企业的生产率越高,差异化产品的产量和成本溢价(单位产品的价格与成本之差)也越高。由于企业对差异化产品的定价策略与产品质量有关,在由生产率决定的产量和成本溢价的基础上,技术创新引致的质量改善会进一步提升两者的水平,从而推动利润的增长,且两者的初始水平越高,即企业的生产率越高,边际创新对利润增长的贡献越大,给定创新边际成本的变化模式,最优创新强度自然越高;反过来,随着生产成本的不断提高,技术创新对

---

① 潜在的质疑者可能认为,最优创新强度函数 $k^{*}\left(c;c_{\mathrm{T}}\right)$ 所揭示的异质性企业创新模式的另一种表达——在竞争中存活下来的企业都会进行创新——并未正确反映现实世界的状况,正如我们在调查数据中观察到的那样,大部分企业没有任何研发投入或创新产出。对此,以下两点值得注意。第一,$k^{*}\left(c;c_{\mathrm{T}}\right)$ 在这里的数学形式源自研发成本函数不考虑固定投入的简化。这个简化尽管与现实不符,但在技术上为后文的一般均衡分析带来了诸多便利,令模型的数学表达简洁而高效。事实上,如果舍弃这个简化,理论推导将面临极为复杂的代数分析,且无法得到均衡的解析解,从而难以捕捉外部数字化的创新效应。第二,$k^{*}\left(c;c_{\mathrm{T}}\right)$ 尽管并未完全正确地描述现实世界中企业的创新模式,但对企业创新强度与生产率整体关系的预测——高生产率企业是市场上的主要创新者,它们的创新贡献远大于低生产率企业——得到了大量经验证据的支持。本章的核心工作正是从创新强度在具有生产率异质性企业间的上述差异出发,分析经济的外部数字化转型对企业创新的整体和个体影响,而非准确地统计或测算经济中所有在位企业的创新总强度。

利润提升的边际作用逐渐减弱,企业的创新意愿相应地下降。当高昂的生产成本不足以支持企业继续经营时,创新的额外收益也不足以补偿新增的研发投入,企业便不再进行任何创新活动。将 $k^*(c;c_T)$ 代入包含创新行为的利润函数,可以得到企业进行技术创新的事后利润:

$$\pi^*(c;c_T)=\pi(c,k^*(c;c_T);c_T)=\begin{cases}\dfrac{\lambda\Delta}{\beta}(c_T-c)^2, & c<c_T\\ 0, & c\geqslant c_T\end{cases}$$

二、求解封闭均衡

我们首先讨论一个自给自足经济体的市场均衡。假定所有企业为进入市场都需支付相同的固定成本 f_e。均衡实现时,潜在企业进入市场所获的期望利润应与支付的成本相等。记均衡时进入市场的企业生产差异化产品的单位成本阈值(最高单位成本)为 $c_{T,AU}$,则可构建如下的市场自由进入条件:

$$\int_0^{c_{T,AU}}\pi^*(c;c_{T,AU})dG(c)=f_e \tag{3-1}$$

式(3-1)唯一决定了 $c_{T,AU}$。记均衡时市场上活跃企业(有生产活动的企业)的数量,即消费者可获得的差异化产品数量为 N_{AU},消费者对市场上可获得的差异化产品总消费量为 Q_{AU}^C,则有:

$$Q_{AU}^C=\frac{N_{AU}}{\delta N_{AU}+\gamma}(\alpha+\beta\bar{z}_{AU}-\bar{p}_{AU}) \tag{3-2}$$

$$\bar{z}_{AU}=\frac{1}{G(c_{T,AU})}\int_0^{c_{T,AU}}z^*(c;c_{T,AU})dG(c),$$

$$\bar{p}_{AU} = \frac{1}{G(c_{T,AU})} \int_0^{c_{T,AU}} p^*(c; c_{T,AU}) dG(c)。$$

其中，$\bar{z}_{AU}$ 和 $\bar{p}_{AU}$ 分别表示均衡时消费者可获得的所有差异化产品在企业创新后的平均质量与价格，单位生产成本为 c 的产品的质量和价格水平则分别以 $z^*(c; c_{T,AU})$ 和 $p^*(c; c_{T,AU})$ 来表示。应当注意到，企业的技术创新在直接提升差异化产品质量的同时，也间接地推动其价格的上涨。一方面，所有差异化产品的基准质量水平均为 0，故其创新后的质量完全取决于企业的创新强度，即

$$z^*(c; c_{T,AU}) = k^*(c; c_{T,AU})。$$

另一方面，由于创新活动带来产品质量的提升，企业的定价策略也会相应地调整以反映质量更高的产品对消费者更强的吸引力：

$$p^*(c; c_{T,AU}) = \frac{c + c_{T,AU} + \beta k^*(c; c_{T,AU})}{2}。$$

将 $z^*(c; c_{T,AU})$ 和 $p^*(c; c_{T,AU})$ 代入式（3-2）可得：

$$Q_{AU}^C = \frac{N_{AU}}{\delta N_{AU} + \gamma} \left[\alpha + \frac{\beta\Delta(c_{T,AU} - \bar{c}_{AU}) - (c_{T,AU} + c)}{2} \right] \tag{3-3}$$

$$\bar{c}_{AU} = \frac{1}{G(c_{T,AU})} \int_0^{c_{T,AU}} c \, dG(c)。$$

其中，$\bar{c}_{AU}$ 表示均衡时市场上所有活跃企业生产差异化产品的平均单位成本。将式（3-3）代入 $c_{T,AU} = \alpha - \delta Q_{AU}^C$ 并整理，可得：

$$N_{AU} = \frac{2\gamma}{(\beta\Delta + 1)\delta} \frac{\alpha - c_{T,AU}}{c_{T,AU} - \bar{c}_{AU}} \tag{3-4}$$

为获得均衡的解析解，我们需要将生产成本的分布参数化。假定企业生产差异化产品单位成本的累积分布函数 $G(c) = (c/c_M)^\theta$ 定义在支撑集

$[0, c_M]$ 上,形状参数 $\theta > 1$,则成本阈值 $c_{T, AU}$ 可从式(3-1)中导出:

$$c_{T, AU} = \left[\frac{\beta(\theta+1)(\theta+2) f_e c_M^\theta}{2\lambda\Delta} \right]^{\frac{1}{\theta+2}} \tag{3-5}$$

假定 $c_M > \sqrt{\beta(\theta+1)(\theta+2) f_e/2\lambda\Delta}$ 以满足 $c_M > c_{T, AU}$。我们注意到,差异化产品的单位生产成本均值 $\bar{c}_{AU}$ 可以直接用成本阈值 $c_{T, AU}$ 表示:

$$\bar{c}_{AU} = \frac{\theta}{\theta+1} c_{T, AU} \tag{3-6}$$

将式(3-6)代入式(3-4)可得活跃企业(可及产品)总数:

$$N_{AU} = \frac{2(\theta+1)\gamma}{(\beta\Delta+1)\delta} \frac{\alpha - c_{T, AU}}{c_{T, AU}} \tag{3-7}$$

式(3-5)和式(3-7)给出了该经济系统在封闭均衡状态下的两个核心要素——企业进入市场的成本阈值和活跃企业(可及产品)总数——的解析解。利用这两个结果,我们可以方便地计算出模型中各内生变量在微观企业(产品)层面和宏观经济层面的水平,进而了解均衡的全貌。[①]

三、封闭均衡中外部数字化对企业创新的影响

接下来,我们将经济的外部数字化引入模型,考察上述系统封闭均衡状态下的企业创新模式对此的反应。正如第一章中的定义1-1所指出的那样,外部数字化是以与通用数字技术有关的数字基础设施建设和完善为核心的数字化过程,这决定了其进入模型的方式具有三个重要特征:第一,外部数字化降低了企业的研发成本,且外部数字化水平越高,这种成本节

[①] 由式(3-7)可知,封闭均衡下的活跃企业(可及产品)总数 N_{AU} 是企业存活成本上限 $c_{T, AU}$ 的一个函数。这意味着,整个封闭均衡实际上是由 $c_{T, AU}$ 唯一决定的,系统内任何其他的内生变量均可用其表示。该模式也适用于后文考虑经济数字化的影响和引入开放条件后的情形。因此,为保持模型的简洁和聚焦,此后我们不再求解均衡时的活跃企业(可及产品)总数。

约效应就越显著。以互联网、5G通信、数据中心等为代表的通用数字技术的普及和进步，使研发人员能更方便地获取与创新项目有关的整合性知识和信息，也令他们之间的交流与合作得以突破时空限制，从而更加高效和顺畅。相较于这些技术尚未普及或尚不成熟的过去，现在的企业为达成同样的研发准备或成果目标所需负担的成本更少。第二，外部数字化的研发成本节约效应适用于经济中的所有在位企业。由于通用数字技术的基础性、泛用性和开放性，位于技术网络中的任何企业都可以享受到它的推广和升级——尽管只有极少数企业对此有所贡献——带来的好处。第三，外部数字化水平的提高对于企业而言是一种外生冲击。数字基础设施的建设和完善通常是由政府主导或推动的系统性工程，相关政策的酝酿和制定需要综合多方意见，单个企业对决策进程和结果的影响非常有限，这意味着其在市场中更多地扮演着经济外部数字化转型被动接受者的角色。

我们不妨以如下符合上述三个特征的方式将外部数字化引入模型：记经济的外部数字化水平为 $\eta^{\mathrm{EX}}(0\leqslant\eta^{\mathrm{EX}}<1)$，现在，任何潜在创新者因外部数字化的研发成本节约效应而面临的实际研发成本系数由此前的 λ 变为 $\lambda(1-\eta^{\mathrm{EX}})$。成本结构的改变直接影响了企业的创新行为，并间接重塑了市场均衡。经济从旧均衡向新均衡转变是一个长期事件，尽管我们关注的重点是长期均衡的变化，但考虑外部数字化的短期效应有助于了解这种变化的具体过程和局部细节，因此我们先来讨论后者。需要指出的是，在这里，短期与长期的区别在于决定系统一般均衡状态的核心变量——企业的存活成本上限——在经济的外部数字化冲击下是否发生变化：短期来看，其仍保持冲击发生前的状态，即 $c_{\mathrm{T,AU}}$；长期来看，经济实现了新的稳定均衡，

此时存活成本上限也达到了新的水平，我们将其记为 $c_{\mathrm{T,AU}}^{\mathrm{ED}}$[①]。基于以上设定，给定外部数字化水平 η^{EX}，企业的短期创新强度可以表示为：

$$k^*\left(c;c_{\mathrm{T,AU}},\eta^{\mathrm{EX}}\right)=\begin{cases}\Delta^{\mathrm{ED}}\left(c_{\mathrm{T,AU}}-c\right),&c<c_{\mathrm{T,AU}}\\0,&c\geqslant c_{\mathrm{T,AU}}\end{cases}$$

$$\Delta^{\mathrm{ED}}=\frac{L\beta}{4\gamma\lambda\left(1-\eta^{\mathrm{EX}}\right)-L\beta^2}。$$

假定 $4\gamma\lambda\left(1-\eta^{\mathrm{EX}}\right)-L\beta^2$（即 $0\leqslant\eta^{\mathrm{EX}}<1-L\beta^2/4\lambda\gamma$）以满足二阶条件。从数学形式上易知 $\Delta^{\mathrm{ED}}\geqslant\Delta$（当且仅当 $\eta^{\mathrm{EX}}=0$ 时，等号成立），这意味着短期来看，相较于经济开始外部数字化转型前的状态（$\eta^{\mathrm{EX}}=0$），所有企业在一个外部数字化水平为正的环境中都倾向于更积极地研发创新，且创新强度随着外部数字化水平的提高而提高。在更加激进的创新模式下，企业创新的短期事后利润相应地变为：

$$\pi^*\left(c;c_{\mathrm{T,AU}},\eta^{\mathrm{EX}}\right)=\begin{cases}\dfrac{\lambda\left(1-\eta^{\mathrm{EX}}\right)\Delta^{\mathrm{ED}}}{\beta}\left(c_{\mathrm{T,AU}}-c\right)^2,&c<c_{\mathrm{T,AU}}\\0,&c\geqslant c_{\mathrm{T,AU}}\end{cases}$$

容易证明 $\left(1-\eta^{\mathrm{EX}}\right)\Delta^{\mathrm{ED}}\geqslant\Delta$（当且仅当 $\eta^{\mathrm{EX}}=0$ 时，等号成立）。因此，与创新强度的短期反应相同，面对经济的外部数字化转型，企业进行技术创新后的利润水平在短期亦有提高的趋势，且提高的幅度与外部数字化水平正向关联。企业短期利润的增长来源于两个方面：一是数字基础设施的建设和完善为企业的研发活动节约了成本，在相同的创新强度下企业的研

[①] $c_{\mathrm{T,AU}}^{\mathrm{ED}}$ 的上标 ED 是外部数字化（external digitalization）的英文缩写，表示当前变量所对应的环境是一个正经历外部数字化转型的经济体（即外部数字化水平 $\eta^{\mathrm{EX}}>0$），以与没有该上标的尚未进行外部数字化转型经济体（即外部数字化水平 $\eta^{\mathrm{EX}}=0$）中的变量区分。本章的后续内容还会反复使用这个上标，表达的含义相同。在第五章中，研究的主题变为内部数字化，用于区分正在进行和尚未开始内部数字化转型企业变量的上标相应地调整为内部数字化（internal digitalization）的英文缩写 ID，届时不再赘述。

发支出更少；二是外部数字化水平的提高为企业在现有基础上的进一步创新开辟了额外的利润空间，使更高强度的创新与企业的经济目标兼容。在理解企业创新强度和经营利润对外部数字化的短期反应模式后，我们便可描绘出经济从旧均衡转向新均衡的完整图景：受到外部数字化水平提高（η^{EX} 从 0 变为定义域内任意一个正数）这一外生冲击的影响，旧均衡中的在位企业能更积极地创新并获得更高水平的事后利润。利润的短期增长使这些企业的经济价值暂时超过了固定的市场进入成本，从而吸引潜在的进入者参与竞争。激烈的竞争随之降低了所有企业的利润，并将其中处在市场边缘的低效率企业逐出市场。于是，经过充分的调整，当新的长期均衡实现时，企业的存活成本上限变为 $c_{\mathrm{T,AU}}^{\mathrm{ED}}$ 且其必然低于经济开始外部数字化转型前的 $c_{\mathrm{T,AU}}$［前者的解析形式可以从 $c_{\mathrm{T,AU}}$ 和 $\pi^{*}(c; c_{\mathrm{T,AU}})$ 分别被替换为 $c_{\mathrm{T,AU}}^{\mathrm{ED}}$ 和 $\pi^{*}(c; c_{\mathrm{T,AU}}^{\mathrm{ED}}, \eta^{\mathrm{EX}})$ 的式（3-1）中导出］：

$$c_{\mathrm{T,AU}}^{\mathrm{ED}} = \left[\frac{\beta(\theta+1)(\theta+2)f_e c_M^{\theta}}{2\lambda(1-\eta^{\mathrm{EX}})\Delta^{\mathrm{ED}}}\right]^{\frac{1}{\theta+2}} < c_{\mathrm{T,AU}}。$$

这一点亦可在代数上从 $(1-\eta^{\mathrm{EX}})\Delta^{\mathrm{ED}} > \Delta$ 中看出。$c_{\mathrm{T,AU}}^{\mathrm{ED}}$ 重新定义了企业个体和经济整体层面各项统计性绩效指标的值，即基础模型在引入经济外部数字化后的完整数学形式。我们感兴趣的地方在于：就封闭条件下经济的长期稳定均衡而言，外部数字化转型如何影响企业创新强度的分布特征以及单个企业的创新积极性？

比较静态提供了一个回答上述问题的直观方案。我们先聚焦于该问题的前半部分。就创新强度的分布特征而言，均值和方差提供了最重要且最直观的信息。与上文定义差异化产品的平均质量、平均价格和平均单位生

产成本类似,我们也可以按如下方式定义封闭均衡中在位企业的平均创新
强度,即

$$\bar{k}_{\mathrm{AU}} = \frac{1}{G(c_{\mathrm{T,AU}})} \int_0^{c_{\mathrm{T,AU}}} k^*(c; c_{\mathrm{T,AU}}) \mathrm{d}G(c),$$

以及在位企业创新强度的方差:

$$\sigma_{k,\mathrm{AU}}^2 = \frac{1}{G(c_{\mathrm{T,AU}})} \int_0^{c_{\mathrm{T,AU}}} \left[k^*(c; c_{\mathrm{T,AU}}) - \bar{k}_{\mathrm{AU}} \right]^2 \mathrm{d}G(c).$$

沿用上文提到的差异化产品单位生产成本累积分布函数的设定,我们
可以得到两者的约简形式:

$$\bar{k}_{\mathrm{AU}} = \frac{1}{\theta+1} \Delta c_{\mathrm{T,AU}},$$

$$\sigma_{k,\mathrm{AU}}^2 = \frac{\theta}{(\theta+1)^2 (\theta+2)} (\Delta c_{\mathrm{T,AU}})^2.$$

我们注意到 $\bar{k}_{\mathrm{AU}}$ 和 $\sigma_{k,\mathrm{AU}}^2$ 仅与企业的创新强度系数 Δ 和存活成本上限
$c_{\mathrm{T,AU}}$ 有关,故将它们分别替换为在经济外部数字化冲击下的版本,即 Δ^{ED}
和 $c_{\mathrm{T,AU}}^{\mathrm{ED}}$,我们便可得到给定外部数字化水平 η^{EX} 的条件下,企业创新的平均
强度 $\bar{k}_{\mathrm{AU}}^{\mathrm{ED}}$ 和强度方差 $\sigma_{k,\mathrm{AU}}^{2,\mathrm{ED}}$($\sigma_{k,\mathrm{AU}}^{\mathrm{ED}}$ 的平方)。比较经济外部数字化转型前后的
两个静态,我们可以发现,对于任意 $\eta^{\mathrm{EX}} > 0$,总有 $\bar{k}_{\mathrm{AU}}^{\mathrm{ED}} > \bar{k}_{\mathrm{AU}}$ 和
$\sigma_{k,\mathrm{AU}}^{2,\mathrm{ED}} > \sigma_{k,\mathrm{AU}}^2$。事实上,进一步研究 $\bar{k}_{\mathrm{AU}}^{\mathrm{ED}}$ 和 $\sigma_{k,\mathrm{AU}}^{2,\mathrm{ED}}$ 关于 η^{EX} 的单调性后,我们可
以证明,在外部数字化水平不断提高的过程中,企业创新的平均强度和强
度方差均保持增长趋势。[1]尽管创新强度均值和方差的变化揭示了经济外部
数字化转型影响企业技术创新活跃程度整体分布的基本特征,但单个企业
最优创新强度对外部数字化水平提高的反应却因生产率的差异而有所不同。

---

① 证明的技术细节参见附录。

为了更加直观地理解这一点，我们可以先将经济的长期均衡实现时前者对后者的反应函数 $k^*(c;c_{T,AU}^{ED},\eta^{EX})$ 绘制在横轴为生产成本 c、纵轴为最优创新强度 k^* 的二维平面内，然后通过不断调整 η^{EX} 的值，观察该反应函数的形态，特别是一些关键交点坐标位置的变化。图 3-1 的上半部分展示了这些变化在经济的外部数字化从较低水平（η_l^{EX}）向较高水平（η_h^{EX}）转变时如何产生以及带来何种影响。可以看到，外部数字化水平的提高使最优创新强度反应函数的横截距变小（企业的存活成本上限下降）而纵截距变大（企业的最大创新强度上升），这等价于函数图像按图中箭头指示的方向围绕其新旧状态的交点 $\mathscr{E}$ 顺时针旋转一定角度。① 记交点 $\mathscr{E}$ 的横坐标为 $\tilde{c}_{AU}^{ED}$，新旧均衡下企业的存活成本上限分别为 $c_{T,AU}^{EDh}$ 和 $c_{T,AU}^{EDl}$，图 3-1 中与它们对应的三条竖直虚线将横轴切分成四个毗邻的区间。对于生产成本分别落入这四个区间的代表性企业而言，按生产成本由低到高的顺序排列（在图中的顺序是从左至右），它们的创新决策对更高外部数字化水平的反应依次是（Ⅰ）提高创新强度；（Ⅱ）降低创新强度但不至 0；（Ⅲ）降低创新强度至 0；（Ⅳ）保持创新强度为 0 不变。图 3-1 的下半部分将纵轴变量替换为外部数字化水平提升前后企业创新强度之差，$k_h^*-k_l^*$，再于较低位置绘制一条与上半部分对应内容相同的横轴（两条横轴与纵轴的交点分别表示对应部分图像纵轴变量取值为 0 的位置），从而更直观地展现企业的生产率与创新强度变化之间的关系。可以看到，尽管经济外部数字化水平的提升使所有在位企业的平均创新强度提高，但其中只有生产率最高的部分企业（$c<\tilde{c}_{AU}^{ED}$）会更积极地创新，而剩余的生产率较低企业（$\tilde{c}_{AU}^{ED}<c\leqslant c_{T,AU}^{EDl}$）的创新

---

① 上文已经阐明，外部数字化水平的提升会提高创新强度系数 Δ^{ED} 并降低存活成本上限 $c_{T,AU}^{ED}$，这意味着新函数图像的斜率绝对值变大而横截距变小。结合在位企业平均创新强度 $\bar{k}_{AU}^{ED}$ 随外部数字化水平单调递增的事实可知，表示在位企业创新强度最高水平的纵截距必然变大。

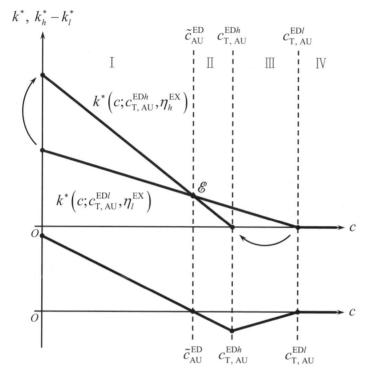

图3-1　封闭条件下企业创新强度函数对经济外部数字化水平提高的反应

意愿反而会不同程度地下降。另外，在外部数字化水平提高前后均能存活下来的企业（$c < c_{T,AU}^{EDh}$）中，生产成本越是远离 $\tilde{c}_{AU}^{ED}$，创新强度提高或降低的幅度（图像上的点到横轴的垂直距离）就越大，这也部分解释了反映异质性企业创新水平离散程度的方差在外部数字化水平更高的经济环境中更大的原因。

上面的分析阐明了经济外部数字化转型对企业创新绩效的整体和个体影响。从整体上看，外部数字化水平的提升提高了经济体内所有在位企业创新强度的平均水平（均值）和离散程度（方差），从而在推动企业综合创新意愿或能力上升的同时，也令不同企业创新意愿或能力的差距被进一步拉大。这种宏观效应产生的微观基础正是由外部数字化转型驱动的异质性企业个体间的创新资源再配置：当外部数字化水平提高时，市场竞争加剧，那些原本挣扎在生存边缘的低效率企业被迫退出市场，新的边缘企业也相应地削减不必要的研发投入，而这些企业所掌握的全部或部分创新资源最终被能更充分利用它们的高效率企业吸收。在这个意义上，经济外部数字化转型对企业创新强度的整体推动作用，就其社会福利性质而言，本质上并不具有帕累托改进的特征，而是一种熊彼特式创造性破坏的过程。

第三节　走向开放：对均衡及外部数字化影响的再审视

封闭均衡提供了一个了解上述经济系统长期表现的基础且直观的视角。然而，尽管程度和方式不尽相同，现实世界中的绝大多数经济体都是开放的。这意味着，如果要使模型更真实地反映经济的运行状况和外部数字化转型影响企业创新的模式，我们需要为之引入开放条件，即允许模型研究的经济体与其他经济体进行贸易。在开始正式的分析前，我们先简要地回顾有关贸易对创新影响的文献。

一、贸易对创新的影响：文献回顾

贸易对创新的影响是一个相对成熟的研究领域，已有大量学者在理论和经验层面对贸易影响创新的方向、机制和中介因素等进行了详细的分析，也得出了不尽相同的结论。尽管贸易在通常意义上是一个双向概念，但相关研究发现，如果仅考虑对贸易伙伴其中一方创新绩效的影响，则进口贸易和出口贸易在效应机制上存在明显的差异。因此,接下来也将相关文献按贸易流向分为两部分加以梳理。

(一)进口贸易对创新的影响

进口贸易的本质是需求市场的扩大和整合。封闭条件下,经济的运作模式是自给自足的,所有需求都在国内得到满足。当经济转向开放后,本国需求也可以与国外市场的供给相匹配。根据需求主体的不同,进口贸易又可以分为进口最终品(满足消费者需求)和进口中间品(满足生产者需求)两类,相关文献分别研究了这两种进口贸易类型对创新的影响。

1.进口最终品对创新的影响

进口最终品的一个直接作用是加剧国内产品市场的竞争。然而,市场竞争与创新之间存在颇为复杂的关系,这导致进口最终品对创新的影响也变得比较模糊。一方面,竞争加剧会通过减少企业从创新活动中获得的事后利益而抑制其创新意愿(Schumpeter, 1942)。市场竞争对创新活动的熊彼特效应揭示了两者存在负向关系的可能性,正如Schumpeter(1942)所指出的那样,短期限制竞争有助于保护已有的创新成果并激发新的创新意愿,完全竞争市场并非最适合创新增长的经济环境。另一方面,竞争也会减少企业参与创新的事前利益(即在位的非创新企业可以持续获得的利润)以激励企业通过创新改变现状(Arrow, 1962)。与熊彼特效应相反,市场竞争对创新活动的阿罗效应(也称逃离竞争效应)为两者建立起了正向联系。两种效应构成了改变创新水平的两股方向相反的力量,最终的结果取决于它们的相对强弱关系。Aghion et al.(2019)同时考虑了熊彼特效应和阿罗效应的作用,发现当市场竞争程度较低时,技术落后的企业有更强的创新意愿,从而缩小了整体的技术距离。在企业技术水平相近的环境中,阿罗效应占据主导地位，此时创新水平随着竞争程度的提高而提高；当市场竞争程度较高时，技术落后的企业几乎没有追赶意愿，整体技术距离保持相对稳定。在企业技术水平差别较大的环境中，熊彼特效应占据主导地位，此时创新水平随着竞争程度的提高而下降。综合来看，竞争与创新之间存在倒 U 形关系。

另外，还有部分文献指出，企业管理者在进行创新决策时可能会为了私人利益而放弃最大化企业利润的计划或方案（Hart, 1983; Raith, 2003），竞争增强可以通过削减企业管理者的私人利益而矫正这种激励不相容的状况，从而提升企业的创新绩效。Chen and Steinwender（2019）是与此相关的最新文献。研究发现，进口竞争提高了那些初始效率较低的家族企业的生产率，且家族管理是其中真正的驱动因素。原因在于，相对于职业管理者，家族管理者更加关心企业的存活状态，在激烈的竞争威胁到企业的生存时，愿意付出更多努力扭转颓势，从而更有可能在企业的创新或转型上做出着眼于长远发展的明智决策。

由于竞争对创新的影响存在多条不同的渠道，进口最终品贸易对创新的净作用实际上取决于由其引致的竞争增强对创新的各种混合效应的相对主导地位。

很多文献利用企业层面的微观数据对进口最终品贸易与创新间的关系进行了经验研究，试图检验由理论分析导出的预测和结论。Teshima（2009）利用 2000—2003 年墨西哥企业层面的相关数据发现，墨西哥企业生产产品的关税下降在总体上提升了企业的研发投入，这暗示由进口最终品贸易扩张带来的国内市场竞争强度提高最终刺激了企业的创新意愿。Gorodnichenko et al.（2010）使用来自 27 个新兴市场经济体 2002 年和 2005

年的企业层面数据研究外国竞争、垂直关联与国际贸易对国内企业不同类型创新的影响。研究表明，外国竞争与创新之间的正向关系在统计意义上显著且稳健，该结论适用于制造业和服务业各部门。Ding et al.（2016）利用中国制造业2000—2006年企业层面的数据发现，与世界前沿的技术距离塑造了进口竞争对企业创新行为影响的异质性：对于那些技术水平接近前沿的企业而言，进口竞争促进了创新；但在技术相对落后的企业群体中，进口竞争反而是创新的阻碍因素。林薛栋等（2017）使用中国工业企业数据库和海关数据库2000—2006年的数据发现，进口最终品贸易自由化对创新有显著的抑制作用，且这种效应随着行业垄断程度和技术集中度的提高而减弱。陈维涛等（2018）却发现了相反的结论：进口最终品贸易自由化总体上促进了企业创新。异质性分析的结果显示，该促进效应对国有企业影响最大，对民营企业影响最小。Ahn et al.（2018）使用1996—2015年韩国企业的专利匹配数据发现，扩大对中国产品的进口可以为韩国制造业企业带来更多的专利产出，且这一效应在大型或公共企业中更为显著。赵宸宇（2020）使用2005—2007年中国工业企业数据库和CEPII-BACI数据库发现，平均来看，进口竞争对中国工业企业的创新效率有显著的负向影响。与平均水平相比，国有企业和高技术企业受到的抑制作用更强，跨国企业和高生产率企业受到的抑制作用更弱。李平和史亚茹（2020）基于中国工业企业数据库、专利数据库和海关数据库2000—2013年的数据考察了进口贸易对中国企业创新活动的影响。研究发现，进口贸易对企业创新的影响呈现出与企业生产率相关的异质性：对于生产率较低的企业而言，进口贸易会抑制创新；随着生产率的提高，这种抑制效应逐渐减弱；当生产率超过样本中位数后，进口贸易对创新开始表现出促进作用。田晖等（2021）

使用2002—2017年中国与78个国家（地区）的制造业贸易数据发现，进口竞争通过抑制国内创新总体上阻碍了中国制造业的高质量发展。

部分研究还专门考察了中国进口商品向国内市场（特别是发达经济体市场）渗透的创新效应，但发现了方向不一致的证据，分析样本的差异是其中一个重要原因。Bloom et al.（2016）使用1996—2007年12个欧洲国家对中国的进口数据发现，中国进口商品带来的本国市场竞争程度提高，既推动了企业内部由创新驱动的技术升级，也对企业间的劳动力资源进行了重新配置，使其更加集中于那些富有效率的企业。Chakravorty et al.（2017）基于1990—2006年美国企业的专利和贸易数据，同样发现了来自中国商品的进口竞争对创新具有促进作用的证据。然而，同样是研究中国进口竞争的创新效应，Autor et al.（2017）却得出了相反的结论。Autor et al.（2017）利用美国1975—2013年企业层面的数据发现，来自中国进口商品的竞争对美国企业的专利产出和研发投入等创新相关变量均有显著的负向影响。一些研究也发现了类似的负向证据，例如Kueng et al.（2016）和Xu and Gong（2017），其使用的进口国数据分别来自加拿大和美国。值得一提的是，除了在统计意义上显著的正向和负向证据外，Dang（2017）利用2011—2015年越南企业对中国的进口数据分析了中国进口渗透对越南制造业企业创新活动的影响，发现暗示两者间关系的各种证据均未能通过显著性检验。

表3-1总结了上述与进口最终品对创新影响有关的经验研究所使用的样本和得到的结论。从中可以看出，相关证据是高度混合的，统计结论对样本的选择非常敏感。

表3-1　近年来有关进口最终品对创新影响的经验研究

文献	样本及时期	统计结论
Teshima (2009)	墨西哥企业，2000—2003年	显著且稳健的正向影响
Gorodnichenko et al. (2010)	27个新兴市场经济体企业，2002年和2005年	显著且稳健的正向影响
Bloom et al. (2016)	12个欧洲国家企业，1996—2007年	显著且稳健的正向影响
Ding et al. (2016)	中国企业，2000—2006年	技术领先企业：显著且稳健的正向影响 技术落后企业：显著且稳健的负向影响
Autor et al. (2017)	美国企业，1975—2013年	显著且稳健的负向影响
Chakravorty et al. (2017)	美国企业，1990—2006年	显著且稳健的正向影响
Dang (2017)	越南企业，2011—2015年	未发现显著的影响
Kueng et al. (2016)	加拿大企业，1999—2005年	显著且稳健的负向影响
Xu and Gong (2017)	美国企业，1999—2009年	显著且稳健的负向影响
Ahn et al. (2018)	韩国企业，1996—2015年	显著且稳健的正向影响
林薛栋等 (2017)	中国企业，2000—2006年	显著且稳健的负向影响
陈维涛等 (2018)	中国企业，2000—2006年	显著且稳健的正向影响
李平和史亚茹 (2020)	中国企业，2000—2013年	生产率较高的企业：显著且稳健的正向影响 生产率较低的企业：显著且稳健的负向影响
赵宸宇 (2020)	中国企业，2005—2007年	显著且稳健的负向影响
田晖等 (2021)	中国企业，2002—2017年	显著且稳健的负向影响

注：文献按年份和第一作者姓名首字母升序排列（年份具有更高的优先级），英文文献在中文文献之前。

2. 进口中间品对创新的影响

进口中间品贸易是进口贸易的重要组成部分，且其对创新的影响依赖于与进口最终品贸易不同的机制。首先，进口国外中间品可以降低国内生产投入的成本，提高投入品质量，从而提升企业的生产率（Halpern et al.，2015），鼓励企业开展产品创新，以研发新产品或提升现有产品的质量水平。Boler et al.（2015）将进口中间品纳入研发和内生生产率的理论框架并分析指出，研发和中间品进口是互补的经济活动。当研发成本面临一个外生的向下冲击时，企业不仅会增加研发投资，也会扩大中间品进口，而后者会通过提升在给定成本下的研发收益进一步促进企业研发投入的增长。其次，进口中间品为企业带来利润提升，使企业拥有更多可以投入创新活动的经济资源，并提供学习国外新的产品设计、生产工艺和关键技术的机会，从而刺激国内企业的创新意愿（Markusen，1989；Coe and Helpman，1995；Kim and Nelson，2000；Hu et al.，2005；Amiti and Konings，2007；Seker et al.，2011）。最后，进口中间品并不总是对创新有积极的影响，它也可能让国内企业过于依赖凝结于国外投入品中的技术或创意，从而减少自身研发创新和技术升级的需求，缩小这些活动被分配到的资源规模，抑制自主创新。

也有很多文献在经验上研究了进口中间品贸易与国内创新之间的关系。进口中间品影响创新的经验证据，尽管也是混合的，但与进口最终品贸易对创新的影响相比，至少在统计意义上更集中地支持正向效应。Goldberg et al.（2010）利用1989—1997年印度企业层面的贸易数据考察了由贸易成本下降引致的中间品进口规模扩大对印度企业产品范围的影响。研究发现，关税下降平均解释了约31%的国内企业新产品增长，驱动这种效应的一个重要因素在于，国内企业在更自由的贸易环境中可以使用此前无法获得的国外中间品。杨晓云（2013）使用中国工业企业数据库2005—2007年的数据研究了进口中间品范围和企业创新能力之间的关系。经验证据显示，进口中间品多样性的提升（即范围扩大）通过学习效应和互补效应两条渠道，对企业产品创新能力的增长有显著且稳健的促进作用，且这种作用随着进口中间品可替代性的降低而提高。田巍和余淼杰（2014）使用2000—2006年中国制造业企业数据考察了进口中间品关税下降对企业研发支出的影响。研究发现，中间品关税下降对企业研发水平有正向影响，且相对于产品研发，这种效应主要体现在作为发展中国家的中国更具比较优势的工艺研发上。Colantone and Crino（2014）基于1995—2007年25个欧洲国家的国内生产和双边贸易数据分析了进口投入品与国内新产品间的关系。经验证据表明，新的进口中间品对欧洲企业的产品创新有显著的促进作用，其所依赖的机制是进口中间品贸易的自由化令国内制造业企业可以使用范围更广、质量更优的投入品，有助于它们突破原有的生产策略和框架，为国内市场开发全新的最终产品。张杰（2015）利用2000—2007年中国工业企业数据库、海关数据库和专利数据库的合并数据，发现中间品进口总体上对企业创新有抑制作用，且该效应适用于发明、实用新型和外观设计三种类型的专利。按照贸易类型对企业进行分类回归的结果显示，中间品进口促进了一般贸易进口企业的创新活动，但对加工贸易和混合贸易企业的创新活动产生抑制效应。Qing and Larry（2016）使用1998—2007年中国企业层面的数据，发现中国加入世界贸易组织（World Trade Organization, WTO）带来的投入品关税降低导致企业的创新强度下降。原因在于，面对质量更高但价格更低的国外投入品，企业倾向于选择直接购买而非通过自身的创新过程将它们制造出来，这种直接替代效应抑制了企业自主创新的意愿。林薛栋等（2017）通过分析中国工业企业数据库和海关数据库2000—2006年的数据发现，中间品进口通过成本削减、市场扩大、技术溢出、研发互补和研发替代等五种路径在总体上促进了创新。Seker et al.（2011）利用印度经济检测中心提供的1989—1997年制造业部门大型企业面板数据考察了进口中间品和产品创新间的关系。研究表明，进口中间品会通过以下两种渠道对创新绩效和产品种类增长产生作用：一是提高每种新产品的收益；二是捕捉来自国外投入品的知识溢出。另外，研究还从数据中发现，进口中间品带来的成本下降对企业研发投入也存在显著的促进效应。陈维涛等（2018）使用2000—2006年中国工业企业数据库、海关数据库和WTO关税数据库匹配数据，发现中间品进口贸易自由化总体上抑制了企业创新，且该效应表现出所有制类型上的异质性：国有企业受到的创新抑制作用最强，而民营企业最弱。宋跃刚和郑磊（2020）使用2000—2013年中国工业企业数据库和海关数据库匹配数据以及2007—2018年中国113个制造业细分行业数据发现，进口中间品贸易通过促进自主创新，显著地提升了企业的出口产品质量，且这一效应的作用对处在初创期和成长期的企业强于处在成熟期和衰退期的企业。

表3-2总结了上述与进口中间品对创新影响有关的经验研究所使用的样本和得到的结论。正如我们所见，进口中间品影响创新的证据尽管也是混合的，但与进口最终品贸易对创新的影响相比，明显更倾向于支持正向效应。

表3-2　近年来有关进口中间品对创新影响的经验研究

文献	样本及时期	统计结论
Goldberg et al.（2010）	印度企业，1989—1997年	显著且稳健的正向影响
Colantone and Crino（2014）	25个欧洲企业，1995—2007年	显著且稳健的正向影响

续表

文献	样本及时期	统计结论
Qing and Larry (2016)	中国企业，1998—2007年	显著且稳健的负向影响
Seker et al. (2011)	印度企业，1989—1997年	显著且稳健的正向影响
杨晓云 (2013)	中国企业，2005—2007年	显著且稳健的正向影响
田巍和余淼杰 (2014)	中国企业，2000—2006年	显著且稳健的正向影响
张杰 (2015)	中国企业，2000—2007年	显著的总体负向影响，仅对一般贸易进口企业有正向影响
林薛栋等 (2017)	中国企业，2000—2006年	显著且稳健的正向影响
陈维涛等 (2018)	中国企业，2000—2006年	显著且稳健的负向影响
宋跃刚和郑磊 (2020)	中国企业，2000—2013年；中国113个制造业细分行业，2007—2018年	显著且稳健的正向影响

注：文献按年份和第一作者姓名首字母升序排列（年份具有更高的优先级），英文文献在中文文献之前。

(二)出口贸易对创新的影响

出口贸易为国内企业提供了将本国商品销往国外市场的机会，因此其在经济学意义上的本质是国内企业市场规模扩大，或曰国际市场整合，尽管这种整合因为贸易成本的存在并不完美（Melitz, 2003; Melitz and Ottaviano, 2008）。市场规模扩大作为出口贸易影响创新的重要渠道，正如Aghion et al.（2019）指出的那样，存在两个方向相反的效应：一方面，市场规模的扩大提升了企业创新的边际收益，给定创新活动的边际成本，使最优创新水平有上升的动力；另一方面，更大的市场规模为在位企业带来了超过均衡状态的利润水平，从而吸引其他企业进入市场，加剧国内产品的市场竞争，最终抑制企业的创新意愿。出口贸易影响创新的最终方向取决于上述两种效应在特定环境中孰强孰弱。还有部分研究指出企业也可以通过"出口中学习"的方式，在国外市场的需求冲击下，为做好吸收外国先进技术的准备而事先积累研发投资以开展创新活动和进行技术研发（Baldwin and Gu, 2004; Helpman, 2006; Mendoza, 2010; Yang and Mallick, 2010; De Loecker, 2013; Dai and Yu, 2013）。

经验研究方面，许多文献利用企业层面的详细数据对相关理论进行了检验，发现的证据大多支持出口贸易对创新的促进作用。Baldwin and Gu（2004）使用加拿大1984—1990年和1990—1996年两个时期的制造业企业数据发现，当企业开始从事出口业务时，会增加研发投资并展开创新活动以提升自身的技术水平，同时为学习和吸收外国的先进技术做准备。Bratti and Felice（2009）使用1998—2000年和2001—2003年雇员数量在11—500名与500名以上的意大利制造业企业的调查数据发现，出口对产品创新有显著且稳健的促进作用，且这种作用由国内企业和国外消费者之间供求信息的交换与渗透驱动。Lileeva and Trefler（2010）使用1984—1996年加拿大企业对美出口的相关数据考察了贸易自由化引致的市场规模扩大对企业创新的影响。研究发现，那些面对美国设置的更低关税的加拿大出口企业倾向于更积极地研发新产品并采用更先进的制造业技术，且这种模式在初始生产率最低的企业群体中最为显著。李平和田朔（2010）从水平溢出和垂直溢出两个维度考察了出口贸易对企业技术创新的影响，利用2001—2007年中国制造业企业数据发现，出口贸易的水平溢出促进了企业创新，但垂直溢出的作用并不明显。在控制行业的竞争水平后，上述两个维度的效应都具有统计意义上的显著性。Aw et al.（2011）使用2000—2004年中国台湾地区电子行业企业层面的数据发现,由贸易成本下降驱动的企业出口扩张会同时增加企业在出口和研发领域的投资,从而产生一条在企业内部实现生产率渐升的稳定路径。Bustos(2011)使用1992—1996年阿根廷企业层面的数据,考察了包含一系列区域自由贸易协定的南方共同市场(Mercado Común del Sur, MERCOSUR)的建立对阿根廷企业技术升级的影响。研究发现,贸易自由化带来的出口扩张提升了企业的经营收益,从而刺激企业通过包括研发投资、产品创新、工艺创新等在内的方式推动技术升级,且这种效应对那些规模超过中位水平的企业最为显著。康志勇(2011)利用1999—2003年和2005—2007年中国制造业企业相关数据考察了出口贸易与自主创新的关系,发现出口行为对大型企业的自主创新有显著的促进作用,但对规模较小企业的促进作用比较微弱,甚至在总体上抑制创新。Coelli et al.(2016)利用1965—1985年和1992—2000年两个时间段的来自60个国家(地区)的贸易数据考察了贸易自由化与全球创新之间的关系,发现贸易自由化对创新,以及由其驱动的技术变革和经济增长,有显著的促进作用。经验证据显示,全球贸易政策改革可以解释20世纪90年代约7%的知识创新增长。其中,对国外市场更高水平的准入是贸易自由化促进创新的关键渠道之一。李兵等(2016)利用1998—2007年中国工业企业和专利数据库匹配数据,基于PSM-DID分析了出口对企业自主创新的影响,发现出口在总体上促进了企业创新,但也表现出与专利类型、企业的所有制类型、企业从事的贸易类型,以及企业和行业技术水平等因素有关的异质性。史青等(2017)使用2005—2007年中国工业企业相关数据,基于PSM和空间自回归Tobit模型,考察了企业出口对创新行为的影响。经验证据显示,出口在整体上提升了企业的研发投入水平,对新产品开发的促进作用也得到了统计支持。另外，出口的创新促进效应在高新技术行业最为显著。王雄元和卜落凡（2019）基于"一带一路"倡议下"中欧班列"开通的准自然实验，使用8770个中国A股制造业上市公司2009—2015年的相关数据发现，"中欧班列"开通借助出口贸易的扩张显著地促进了企业专利申请量的增长，这种效应对于那些财务资源有限但产品潜力和倡议支持水平较高的企业更为明显。Aghion et al.（2019）使用1994—2012年法国企业出口和专利匹配数据考察了国外需求冲击对国内企业创新行为的影响，发现由国外需求冲击带来的出口市场扩张使法国企业每年产出更多的专利，但在统计意义上，这些专利的额外增长完全来自初始生产率较高的企业。进一步的理论分析表明，市场规模扩大对企业创新的影响显示出与企业初始生产率相关的异质性：原本生产率更高企业的创新意愿增强，而生产率较低企业的创新意愿减弱。崔静波等（2021）利用2010—2015年北京中关村企业自主创新调查数据分别考察了企业出口对创新投入和产出的影响，发现企业出口在总体上对创新投入和创新产出均有显著的促进作用，但这种正向效应并不适用于所有行业。另外，出口对创新投入影响的时间趋势表现为先减弱后增强，而对创新产出而言则是持续减弱。

表3-3总结了上述与出口贸易对创新影响有关的经验研究所使用的样本和得到的结论。不难看出，绝大多数证据都强有力地支持出口贸易对创新的促进作用。

表3-3　近年来有关出口贸易对创新影响的经验研究

文献	样本及时期	统计结论
Baldwin and Gu（2004）	加拿大企业，1984—1990年和1990—1996年	显著且稳健的正向影响

续表

文献	样本及时期	统计结论
Bratti and Felice (2009)	意大利企业，1998—2000年和2001—2003年	显著且稳健的正向影响
Lileeva and Trefler (2010)	加拿大企业，1984—1996年	显著且稳健的正向影响
Aw et al. (2011)	中国台湾企业，2000—2004年	显著且稳健的正向影响
Bustos (2011)	阿根廷企业，1992—1996年	显著且稳健的正向影响
Coelli et al. (2016)	60个选定国家（地区），1965—1985年和1992—2000年	显著且稳健的正向影响
Aghion et al. (2019)	法国企业，1994—2012年	显著且稳健的正向影响
李平和田朔 (2010)	中国企业，2001—2007年	显著且稳健的正向影响
康志勇 (2011)	中国企业，1999—2003年和2005—2007年	显著的正向影响（总体），对规模较小的企业无显著影响，甚至有抑制作用
李兵等 (2016)	中国企业，1998—2007年	显著的正向影响，表现出与专利类型、贸易类型和所有制类型等因素有关的异质性
史青等 (2017)	中国企业，2005—2007年	显著且稳健的正向影响
王雄元和卜落凡 (2019)	中国企业，2009—2015年	显著且稳健的正向影响
崔静波等 (2021)	中国企业，2010—2015年	显著的正向影响（总体），但不适用于所有行业

注：文献按年份和第一作者姓名首字母升序排列（年份具有更高的优先级），英文文献在中文文献之前。

二、求解开放均衡

开放条件下，经济体内部企业所生产的差异化产品不仅满足内部需求，也会出口至外部市场。[①]为了使分析聚焦于外部数字化的创新效应在开放和封闭条件下的异同，我们不妨假设外部市场拥有和内部市场相同的规模 L。除此之外，两个市场在包括消费者的产品偏好、企业的生产和创新模式、企业生产率分布等在内的其他方面亦完全相同。唯一的不同之处是，来自不同市场的消费者对产品质量有不同的评判标准，尽管他们共享对产品本身的偏好。例如，很多企业在向特定市场供应产品时都会进行本地化处理，以迎合当地消费者对可定制产品质量的特殊需求。因此，即使是同等强度的创新，来自不同市场的消费者对产品质量提升的感知可能并不一致。假定向两个市场供应的产品不能共享由技术创新带来的质量升级，即企业会对向不同市场出售产品的生产工艺进行相互独立的创新。[②]对于一个差异化产品单位生产成本为 c 的内部企业而言，产品的内部交付成本和生产成本相同，但若其将产品出口至外部市场，则单位产品交付成本由于运输过程中冰山成本的存在会提高至 $\tau c\,(\tau > 1)$。基于以上设定，差异化产品单位生产成本为 c 企业的创新前总利润函数可被表示为：

$$\Pi(c; c_{Td}, c_{Tx}) = \pi_d(c; c_{Td}) + \pi_x(c; c_{Tx}),$$

$$\pi_d(c; c_{Td}) = \begin{cases} \dfrac{L}{4\gamma}(c_{Td} - c)^2, & c < c_{Td} \\ 0, & c \geqslant c_{Td} \end{cases}$$

[①]　任何企业均不会出口其所生产的同质化计价品，因为计价品具有单位生产成本，而在后文的设定中，计价品的出口交付成本比生产成本更高。

[②]　这是一个很强的假设，因为企业向不同市场交付的产品通常至少可以共享一部分质量特性。然而，放松这一假设并不会从根本上改变后文的结论，却会由于引入质量共享系数（面向不同市场产品质量的相似程度）和复合利润结构而使结论的数学形式变得异常复杂。

$$\pi_x(c;c_{Tx})=\begin{cases}\dfrac{L}{4\gamma}\tau^2(c_{Tx}-c)^2, & c<c_{Tx}\\[2mm]0, & c\geqslant c_{Tx}\end{cases}$$

其中，π_d 和 π_x 分别为企业在当地（内部）市场和出口（外部）市场所获得的利润；c_{Td} 为当地市场的准入成本阈值，有且仅有生产成本在其以下的企业会在内部市场经营；c_{Tx} 为出口市场的准入成本阈值（亦可理解为出口成本上限），有且仅有生产成本低于该值的企业会将其所生产的差异化产品出口至外部市场。进一步考虑企业面临的如下创新决策问题：

$$\max_{k_d,k_x\geqslant 0}\pi_d(c;c_{Td}+\beta k_d)-\lambda k_d^2+\pi_x(c;c_{Tx}+\beta k_x)-\lambda k_x^2。$$

其中，k_d 和 k_x 分别表示企业在当地（内部）市场和出口（外部）市场的创新强度。由一阶必要条件可依次导出企业在两个市场的最优创新强度，k_d^* 和 k_x^*，记企业的最优创新总强度为 K^*，则有：

$$K^*(c;c_{Td},c_{Tx})=k_d^*(c;c_{Td})+k_x^*(c;c_{Tx}),$$

$$k_d^*(c;c_{Td})=\begin{cases}\Delta_d(c_{Td}-c), & c<c_{Td}\\[1mm]0, & c\geqslant c_{Td}\end{cases}$$

$$k_x^*(c;c_{Tx})=\begin{cases}\Delta_x(c_{Tx}-c), & c<c_{Tx}\\[1mm]0, & c\geqslant c_{Tx}\end{cases}$$

$$\Delta_d=\frac{L\beta}{4\gamma\lambda-L\beta^2}, \quad \Delta_x=\frac{\tau^2 L\beta}{4\gamma\lambda-\tau^2 L\beta^2}。$$

假定 $4\lambda\gamma>\tau^2 L\beta^2$ 以满足二阶充分条件。将 k_d^* 和 k_x^* 代回进行创新决策时的目标函数可得企业的创新后总利润：

$$\Pi^*(c;c_{Td},c_{Tx})=\pi_d^*(c;c_{Td})+\pi_x^*(c;c_{Tx}),$$

$$\pi_d^*(c;c_{Td})=\begin{cases}\dfrac{\lambda\Delta_d}{\beta}(c_{Td}-c)^2, & c<c_{Td}\\[2mm]0, & c\geqslant c_{Td}\end{cases}$$

$$\pi_x^*(c; c_{\mathrm{T}x}) = \begin{cases} \dfrac{\lambda \Delta_x}{\beta}(c_{\mathrm{T}x} - c)^2, & c < c_{\mathrm{T}x} \\ 0, & c \geqslant c_{\mathrm{T}x} \end{cases}$$

当经济从封闭走向开放时，不仅内部市场符合上文分析所给条件的企业会将差异化产品出口至外部市场，反过来，外部市场符合相应条件的企业也会在内部市场开展出口业务。记均衡时经济体内部的企业在内部市场和外部市场的存活成本上限分别为 $c_{\mathrm{T}d,\mathrm{OP}}$ 和 $c_{\mathrm{T}x,\mathrm{OP}}$，经济体外部企业的这两个值分别为 $\hat{c}_{\mathrm{T}d,\mathrm{OP}}$ 和 $\hat{c}_{\mathrm{T}x,\mathrm{OP}}$。假定将产品从内部市场运往外部市场的冰山成本与运输方向相反时的情形相等，则有 $c_{\mathrm{T}d,\mathrm{OP}} = \tau \hat{c}_{\mathrm{T}x,\mathrm{OP}}$ 和 $\hat{c}_{\mathrm{T}d,\mathrm{OP}} = \tau c_{\mathrm{T}x,\mathrm{OP}}$。对于经济体内部的企业而言，市场的自由进入条件是：

$$\int_0^{c_{\mathrm{T}d,\mathrm{OP}}} \pi_d^*(c; c_{\mathrm{T}d,\mathrm{OP}}) \mathrm{d}G(c) + \int_0^{c_{\mathrm{T}x,\mathrm{OP}}} \pi_x^*(c; c_{\mathrm{T}x,\mathrm{OP}}) \mathrm{d}G(c) = f_e \tag{3-8}$$

将差异化产品单位生产成本的累积分布函数 $G(c) = (c/c_M)^\theta$ 代入式（3-8）可得：

$$\Delta_d c_{\mathrm{T}d,\mathrm{OP}}^{\theta+2} + \Delta_x c_{\mathrm{T}x,\mathrm{OP}}^{\theta+2} = \Gamma \tag{3-9}$$

其中，$\Gamma = \beta(\theta+1)(\theta+2)c_M^\theta f/2\lambda$。该约束同样适用于经济体外部的企业，只需将式（3-9）中的相关变量替换为外部市场对应的水平即可，即：

$$\hat{\Delta}_d \hat{c}_{\mathrm{T}d,\mathrm{OP}}^{\theta+2} + \hat{\Delta}_x \hat{c}_{\mathrm{T}x,\mathrm{OP}}^{\theta+2} = \Gamma \tag{3-10}$$

其中，$\hat{\Delta}_d$ 和 $\hat{\Delta}_x$ 分别为经济体外部企业在当地市场（内部企业的出口市场）和出口市场（内部企业的当地市场）的创新强度系数。由于两个市场的规模相等，易知 $\hat{\Delta}_d = \Delta_d$，$\hat{\Delta}_x = \Delta_x$。结合上文提到的内外部市场准入成本阈值间的转换关系，联立式（3-9）和式（3-10）便可分别解出开放均衡实现时，我们所关心的经济体内部企业在内部和外部市场的存活成本上限：

$$c_{Td,\,\mathrm{OP}} = \left(\frac{\tau^{\theta+2}\Gamma}{\tau^{\theta+2}\Delta_d + \Delta_x} \right)^{\frac{1}{\theta+2}},$$

$$c_{Tx,\,\mathrm{OP}} = \left(\frac{\Gamma}{\tau^{\theta+2}\Delta_d + \Delta_x} \right)^{\frac{1}{\theta+2}}\,。$$

由于 $\tau > 1$，自然有 $c_{Td,\,\mathrm{OP}} > c_{Tx,\,\mathrm{OP}}$。这一结果表明，尽管经济从封闭走向开放扩大了市场上所有在位企业的潜在市场规模，但其中有且仅有部分生产率最高的个体会开展出口业务。回顾上文给出的开放条件下企业创新强度和创新后利润函数，代入存活成本上限的均衡水平后可以发现，对于经济体内部的企业而言，内部市场和外部市场的准入成本阈值将它们的创新和获利表现分成了如下三种类型：生产率最高的企业（$c < c_{Tx,\,\mathrm{OP}}$）同时在内外部两个市场进行创新，并将经过定制化质量升级的产品分别销往对应的市场，其创新强度和所获利润在所有企业中也是最高的；生产率次之的企业（$c_{Tx,\,\mathrm{OP}} \leqslant c < c_{Td,\,\mathrm{OP}}$）不开展出口业务，仅在当地市场进行中等强度的创新并获得中等水平的利润；生产率最低的企业（$c \geqslant c_{Td,\,\mathrm{OP}}$）不进行任何创新，也不产生任何利润，最终退出市场。特别值得注意的是，即使不考虑经济开放带来的额外机会，也即将生产率最高企业于外部市场上的创新强度和所获利润减去，上述由生产率决定的异质性企业在创新和获利表现上的划分与排序仍然成立。

三、开放条件下外部数字化对企业创新的影响

为进一步考察外部数字化对企业创新的影响，现在，我们将外部数字化水平 η^{EX} 引入开放条件下的模型。与封闭情形类似，在开放的经济环境中，η^{EX} 会进入企业（在两个市场）的创新强度系数，由此改变企业创新强

度和所获利润的实际水平，从而影响（两个）市场达到长期均衡时的准入成本阈值。对于经济体内部的出口企业而言，从地理位置上看，尽管其所生产的差异化产品将同时销往内外部两个市场，但为这些产品带来质量升级的创新活动即使相互独立，也均在当地进行。因此，企业为针对销售目的地不同产品的创新所负担的成本会随着经济外部数字化水平的提高而有同等程度的削减，即 η^{EX} 会以相同的方式进入当地和出口市场的创新强度系数，分别记为 Δ_d^{ED} 和 Δ_x^{ED}。再记经济实现长期开放均衡时，当地和出口市场的准入成本阈值分别为 $c_{\mathrm{T}d,\,\mathrm{OP}}^{\mathrm{ED}}$ 和 $c_{\mathrm{T}x,\,\mathrm{OP}}^{\mathrm{ED}}$。基于以上分析，结合之前的推导过程，我们有：

$$c_{\mathrm{T}d,\,\mathrm{OP}}^{\mathrm{ED}}=\left[\frac{\tau^{\theta+2}\Gamma}{\left(1-\eta^{\mathrm{EX}}\right)\left(\tau^{\theta+2}\Delta_d^{\mathrm{ED}}+\Delta_x^{\mathrm{ED}}\right)}\right]^{\frac{1}{\theta+2}},$$

$$c_{\mathrm{T}x,\,\mathrm{OP}}^{\mathrm{ED}}=\left[\frac{\Gamma}{\left(1-\eta^{\mathrm{EX}}\right)\left(\tau^{\theta+2}\Delta_d^{\mathrm{ED}}+\Delta_x^{\mathrm{ED}}\right)}\right]^{\frac{1}{\theta+2}},$$

$$\Delta_d^{\mathrm{ED}}=\frac{L\beta}{4\gamma\lambda\left(1-\eta^{\mathrm{EX}}\right)-L\beta^2},\quad \Delta_x^{\mathrm{ED}}=\frac{\tau^2 L\beta}{4\gamma\lambda\left(1-\eta^{\mathrm{EX}}\right)-\tau^2 L\beta^2}。$$

等价于企业创新决策问题中二阶充分条件的 $\Delta_d^{\mathrm{ED}}>0$ 和 $\Delta_x^{\mathrm{ED}}>0$ 联合暗示，η^{EX} 的取值范围是 $\left[0,1-\tau^2 L\beta^2/4\gamma\lambda\right)$。易知 $\left(1-\eta^{\mathrm{EX}}\right)\Delta_d^{\mathrm{ED}}\geqslant\Delta_d$ 且 $\left(1-\eta^{\mathrm{EX}}\right)\Delta_x^{\mathrm{ED}}\geqslant\Delta_x$，故有 $c_{\mathrm{T}d,\,\mathrm{OP}}^{\mathrm{ED}}\leqslant c_{\mathrm{T}d,\,\mathrm{OP}}$ 和 $c_{\mathrm{T}x,\,\mathrm{OP}}^{\mathrm{ED}}\leqslant c_{\mathrm{T}x,\,\mathrm{OP}}$（当且仅当 $\eta^{\mathrm{EX}}=0$ 时等号成立）。该结果表明，与封闭均衡相同，经济的外部数字化转型亦会降低开放均衡中企业的存活成本上限，从而迫使那些原本挣扎于市场边缘的低效率企业离开市场。进一步比较两个存活成本上限可知 $c_{\mathrm{T}d,\,\mathrm{OP}}^{\mathrm{ED}}>c_{\mathrm{T}x,\,\mathrm{OP}}^{\mathrm{ED}}$，故在开放模型中引入外部数字化水平 η^{EX} 后，出口市场的选择效应仍然存

在——有且仅有部分效率最高的在位企业会将其所生产的差异化产品出口至外部市场,剩余的低效率企业则只于内部市场开展业务。由于企业的创新总强度与两个市场中的准入成本阈值和创新强度系数有关,经济的外部数字化转型无疑将重塑创新强度在异质性企业间的分布。与上一节一样,我们先通过企业创新强度的均值和方差了解总体分布关键特征的变化。由本节关于企业创新总强度函数的分析可知,若考虑外部数字化的影响,当经济在开放条件下达到长期均衡时,企业创新强度的均值 $\bar{k}_{OP}^{ED}$ 和方差 $\sigma_{k,OP}^{2,ED}$ 的定义分别为:

$$\bar{k}_{OP}^{ED} = \frac{1}{G(c_{Td,OP}^{ED})} \int_0^{c_{Td,OP}^{ED}} K^*(c; c_{Td,OP}^{ED}, c_{Tx,OP}^{ED}, \eta^{EX}) \mathrm{d}G(c),$$

$$\sigma_{k,OP}^{2,ED} = \frac{1}{G(c_{Td,OP}^{ED})} \int_0^{c_{Td,OP}^{ED}} \left[K^*(c; c_{Td,OP}^{ED}, c_{Tx,OP}^{ED}, \eta^{EX}) - \bar{k}_{OP}^{ED} \right]^2 \mathrm{d}G(c)。$$

沿用上文关于累积分布函数 $G(c)$ 的参数设置可得两者的约简形式:

$$\bar{k}_{OP}^{ED} = \left(\Delta_d^{ED} + \frac{\Delta_x^{ED}}{\tau^{\theta+1}} \right) \frac{c_{Td,OP}^{ED}}{\theta+1},$$

$$\sigma_{k,OP}^{2,ED} = \left[R(\Delta_d^{ED})^2 + S\Delta_d^{ED}\Delta_x^{ED} + T(\Delta_x^{ED})^2 \right] \frac{(c_{Td,OP}^{ED})^2}{(\theta+1)^2(\theta+2)}。$$

其中,

$$R = \theta,$$
$$S = 2\theta[(\theta+2)\tau - (\theta+1)]/\tau^{\theta+2},$$
$$T = [2(\theta+1)\tau^\theta - (\theta+2)]/\tau^{2\theta+2}。$$

可以证明,两者均为经济外部数字化水平 η^{EX} 的增函数。[①]这表明,封闭均衡中经济外部数字化转型对企业创新活动整体高效化和分散化的推动

---

① 证明的技术细节参见附录。

作用在开放条件下得以延续。

　　进一步考察创新总强度函数在开放均衡下的形式 $K^*\left(c;c_{\mathrm{T}d,\,\mathrm{OP}}^{\mathrm{ED}},c_{\mathrm{T}x,\,\mathrm{OP}}^{\mathrm{ED}},\eta^{\mathrm{EX}}\right)$ 及其随外部数字化水平提高的变化可以发现，正如图 3-2 上半部分（纵轴表示创新总强度 K^*，横轴表示企业生产差异化产品的单位成本 c）所展示的那样，当外部数字化程度从较低水平 η_l^{EX} 向较高水平 η_h^{EX} 过渡时，函数图像按图中箭头所示方向围绕其新旧状态的交点 W 顺时针转动。该交点的横坐标 $\tilde{c}_{\mathrm{OP}}^{\mathrm{ED}}$，以及新均衡下当地和出口市场分别对应的准入成本阈值 $c_{\mathrm{T}d,\,\mathrm{OP}}^{\mathrm{ED}h}$ 和 $c_{\mathrm{T}x,\,\mathrm{OP}}^{\mathrm{ED}h}$、旧均衡下当地市场的准入成本阈值 $c_{\mathrm{T}d,\,\mathrm{OP}}^{\mathrm{ED}l}$，将企业创新强度对外部数字化水平提高的反应按其生产成本由低到高排列依次分为如下五类（这五类企业生产成本的变化范围分别从左至右地对应图 3-2 中表示上述四个分界值的四条竖直虚线截横轴所得的五个区间）：（Ⅰ）显著提高创新强度；（Ⅱ）提高创新强度，但幅度不如第（Ⅰ）类企业；（Ⅲ）降低创新强度但不至 0；（Ⅳ）降低创新强度至 0；（Ⅴ）创新强度保持 0 不变。[①] 与图 3-1 采用的方法相同，图 3-2 的下半部分进一步刻画了企业创新强度的变化与其生产率之间的关系。从该部分图像可以看出，开放条件下异质性企业创新强度对经济外部数字化水平增长的个体反应模式及其所依赖的隐含于创造性破坏进程中的创新资源再配置与封闭情形类似——在外部数字化水平提高后，生产率较低企业（$\tilde{c}_{\mathrm{OP}}^{\mathrm{ED}}<c\leqslant c_{\mathrm{T}d,\,\mathrm{OP}}^{\mathrm{ED}l}$）的创新积极性被不同程度地抑制，这些企业所释放的创新资源在市场竞争压力的驱动下被重新配置给生

---

① 应当注意的是，图 3-2 展示的是经济外部数字化水平提升幅度充分大时的情形。若其提升幅度较小，第（Ⅰ）类和第（Ⅱ）类企业的位置可能会互换，互换与否取决于模型中各参数的取值。由于在现实世界中对企业创新强度的经验观察（例如研发支出、专利数量等）频率为每年一次，而经济外部数字化水平的年度变化通常十分显著（第二章第二节提供了一个中国的例子），我们有理由预期企业创新总强度函数的真实反应更接近图 3-2 所描述的模式。

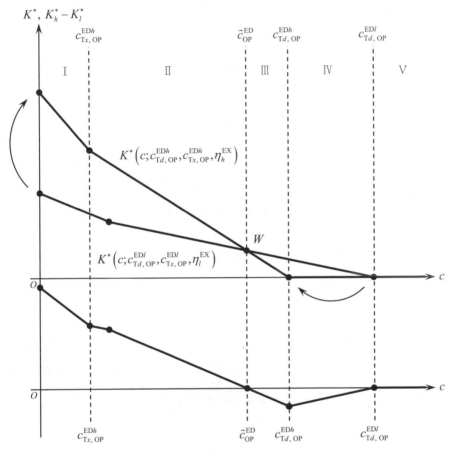

图3-2 开放条件下企业创新总强度函数对经济外部数字化水平提高的反应

产率较高的部分企业（$c < \tilde{c}_{OP}^{ED}$），从而令后者的创新意愿变得更强。外部数字化创新效应在开放和封闭条件下的主要区别是，前者将创新强度提高的企业按其提升幅度进一步细分——如果企业成功开辟了出口市场（$c < c_{Tx,OP}^{EDh}$），则其创新强度的平均提升幅度比那些只为当地市场服务的企业（$c_{Tx,OP}^{EDh} \leqslant c < \tilde{c}_{OP}^{ED}$）更大。强调这一额外细分的必要性在于，尽管在位企业中

仅有部分生产率最高的个体选择出口，但生产率的提升并不能完全解释出口企业创新强度提高幅度与非出口企业的差异（图3-2下半部分位于 $c_{T.r, OP}^{EDh}$ 左侧图像的斜率比右侧大）。这意味着，作为生产率异质性以外的因素，出口贸易本身扮演着强化经济外部数字化创新促进效应的角色，对经济外部数字化转型过程中出口和非出口企业间创新强度的提高幅度差异有独立的贡献。

第四节　本章小结

本章运用数理模型分析了经济的外部数字化转型如何影响企业的创新行为。我们将企业的创新行为纳入M-O框架，并引入作为外生变量的经济外部数字化水平，考察其伴随经济外部数字化转型的推进而提高时，在特定经济体中，作为整体或个体的企业的最优创新强度反应模式及其所依赖的作用机制。理论推导发现，在封闭环境中，给定其他变量，外部数字化水平的提高同时提高经济体内所有在位企业创新强度的均值和方差，也即在整体上提升企业创新能力或积极性的同时，使其在不同企业间变得更加分散。进一步的分析表明，由更高的外部数字化水平引致的创新强度在企业间分散化的结果是，创新行为原本活跃的高效率企业的创新强度更高，而本就鲜见创新活动的低效率企业的创新强度更低。原因在于，外部数字化水平的提高降低了研发成本，赋予市场上的在位者和潜在进入者通过创新获取短期超额利润的空间，吸引更多企业进入市场，从而加剧了竞争；经过长期调整，竞争激化最终迫使那些原本挣扎在生存边缘的低效率企业退出市场，新的边缘企业也相应地削减研发开支，并将原本由它们掌握的全部或部分创新资源重新配置给高效率企业。从这个意义上讲，尽管经济外部数字化转型带来的创新成本缩减具有适用于所有在位企业的普惠性，但在纯粹的市场机制的作用下（没有任何摩擦和干预），由其引导的经济创新增长历程，令人感到"意外"地，并不具有福利经济学意义上帕累托改进的特征，而是更接近熊彼特创新理论中创造性破坏的模式。放松模型的封闭假定后，上述结论仍然成立。此外，对单个企业而言，参与出口贸易还将增强经济外部数字化在企业层面的创新效应：给定外部数字化水平提高幅度和其他变量，对出口企业而言，创新强度的直接提高幅度和由生产率单位提高引致的间接提高幅度均超过内销企业。

第四章

外部数字化对企业创新的影响：实证研究

ECONOMIC DIGITALIZATION
AND FIRM INNOVATION

———

通过构建一个简明的一般均衡模型，我们在上一章分析阐述了经济的外部数字化转型，也即外部数字化水平的提高，对经济整体（宏观层面）和企业个体（微观层面）创新绩效的影响及其作用机制。在本章，我们将对其中基于更接近现实经济世界运作模式的开放条件导出的可检验命题进行实证考察。这些命题可以被概括总结如下。

命题 4-1

经济外部数字化的宏观创新效应

经济外部数字化水平的提高同时提高经济体内所有在位企业创新强度的平均水平（均值）和离散程度（方差）。

命题 4-2

经济外部数字化的微观创新效应

对于经济中所有在位企业而言，外部数字化水平的提高令生产率较高

（生产成本较低）企业的创新强度提高，但令生产率较低（生产成本较高）企业的创新强度降低。

命题4-3 ⚙️

出口贸易对经济外部数字化影响企业创新的直接正向调节

给定外部数字化水平提高幅度和其他变量，出口企业创新强度的提高幅度（为正）超过内销企业。

命题4-4 ⚙️

出口贸易对经济外部数字化影响企业创新的间接正向调节

给定外部数字化水平提高幅度和其他变量，对于出口企业而言，生产率单位提高引致的创新强度提高幅度扩大超过内销企业。

第一节　数据、测算和描述性统计

检验上述四个命题所需的大多数相关变量都无法或很难在现实世界中直接观测，因此，我们需要找到合适的可观测代理变量，捕捉它们在个体和时间层面上的变化。另外，部分相关变量可能无法用单一变量代理，这就涉及组合多个变量的测算。本节将介绍本章的经验研究所用到的变量及其数据来源和测算方法（如有），并通过描述性统计展示部分关键变量的动态趋势或分布特征，以及这些变量间关系的典型事实。

一、专利申请/授权量

专利申请量和专利授权量用于刻画企业的创新强度，在后文分别以 P_{it}^{AP} 和 P_{it}^{GR} 表示，其中，i 表示企业，t 表示年份。这两个变量展示了创新强度的两个不同方面，前者侧重于创新的事前意愿，后者则倾向于创新的事后结果。另外，使用专利申请/授权量作为创新强度的代理变量还可以剔除研发成本的干扰，从而更准确地反映企业实际取得的创新成果。[①]中国企业专利申请/授权量的年度数据来自中国专利数据库。该数据库包含了1985—2016年中国的发明专利、实用新型专利和外观设计专利在企业层面的申请与授权数量。[②]

　　图4-1展示了数据库中企业专利申请/授权数量的总和（所有企业全部三种专利类型的申请/授权量之和）及均值（总和与递交申请/获得授权企业数量之比）的年度变化趋势。可以看到，无论在总和还是在均值的意义上，随着时间的推移，中国企业的专利申请更加积极，专利授权也更加频繁。专利申请的总量和均值都在2015年达到历史峰值，分别为170万件和3.7件/家；专利授权总量和均值的历史峰值则在次年到来，分别为140万件和3.5件/家。这些发现表明，至少从专利申请/授权数量上看，中国正卓有成效地向一个创新型经济体转变。然而，尽管专利申请/授权数量的总和及均值逐年增长，但其在不同企业间的分布却很不均衡，从而表现出较高的集中度。

---

① 我们并未选择其他相关文献经常使用的研发支出作为创新强度的代理变量，原因在于其包含了创新强度和研发成本两方面的信息，且它们都会受到外部数字化水平变动的影响，这导致我们难以独立地量化创新强度与外部数字化水平之间的关系。

② 有且仅有三种专利的申请总量或授权总量不为0的企业会被数据库收录。

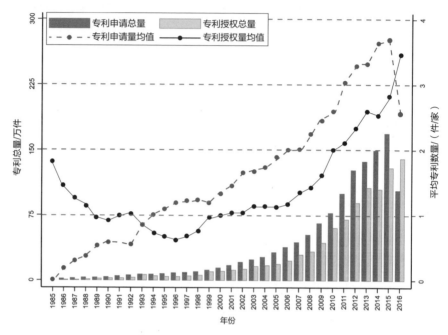

图4-1　1985—2016年中国企业专利申请/授权数量

注：①本图的统计仅覆盖中国专利数据库中收录的企业。因此，在计算特定年份的专利申请/授权均值时，该年没有任何专利申请和授权记录的企业不计入分母；②柱状图部分对应的纵坐标轴在左侧，折线图部分对应的纵坐标轴在右侧；③专利申请/授权数量的数据已经过1%水平的缩尾处理。

资料来源：作者基于中国专利数据库整理和计算。

　　图4-2通过一组跨年份的百分比堆积图动态地展现了专利数据的这一特征。由图4-2可知，专利申请数量排名前25％的企业申请的专利总数量占比超过60％，且这一比例还在不断扩大，到2016年甚至超过了80％；特别地，前5％企业申请了超过20％的专利，并在2007年后将这一数字保持在40％左右。与之形成鲜明对比的是，后25％企业的专利申请总数量在除头4年之外的其他年份均为0（峰值是1985年的14％）。相较之下，专利授权数量的分布也有类似的模式，主要的区别在于企业间获得授权的专利数

量的差异，特别是在1985—1993年和2009年后，呈现出缩小的趋势，尽管约70％的授权专利大部分时间仍集中于授权数量排名前25％的企业。

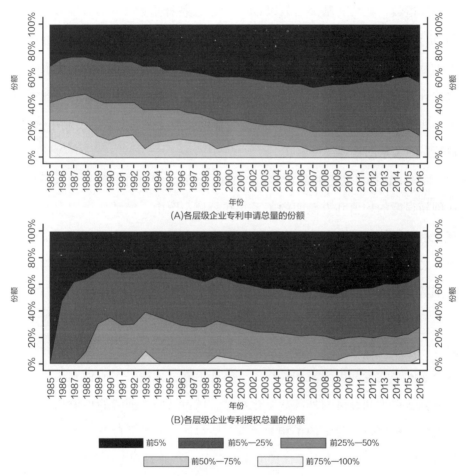

(A)各层级企业专利申请总量的份额

(B)各层级企业专利授权总量的份额

前5%　　前5%—25%　　前25%—50%

前50%—75%　　前75%—100%

图4-2　1985—2016年各层级中国企业专利申请/授权总量的份额

注：①本图的统计仅覆盖中国专利数据库中收录的企业；②左右两个纵坐标轴的含义完全相同，在右侧额外设置一个坐标轴是为了便于读取图中的信息；③专利申请/授权数量的数据已经过1%水平的缩尾处理。

资料来源：作者基于中国专利数据库整理和计算。

二、外部数字化水平指数

第二章第二节建立了3个外部数字化水平指数，包括1个基准指数和2个备择指数（在后文基准指数以DL_{jt}^{EX}表示，备择指数A和B分别以DL_{jt}^{EX*A}和DL_{jt}^{EX*B}表示，其中，j表示城市，t表示年份），用于衡量特定区域（在本书中是中国地级及以上城市）经济的外部数字化程度。外部数字化水平指数的计算方法、所用数据和描述性统计在第二章第二节中均有充分翔实的阐述和展示，这里重点考察其与作为企业创新强度代理变量的专利申请/授权数量间关系的直观统计事实。

图4-3选择可获得的最新1年的数据，展示了经济外部数字化水平与企业创新强度的均值和方差间的关系。在每幅小图中，横轴变量均为外部数字化水平指数，纵轴变量均为专利申请/授权量均值，圆圈的面积（正比于半径之平方）对应创新强度方差的大小，实线是对专利申请/授权量均值与外部数字化水平间数量关系的拟合。其中，（A）和（B）、（C）和（D）、（E）和（F）三行图的横轴分别表示外部数字化水平的基准指数、备择指数A和备择指数B；（A）、（C）、（E）以及（B）、（D）、（F）的纵轴分别表示企业的平均专利申请量和授权量。整体上看，无论采用何种方法测度企业的创新强度和经济的外部数字化水平，城市层面上前者的均值和方差与后者均呈现出较为稳定的正相关关系。值得注意的是，以基准指数和备择指数B作为外部数字化水平代理变量时，其与企业专利申请/授权量的均值和方差的正向关系相较于以备择指数A刻画外部数字化水平的情形更清晰也更直观，这一点可以从图4-3的（C）和（D）左上部聚集的大量面积较大的圆圈（外部数字化水平较低但创新强度的均值和方差较高）看出。由于在给定纵轴变量的条件下所有圆心的纵坐标和圆圈的面积皆为定值，位

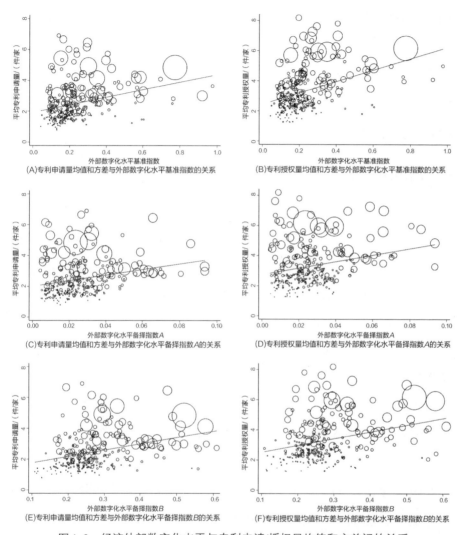

图4-3　经济外部数字化水平与专利申请/授权量均值和方差间的关系

注：①本图分析的样本数据来自《中国城市统计年鉴》、基础信息数据库和中国专利数据库的跨库匹配结果，前两者提供城市层面经济外部数字化水平的数据（利用第二章第二节中的方法在数据库中预先进行了相应的计算），后者则提供城市层面专利申请/授权量均值和方差的数据（在数据库中预先进行了相应的计算）；②本图选取了2016年作为固定的时间剖面（样本数据实际上是2016年的截面数据），该年样本中的每个城市均有当年该城市内部企业专利申请/授权量均值和方差的唯一观测；③专利申请/授权数量的数据已经过1%水平的缩尾处理。

资料来源：作者基于《中国城市统计年鉴》、基础信息数据库和中国专利数据库整理计算。

于同一列的小图中的圆心仅有横坐标的差别。在同一列中对比中部和上、下部的小图可以发现，备择指数 A 倾向于低估部分企业创新强度均值和方差较高城市的外部数字化水平，从而导致在外部数字化水平较低的区域里出现了相对较多的创新强度高均值和高方差的观测。备择指数 A 在描述外部数字化水平时的这种失真现象与我们在第二章第二节中的讨论一致。

三、全要素生产率

理论模型中，企业生产差异化产品的单位成本 c 在经验研究中的代理变量是全要素生产率 TFP_{it}，其中，i 和 t 分别表示企业和年份。需要注意的是，一般认为，企业的全要素生产率与其生产成本的变化方向相反，即理论模型中生产成本越低的企业，其全要素生产率就越高，反之亦然。[1]本书中的全要素生产率利用中国工业企业数据库2000—2007年的相关数据计算，基于文献中常见的OP法和ACF法，最终得到两套不同的可替换结果 TFP_{it}^{OP} 和 TFP_{it}^{ACF}。

图4-4展示了样本中企业全要素生产率的分布随时间变化的趋势。首先，不同企业全要素生产率的自然对数，无论基于何种测算方法，均表现出较大的差异——相较于当年数据的极差，每年中部50％数据所在区间的长度很小。其次，每年数据中较小的四分位距和上下两个四分位数与中位数之间相近的距离暗示了两种方法测算的结果均接近正态分布，尽管从箱线图上下边缘线之外数据的分布模式可以看出，基于OP法测算出的结果比ACF法的结果更加分散。最后，尽管基于ACF法的测算结果在整体上略高

---

① 理论模型假设劳动力是企业的唯一生产要素且生产技术具有规模报酬不变的特征，故生产率恰为单位生产成本的倒数。然而，在现实世界中，企业的生产要素显然不止劳动力一种，生产技术通常也不是规模报酬不变的，故不能简单地将全要素生产率的倒数作为企业单位生产成本的度量。

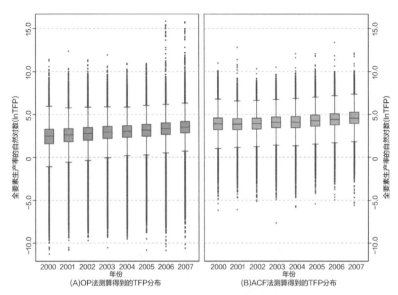

图4-4 2000—2007年中国规模以上工业企业的全要素生产率分布

注：①纵轴表示由OP法和ACF法直接导出的企业全要素生产率的自然对数值而非全要素生产率本身；②欲了解箱线图的基本含义，参见图2-1的注释。

资料来源：作者基于中国工业企业数据库整理和计算。

于OP法，但两种方法均成功捕捉到中国企业全要素生产率的上移趋势，这与我们在图4-1中观察到的同时期内企业专利申请/授权总量及均值的增长（暗示可能存在技术进步）一致。

图4-5通过考察在采用不同方法测算得到的全要素生产率的自然对数的每个百分位上企业平均专利申请/授权数量，更清晰地展示了两者的关系。

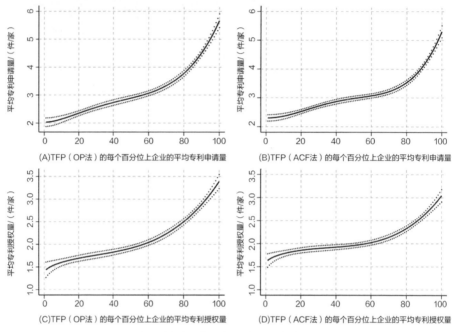

图4-5 企业创新强度与全要素生产率水平间的关系

注：①本图的样本数据来自中国工业企业数据库和中国专利数据库的匹配结果，前者提供规模以上工业企业基于OP法和ACF法计算的全要素生产率的自然对数（在数据库中预先进行了相应的计算），后者提供企业的专利申请和授权数量。②样本数据的时间跨度为2000—2007年（无法得到其他年份全要素生产率的自然对数）。本图的分析聚合了不同年份的所有样本，先将所有企业按全要素生产率的自然对数由低到高分为100组，再计算每组企业的平均专利申请和授权量。③图中展示横纵轴变量间关系的实线均已经过三阶平滑处理，虚线表示95%置信水平的置信区间。④专利申请/授权数量的数据已经过1%水平的缩尾处理。

资料来源：作者基于中国工业企业数据库和中国专利数据库整理、计算。

　　注意到图4-5中的四组曲线有相似的形态：平均专利申请/授权数量在全要素生产率的自然对数第60个百分位数之前的增长缓慢且平稳，但之后的增长率迅速提高，后20个百分位数上的增量大约与前80个百分位数相等。这一与创新强度衡量手段和全要素生产率测算方法无关的模式暗示了两个重要的事实：第一，创新强度与全要素生产率存在正向关系。随着全要素生产率的提高，企业的创新强度也不断提高。第二，创新强度随全要素生产率提高的速度并非恒定。当全要素生产率处在较低水平时，企业创新强度提高的速度也相对稳定地保持在较低水平；在全要素生产率超过某一潜在阈值后，企业创新强度会经历一段爆发式提高。这符合理论模型中对于异质性企业创新强度与其生产率间关系的预测。

四、出口状态

出口状态 EXP_{it} 用于判断一个企业是否为出口企业：若企业 i 在 t 年开展出口业务，则 $EXP_{it}=1$，否则 $EXP_{it}=0$。对于企业出口状态的判断基于工业企业数据库中的出口交货值。相关文献据此识别出口企业的主流方式是：若某企业在某年的出口交货值为正，则该企业在该年被视为出口企业，否则被视为内销企业，我们亦沿用这一做法。然而，正如李春顶（2010）所指出的那样，对工业企业数据库的分析表明，中国制造业各行业普遍存在出口企业生产率均值低于内销企业的"出口—生产率"悖论[①]。因此，如果以出口交货值作为区分出口企业和内销企业的依据，但简单地将0作为分界，则企业的经验出口意愿和生产率间的非单调递增关系与理论模型导出的模式并不兼容。[②]

图4-6的（A）、（B）通过展示在全要素生产率的自然对数的每个百分位上以正的出口交货值为判断标准识别出的出口企业所占的比例（企业在

[①] 由Melitz（2003）提出的异质性企业贸易模型预测，在位企业中只有效率最高的部分企业（生产率超过某一阈值）才会参与出口贸易，因此出口企业的平均生产率应当高于内销企业。

[②] 这是源自中国工业企业数据库中的"出口—生产率"悖论的另一种表达形式。由于在经验数据中通常并不存在Melitz（2003）所指出的完全分割出口企业和内销企业的生产率阈值（即生产率高于该阈值的企业都是出口企业，而生产率在阈值之下的企业皆为内销企业），与其理论预测相符的模式是：在每个给定的生产率水平上计算的出口企业所占份额（企业出口的经验概率）随着生产率的提高而增大，换言之，企业在经验上的出口意愿应当是其生产率的单调递增函数。

相应生产率水平上参与出口贸易的经验概率），进一步证实了这一点。可以看到，出口企业所占份额并不随生产率所在百分位单调递增——在基于OP法测算的全要素生产率的自然对数超过第70个百分位数后[见图4-6（A）]，出口企业的比例不升反降；基于ACF法测算的结果则将拐点提前至第20个百分位数[见图4-6（B）]。这表明，在中国制造业领域，那些生产率较高的企业并非出口意愿最强烈的企业。然而，当我们将图4-6（A）和（B）的纵轴变量替换为企业的平均出口交货值后，曲线的形态发生了明显的变化[见图4-6（C）和（D）]。无论采用何种测算方法，随着生产率水平的提高，不同于出口企业份额的先升后降，企业的平均出口交货值不断增长。图4-6（A）、（B）和（C）、（D）的差异暗示，同样利用出口交货值，如果不是简单地以0而是某个正常数为分界判断企业的出口状态，即当且仅当企业的出口业务达到一定规模后才被视为出口企业，则出口企业所占比例与生产率间的关系可能仍是正向的。

为了验证这一猜想，我们选择图4-6（A）和（B）定义的出口企业出口交货值数据中部分具有代表性的分位数作为出口和内销企业的分界值，然后分别在给定的同一坐标系内多次重新绘制这两幅图，最终得到图4-7（A）和（B）。由图4-7可知，当识别出口企业的最低出口交货值为其所有正数据中的第75个百分位数或者更高时，出口企业所占份额随生产率（基于任意一种方法测算）提高的变化趋势才是单调递增的。鉴于此，在回归分析中，除了主流方法外，我们也会采用2000—2007年中国工业企业数据库中所有出口交货值正数据的第75个百分位数（或者更高）作为临界值区分出口和内销企业（在这个意义上，出口企业实际上是具有一定出口规模的企业，类比规模以上工业企业，我们可以称其为规模以上出口企业），以减少中国制造业企业"出口—生产率"悖论带来的潜在干扰，并考察相关实证结果对判定企业出口状态的出口交货阈值选择的敏感性。

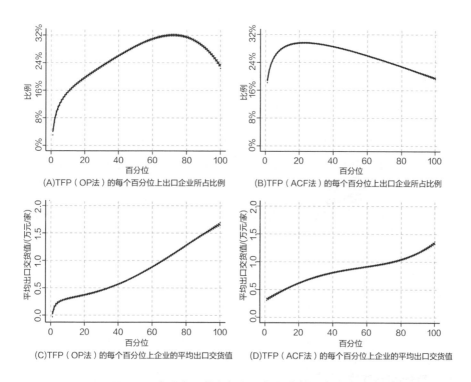

(A)TFP（OP法）的每个百分位上出口企业所占比例　　(B)TFP（ACF法）的每个百分位上出口企业所占比例

(C)TFP（OP法）的每个百分位上企业的平均出口交货值　(D)TFP（ACF法）的每个百分位上企业的平均出口交货值

图4-6　企业出口状态与全要素生产率间的关系

注：①本图分析的样本数据来自中国工业企业数据库2000—2007年的部分。其中，出口交货值数据可以直接获得，企业全要素生产率则通过OP法或ACF法计算得到。②本图的分析聚合了不同年份的所有样本，先将所有企业按全要素生产率的自然对数由低到高分为100组，再计算每组内出口企业所占份额和所有企业的平均出口交货值。③图中展示横纵轴变量间关系的实线均已经过三阶平滑处理，虚线表示95%置信水平的置信区间。④企业出口交货值的数据已经过1%水平的缩尾处理。

资料来源：作者基于中国工业企业数据库整理和计算。

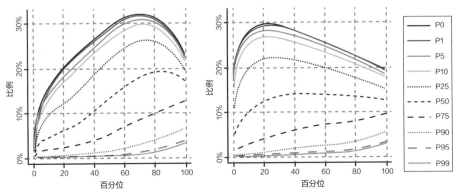

(A)TFP（OP法）的每个百分位上以不同标准识别的出口企业所占比例　　(B)TFP（ACF法）的每个百分位上以不同标准识别的出口企业所占比例

图4-7　出口企业所占比例与全要素生产率间的关系对出口交货阈值的敏感性

注：①本图分析的样本数据来自中国工业企业数据库2000—2007年的部分（无法得到其他年份全要素生产率的数据）。其中，用于判断企业是否出口的出口交货值数据可以直接获得，企业全要素生产率则通过OP法或ACF法计算得到。②本图的分析聚合了不同年份的所有样本，先将所有企业按全要素生产率的自然对数由低到高分为100组，再按不同的出口交货阈值（出口交货值超过该阈值的企业视为出口企业，否则视为内销企业）计算每组内出口企业所占份额。③图例中的P1表示对应曲线是在出口交货阈值为出口交货值所有正数据中第1个百分位数的条件下绘制的，P5则表示阈值为第5个百分位数，以此类推。特别地，最上方的P0表示阈值为0，因此其对应的左右两幅图中的曲线分别与图4-6（A）和（B）中的曲线相同。④图中展示横纵轴变量间关系的曲线均已经过三阶平滑处理。⑤企业出口交货值的数据已经过1%水平的缩尾处理。

资料来源：作者基于中国工业企业数据库整理和计算。

五、其他控制变量

除了数字化水平、生产率、出口状态和其他设定中的固有参数外，理论模型中经济体的人口规模（企业面临的市场规模）L和研发成本系数λ也可能影响企业的创新强度。[①]请注意，我们在理论模型设定部分中提到的经济体与经验研究里中国地级及以上城市相对应，因此，与外部数字化水平

---

① 这里并未考虑可能是企业创新强度影响因素之一的冰山成本τ。一方面，冰山成本受到货物类型、空间距离和供应模式等多种因素的影响，难以使用单一或简单的变量进行准确的刻画；另一方面，在理论模型中，经济体内所有出口企业共享同一个冰山成本，这暗示冰山成本的变化并非企业创新强度差异的来源。

一样，对于所有异质性企业，外生给定的潜在市场规模和研发成本系数也均在城市层面变动。两者的代理变量分别是城市的人口规模PPL_{jt}和研发投入强度（研发费用总和与地区生产总值之比）RDI_{jt}[①]，j和t分别表示城市和年份。其中，人口规模和地区生产总值的数据来自历年《中国城市统计年鉴》，研发费用总和则是将中国工业企业数据库中各企业汇报的研究开发费在城市层面加总计算的结果。

第二节　经济外部数字化的宏微观创新效应

本节将通过基于中国企业层面数据的回归分析检验命题4-1和4-2。作为本章的理论核心，这两个命题分别揭示了经济的外部数字化转型促进企业创新的整体和局部特征。对它们在经验上的考察有助于我们进一步了解这些特征在多大程度上适用于现实经济世界，并为有效地利用经济外部数字化的积极作用提供政策制定的基础和依据。

一、识别策略

首先，为定量估计企业的平均创新强度与经济外部数字化水平间的关系，即检验命题4-1的前半部分，我们构建如下的回归方程：

$$\left[\mathrm{Mean}\left(P_{it}\right)\right]_{jt} = \alpha\mathrm{EDL}_{jt} + \boldsymbol{X}_{jt}'\beta + \mathrm{FE}_{jt} + \varepsilon_{jt} \tag{4-1}$$

其中，$\left[\mathrm{Mean}\left(P_{it}\right)\right]_{jt}$表示在$t$年城市$j$内所有企业专利申请/授权量的均值，

[①]　某城市某年的研发投入强度较高表明研发创新活动较为活跃，这暗示了该城市该年相对而言拥有便于开展研发创新活动的环境条件（例如更有力的政策支持、更便利的投融资渠道、更大规模的人才聚集等），即实现同等强度和质量的创新的阻力更小，成本更低。

P_{it} 表示企业 i 在 t 年的专利申请/授权数量，$P_{it} \in \{P_{it}^{AP}, P_{it}^{GR}\}$；$EDL_{jt}$ 表示城市 j 在 t 年的外部数字化水平指数，$EDL_{jt} \in \{DL_{jt}^{EX}, DL_{jt}^{EX*A}, DL_{jt}^{EX*B}\}$；$X_{jt}'$ 是由其他城市层面控制变量构成的向量，包含城市 j 在 t 年的人口规模 PPL_{jt} 和研发投入强度 RDI_{jt} 这两个元素；FE_{jt} 表示各层面的固定效应控制变量组，$FE_{jt} = \gamma_j + \gamma_t$，$\gamma_j$、$\gamma_t$ 分别控制城市固定效应和年份固定效应；ε_{jt} 是"城市—年份"层面的随机误差项。式（4-1）中的参数 α 用于识别其他变量给定条件下经济外部数字化水平的变化在平均意义上对企业平均创新强度的影响，根据命题4-1，我们应当预期其估计值在统计意义上显著为正。

其次，欲考察企业创新强度的离散程度与经济外部数字化水平的定量关系，即验证命题4-1的后半部分，只需替换式（4-1）中的被解释变量：

$$\left[Var\left(P_{it}\right)\right]_{jt} = \alpha EDL_{jt} + X_{jt}'\beta + FE_{jt} + \varepsilon_{jt} \tag{4-2}$$

其中，$\left[Var\left(P_{it}\right)\right]_{jt}$ 表示在 t 年城市 j 内所有企业专利申请/授权量的方差，其他变量和设定皆与式（4-1）中的相同。根据命题4-1，我们应当预期参数 α 的估计值在统计意义上显著为正。

最后，我们检验经济外部数字化转型的创新效应在全要素生产率不同的企业间的异质性，即命题4-2。为此构建如下的回归方程：

$$P_{it} = \alpha_1 ODL_{jt} + \alpha_2 \ln TFP_{it} + \alpha_3 EDL_{jt} * \ln TFP_{it} + X_{jt}'\beta + FE_{ijt} + \varepsilon_{it} \tag{4-3}$$

其中，$\ln TFP_{it}$ 表示企业 i 在 t 年全要素生产率（TFP）的自然对数，$TFP_{it} \in \{TFP_{it}^{OP}, TFP_{it}^{ACF}\}$；固定效应控制变量组 $FE_{ijt} = \gamma_{ij} + \gamma_t$，$\gamma_{ij}$、$\gamma_t$ 分别控制个体（"企业—城市"）固定效应和年份固定效应[①]；ε_{it} 表示"企

[①] 由于面板数据中同一企业在同一年可能于不同城市申请专利或获得专利授权，真正意义上的个体（每年有且仅有一次观测结果）包含企业和城市两方面的信息。换言之，除非两个观测的企业和城市信息完全相同，否则它们被视为两个不同的个体。因此，γ_{ij} 控制的固定效应是"企业—城市"层面的固定效应。

业—年份"层面的随机误差项；其他变量和设定皆与式（4-1）和式（4-2）中的相同。交互项 $EDL_{jt} * \ln TFP_{it}$ 的引入允许作为环境条件的经济外部数字化水平和作为个体条件的全要素生产率在决定企业创新强度时相互作用，从而可以识别经济外部数字化水平的提高对企业创新强度的影响如何随其全要素生产率的变化而变化。

我们注意到在式（4-3）的设定下，等号两侧同时对 EDL_{jt} 求偏导数可得 $\partial P_{it} / \partial EDL_{jt} = \alpha_1 + \alpha_3 \ln TFP_{it}$，这表明经济的外部数字化转型对企业创新强度的影响由一个固定部分和一个与企业全要素生产率相关的可变部分组成。根据命题4-2的表述，在统计意义上，我们应当预期参数 α_3 的估计值显著为正；由于企业全要素生产率的自然对数值可能为负（见图4-4），经济外部数字化转型对低效率企业创新强度的抑制性可以与一个有正向统计显著性的参数 α_1 估计值兼容。因此，技术上，我们对参数 α_1 估计值的实际预期是：

$$\ln TFP_{it}^{MIN} < -\frac{\hat{\alpha}_1}{\hat{\alpha}_3} < \ln TFP_{it}^{MAX}。$$

其中，$\ln TFP_{it}^{MIN}$ 和 $\ln TFP_{it}^{MAX}$ 分别为企业全要素生产率的自然对数的最小值和最大值，$\hat{\alpha}_1$ 和 $\hat{\alpha}_3$ 分别表示参数 α_1 和 α_3 的回归估计量。$-\dfrac{\hat{\alpha}_1}{\hat{\alpha}_3}$ 是全要素生产率的自然对数的临界值（由 $\partial P_{it} / \partial EDL_{jt} = 0$ 导出）。经济外部数字化水平提高对创新强度的净效应在全要素生产率的自然对数低于该临界值的企业上表现为抑制（$\partial P_{it} / \partial EDL_{jt} < 0$），在高于该临界值的企业上表现为促进（$\partial P_{it} / \partial EDL_{jt} > 0$）。

二、实证结果

表4-1汇报了式（4-1）的估计结果，这些结果均为标准化回归系数[①]的估计值。由表4-1可知，经济的外部数字化转型对企业创新具有统计意义上的促进作用，且该效应的统计显著性对创新强度的代理选择、外部数字化水平的测算方式和城市层面控制变量的加入与否均保持稳健。然而，经济外部数字化水平参数估计值在经济学意义上却会因指数选择的不同而有较大的差异。以加入城市层面控制变量的完整回归模型的估计结果为准，给定其他变量，基准指数（城市互联网渗透率）每有1个标准差的提升，城市中所有创新型企业的平均专利申请量在平均意义上仅增长0.24个标准差。该数字对备择指数A（属于数字行业企业的数量份额）而言略微上升至0.25，对备择指数B而言则上升至0.33。以平均专利授权量作为被解释变量的估计结果也存在类似的模式，只是基准指数和备择指数A的参数估计值对调了相对大小排序（0.25和0.21）。这表明，就经济学意义上的相对重要性而言，基准指数和备择指数A的提升对企业平均创新强度的提高有相近程度的促进作用，而备择指数B的作用则更加明显，尽管它们所扮演的角色在任何模型设定下均无法与表示市场规模的城市总人口相比。

---

① 标准化回归系数是所有变量均经过标准化处理的回归方程中的待估参数。变量的标准化处理是指将变量的每个原始观测值减去其均值后，再除以其标准差的过程。与非标准化回归系数的含义不同，标准化回归系数揭示了在给定其他变量的条件下，对应解释变量一个标准差的变化在平均意义上引起被解释变量的变化相当于其标准差的个数。相较于未经标准化处理的回归系数，标准化回归系数有两个独特的优势：一是可以消除变量量纲的影响；二是可以就不同变量在经济学意义上的相对重要性进行比较。特别需要指出的是，标准化和非标准化系数的估计值仅有经济显著性上的不同，而无统计显著性上的差异（两者的符号也总是一致的）。

表4-1　企业平均创新强度与经济外部数字化水平的关系

被解释变量	统计变量	(Ⅰ)	(Ⅱ)	(Ⅲ)	(Ⅳ)	(Ⅴ)	(Ⅵ)
（城市层面）企业专利申请量均值 $\left[\text{Mean}\left(P_{it}^{\text{AP}}\right)\right]_{jt}$	$\text{DL}_{jt}^{\text{EX}}$	0.305*** (0.074)	0.240*** (0.072)				
	$\text{DL}_{jt}^{\text{EX}*A}$			0.267** (0.119)	0.253** (0.125)		
	$\text{DL}_{jt}^{\text{EX}*B}$					0.354*** (0.104)	0.332*** (0.093)
	PPL_{jt}		1.108** (0.462)		1.016** (0.425)		1.010** (0.471)
	RDI_{jt}		0.249*** (0.053)		0.242*** (0.049)		0.254*** (0.050)
	I.F.E.	√	√	√	√	√	√
	Y.F.E.	√	√	√	√	√	√
	调整R^2	0.379	0.420	0.376	0.435	0.360	0.420
	N	3568	2992	3615	3023	3615	3023
（城市层面）企业专利授权量均值 $\left[\text{Mean}\left(P_{it}^{\text{GR}}\right)\right]_{jt}$	$\text{DL}_{jt}^{\text{EX}}$	0.318*** (0.075)	0.245*** (0.069)				
	$\text{DL}_{jt}^{\text{EX}*A}$			0.232*** (0.086)	0.212** (0.091)		
	$\text{DL}_{jt}^{\text{EX}*B}$					0.370*** (0.109)	0.365*** (0.100)
	PPL_{jt}		0.970** (0.413)		0.899** (0.390)		0.872** (0.433)
	RDI_{jt}		0.262*** (0.062)		0.250*** (0.053)		0.259*** (0.054)
	I.F.E.	√	√	√	√	√	√

续表

被解释变量	统计变量	(I)	(II)	(III)	(IV)	(V)	(VI)
（城市层面）企业专利授权量均值 $\left[\mathrm{Mean}\left(P_{it}^{\mathrm{GR}}\right)\right]_{jt}$	Y.F.E.	√	√	√	√	√	√
	调整 R^2	0.413	0.457	0.409	0.468	0.398	0.460
	N	3568	2992	3615	3023	3615	3023

注：①表格汇报的结果均为式（4-1）中相应参数的标准化OLS估计量。②企业专利申请/授权量均值用城市中所有企业专利申请/授权总量与创新型企业数量的比值来表示，以减少专利数据库固有的样本选择性偏误可能对估计结果造成的扭曲。对创新型企业的识别基于其研究开发费——若企业的研究开发费大于0，则视其为创新型企业，否则视其为非创新型企业。2007年及以前的研究开发费数据来自中国工业企业数据库，2008年及以后的数据来自中国工业企业创新调查数据库。请注意，由于缺少2014年、2015年和2016年企业的研究开发费数据，相较于具有完整数据可得性的全样本，用于回归分析的样本损失了10%—20%。③专利申请/授权数量的数据已经过1%水平的缩尾处理。④括号内是城市层面的聚类稳健标准误。⑤**和***分别表示估计量在5%和1%的水平上显著。

上述由经济外部数字化水平测度方式不同引起的参数估计值分化模式的可能解释是：在3种指数中，基准指数所包含的信息最为单纯和局限，尽管互联网渗透率是前文对外部数字化定义中数字基础设施的质量水平或完善程度的一部分，但与互联网建设进程有关的其他信息（例如平均带宽、网络传输平均速率等）和其他数字基础设施的相关信息（例如5G基站数量、共享数据中心的数量和数据吞吐量等）并未包括在内；2个备择指数均是对经济外部数字化水平的间接描述，不可避免地包含其他城市层面与社会经济发展水平有关的信息。这意味着备择指数的差异所捕捉到的变化不仅源自经济的外部数字化转型，也可能与城市层面和外部数字化进程相联系的混杂因素（这些因素本身可能促进或抑制企业的创新活动）的作用有关。因此，备择指数A尽管相对于基准指数包含了更多反映经济外部数字化转型进程的相关信息，但同时也混杂了部分对企业创新作用方向不尽相同的潜在因素，故两者参数估计值的差距不大。然而，备择指数B在备择指数A的基础上优化了数字企业的识别方式，使前者相较于后者包含更多与经济外部数字化水平真正相关的因素，且其中的部分因素对企业平均创新强度的影响力比互联网渗透率更强，这就导致备择指数B的参数估计值明显高于另2个指数。[①]

式（4-2）的估计结果见表4-2，与表4-1相同，这些结果同样均为标准化回归系数的估计值。可以看到，尽管参数估计的精度与式（4-1）相比在整体上略有下降，但绝大多数外部数字化水平系数的估计值至少在10％的水平上具有统计显著性。这意味着，经济的外部数字化转型是推动经济体内部企业创新强度离散程度提高的重要力量，且该效应在统计意义上对创新强度的代理选择、经济外部数字化水平的测算方式和城市层面控制变量的加入与否均有相当程度的稳健性。就参数估计值的经济显著性而言，由不同的模型设定和变量选择导致的差异同样存在。

以加入城市层面控制变量的回归模型的参数估计值为准，给定其他变量，经济外部数字化水平基准指数每提升1个标准差，企业专利申请量方差的平均增幅相当于其标准差的0.22倍，该数字对备择指数A和B而言分别为0.16和0.28。若将被解释变量替换为专利授权量的方差，给定其他变量，基准指数单位标准差的提升为其带来的平均增量上升至0.28个标准差，而备择指数A和B对应的标准差增量倍率则分别下降至0.11和0.19。尽管参数估计值产生差异的模式相较于表4-1汇报的结果有所不同，但对这些差异的一般性解释仍然适用——基准指数的参数估计值提供了一个比较标

[①]　在这个意义上，基准指数可以理解为对狭义的经济外部数字化水平的一种描述，而备择指数B则在更宽泛的层面定义了广义的经济外部数字化水平。

表4-2　企业创新强度方差与经济外部数字化水平的关系

被解释变量	统计变量	(I)	(II)	(III)	(IV)	(V)	(VI)
（城市层面）企业专利申请量方差 $\left[\mathrm{Var}\left(P_{it}^{\mathrm{AP}}\right)\right]_{jt}$	$\mathrm{DL}_{jt}^{\mathrm{EX}}$	0.325* (0.167)	0.220** (0.092)				
	$\mathrm{DL}_{jt}^{\mathrm{EX}*A}$			0.181*** (0.062)	0.158*** (0.060)		
	$\mathrm{DL}_{jt}^{\mathrm{EX}*B}$					0.224 (0.156)	0.281** (0.139)
	PPL_{jt}		1.989 (1.245)		1.806 (1.196)		1.784 (1.198)
	RDI_{jt}		0.225*** (0.084)		0.233** (0.092)		0.240*** (0.091)
	I.F.E.	√	√	√	√	√	√
	Y.F.E.	√	√	√	√	√	√
	调整 R^2	0.065	0.076	0.055	0.070	0.052	0.069
	N	4454	3288	4560	3334	4560	3334
（城市层面）企业专利授权量方差 $\left[\mathrm{Var}\left(P_{it}^{\mathrm{GR}}\right)\right]_{jt}$	$\mathrm{DL}_{jt}^{\mathrm{EX}}$	0.405** (0.193)	0.279*** (0.102)				
	$\mathrm{DL}_{jt}^{\mathrm{EX}*A}$			0.161*** (0.058)	0.106** (0.045)		
	$\mathrm{DL}_{jt}^{\mathrm{EX}*B}$					0.320* (0.184)	0.191 (0.127)
	PPL_{jt}		1.451* (0.772)		1.508* (0.775)		1.493* (0.778)
	RDI_{jt}		0.252*** (0.078)		0.296*** (0.087)		0.301*** (0.086)
	I.F.E.	√	√	√	√	√	√

续表

被解释变量	统计变量	(I)	(II)	(III)	(IV)	(V)	(VI)
（城市层面）企业专利授权量方差 $\left[\mathrm{Var}\left(P_{it}^{\mathrm{GR}}\right)\right]_{jt}$	Y.F.E.	√	√	√	√	√	√
	调整 R^2	0.100	0.117	0.085	0.111	0.085	0.111
	N	4454	3288	4560	3334	4560	3334

注：①表格汇报的结果均为式（4-2）中相应参数的标准化OLS估计量。②专利申请/授权量的方差仅在专利数据库中有专利申请/授权记录的企业内计算，这些企业在当年至少有1件专利申请或授权。这样的处理使回归分析聚焦于识别经济外部数字化转型对那些具有可观测创新行为或产出企业的创新绩效差异化程度的影响，与由理论模型导出的待检验命题在技术上具有更高的一致性。③专利申请/授权数量的数据已经过1%水平的缩尾处理。④括号内是城市层面的聚类稳健标准误。⑤*、**和***分别表示估计量在10%、5%和1%的水平上显著。

准，由于包含了其他混杂因素，备择指数的参数估计值可能高于或低于这个标准（取决于混杂因素与企业创新强度离散程度的关系）。该解释还有一个更具启发性的应用：经济的外部数字化水平是影响企业创新强度方差的重要变量（这一点可由基准指数的参数估计值在统计和经济学意义上的高度显著性看出），而备择指数B相对于备择指数A剔除了很多与经济外部数字化水平无关或关联性较弱的因素，故前者的参数估计值在任何模型设定下均比后者大。

式（4-3）利用更为翔实的企业层面的数据进一步探讨了经济的外部数字化转型对企业创新强度影响的异质性，其核心解释变量（经济外部数字化水平指数及其与基于OP/ACF法测算的全要素生产率的自然对数的交互项）标准化回归系数的估计结果列于表4-3。

表 4-3　经济外部数字化水平对企业创新强度影响的异质性

被解释变量	统计变量	TFP$_{it}$ = TFP$_{it}^{OP}$			TFP$_{it}$ = TFP$_{it}^{ACF}$		
		(I)	(II)	(III)	(IV)	(V)	(VI)
企业专利申请量 P_{it}^{AP}	DL$_{jt}^{EX}$	−0.075*** (0.021)			−0.110*** (0.030)		
	DL$_{jt}^{EX*A}$		−0.046*** (0.017)			−0.076*** (0.021)	
	DL$_{jt}^{EX*B}$			−0.025 (0.031)			−0.075** (0.037)
	DL$_{jt}^{EX}*$ ln TFP$_{it}$	0.049*** (0.016)			0.068*** (0.020)		
	DL$_{jt}^{EX*A}*$ ln TFP$_{it}$		0.043*** (0.013)			0.062*** (0.015)	
	DL$_{jt}^{EX*B}*$ ln TFP$_{it}$			0.062*** (0.016)			0.086*** (0.017)
	I.F.E.	√	√	√	√	√	√
	Y.F.E.	√	√	√	√	√	√
	其他控制变量	√	√	√	√	√	√
	调整 R^2	0.005	0.003	0.004	0.005	0.004	0.005
	N	43597	44730	44730	43125	44246	44246
企业专利授权量 P_{it}^{GR}	DL$_{jt}^{EX}$	−0.033* (0.019)			−0.047** (0.023)		
	DL$_{jt}^{EX*A}$		−0.029** (0.014)			−0.010 (0.013)	
	DL$_{jt}^{EX*B}$			0.021 (0.020)			0.015 (0.021)
	DL$_{jt}^{EX}*$ ln TFP$_{it}$	0.043*** (0.013)			0.044*** (0.015)		
	DL$_{jt}^{EX*A}*$ ln TFP$_{it}$		0.020* (0.011)			0.016* (0.010)	
	DL$_{jt}^{EX*B}*$ ln TFP$_{it}$			0.039*** (0.011)			0.037*** (0.011)
	I.F.E.	√	√	√	√	√	√

续表

被解释变量	统计变量	$\text{TFP}_{it} = \text{TFP}_{it}^{\text{OP}}$			$\text{TFP}_{it} = \text{TFP}_{it}^{\text{ACF}}$		
		(I)	(II)	(III)	(IV)	(V)	(VI)
企业专利授权量 P_{it}^{GR}	Y.F.E.	√	√	√	√	√	√
	其他控制变量	√	√	√	√	√	√
	调整 R^2	0.076	0.061	0.069	0.076	0.081	0.080
	N	43597	44730	44730	43125	44246	44246

注：①表格汇报的结果均为式（4-3）中核心解释变量参数的标准化OLS估计量；②专利申请/授权数量的数据已经过1%水平的缩尾处理；③括号内是"企业—城市"层面的聚类稳健标准误；④*、**和***分别表示估计量在10%、5%和1%的水平上显著。

由表4-3可知，在包含企业和城市层面各项控制变量的模型设定中，尽管使用了多种不同的测度方法，但绝大多数核心解释变量的参数估计值均为命题4-2提供了看似强有力的统计证据：在统计和经济学意义上，交互项参数估计量显著为正表明经济的外部数字化水平和企业的全要素生产率在共同决定企业创新强度时相互作用，且全要素生产率越高，经济外部数字化转型的创新增进效应就越强。这是经济外部数字化转型对企业创新强度影响的可变部分；经济外部数字化水平指数对应的参数估计量则给出了该影响的固定部分（可能是正向的，亦可能是负向的）。对于那些全要素生产率较低的企业而言，相对于全要素生产率提高对创新促进效应的强化（可变影响），经济外部数字化水平提升带来的额外竞争压力（固定影响）占主导地位，因此经济外部数字化转型的净结果是抑制这些企业的创新活动。当企业的全要素生产率超过某一阈值时，上述两种作用的主次地位对调，其创新强度才开始受到经济外部数字化水平提升的正向影响。然而，要完成对命题4-2的检验，还必须进一步确认由相应参数估计量导出的全要素生产率阈值是否有效地将样本中的企业分成了两部分（即计算得到的全要素生产率阈值是否在样本企业全要素生产率的变化范围之中）。在表4-3涉及的式（4-3）的各种不同设定下，我们可以计算该阈值及其于样本内所有企业全要素生产率的自然对数序列中所处的位置，相应的结果列于表4-4。

如表4-4所示，尽管大小和正负不一，但所有计算得出的企业全要素生产率的自然对数阈值均成功地将对应样本中的企业划分为高生产率和低生产率两组，这就证实了经济外部数字化转型对企业创新强度的影响存在如上所述的与企业生产率有关的异质性。然而，不同模型设定下阈值所处的位置存在较大差异——全要素生产率低于阈值的企业所占的份额在20.5%至98.6%之间波动。[①]有趣的是，在以备择指数B度量外部数字化水平的模型设定中，全要素生产率低于阈值的企业的比例远小于以基准指数和备择指数A作为测度手段的情形（见表4-4最右边一列），这可能暗示了广义的经济外部数字化进程（参见第114页脚注①）具有更强的普惠性，使经济外部数字化转型对企业创新的推动和刺激作用在激烈的市场竞争下得以辐射更广范围。

表4-4　外部数字化转型促进企业创新的全要素生产率阈值

项目	$EDL_{jt}=DL_{jt}^{EX}$	$EDL_{jt}=DL_{jt}^{EX*A}$	$EDL_{jt}=DL_{jt}^{EX*B}$
$P_{it}=P_{it}^{AP}$, $TFP_{it}=TFP_{it}^{OP}$	4.350 [0.795] {***/***}	4.308 [0.781] {***/***}	1.551 [0.055] {×/***}

---

① 请注意，这里的波动范围仅考虑用于计算全要素生产率阈值的2个参数估计值均至少在10%水平上显著的情形。在后文，每当需要做类似表述时，该原则同样适用。需要特别指出的是，这样做只是为了在概括地汇报可量化的推断性统计分析结果时提供具有充分可靠性的版本，绝不意味着那些不具有经验意义上统计显著性的结果不重要。

续表

项目	$EDL_{jt} = DL_{jt}^{EX}$	$EDL_{jt} = DL_{jt}^{EX*A}$	$EDL_{jt} = DL_{jt}^{EX*B}$
$P_{it} = P_{it}^{GR}$, $TFP_{it} = TFP_{it}^{OP}$	2.198 [0.134] {*/***}	6.067 [0.986] {**/*}	-2.017 [0.002] {×/***}
$P_{it} = P_{it}^{AP}$, $TFP_{it} = TFP_{it}^{ACF}$	5.555 [0.807] {***/***}	6.018 [0.902] {***/***}	3.824 [0.205] {**/***}
$P_{it} = P_{it}^{GR}$, $TFP_{it} = TFP_{it}^{ACF}$	3.731 [0.178] {**/***}	2.896 [0.047] {×/*}	-1.752 [0.000]▲ {×/***}

注：①表格汇报了在不同的模型设定（变量组合）下由式（4-3）相应参数估计值导出的企业全要素生产率的自然对数阈值（参数 α_1 和 α_3 估计值之比）。请注意，计算全要素生产率阈值时所用的参数估计量均为非标准化的 OLS 估计量。②除表格的第 1 行和第 1 列外，每个单元格所包含的信息均对应一次独立的回归估计，所有回归估计均加入了企业和城市层面的控制变量，并控制了个体和年份固定效应；在每个单元格内部，第 1 行的数字是全要素生产率阈值，第 2 行中括号内的数字是全要素生产率的自然对数低于第 1 行阈值的企业所占的比例（该比例越高表示创新强度受到经济外部数字化转型负向影响的企业越多，受到正向影响的企业越少，反之亦然），第 3 行大括号内列出了用于计算全要素生产率阈值的 2 个参数估计量的统计显著性（以/为界，左侧对应参数 α_1，右侧对应参数 α_3）。③专利申请/授权数量的数据已经过 1% 水平的缩尾处理。④*、**和***分别表示估计量在 10%、5% 和 1% 的水平上显著。×表示估计量未能通过 10% 水平的统计显著性检验。▲表示保留 4 位小数后的值为 0.0002，即 0.02%。在 43432 家企业中仅 9 家全要素生产率的自然对数低于阈值。

三、基于国家智慧城市试点政策的准自然实验

由于城市层面的经济外部数字化水平指数并非严格意义上的外生变量，潜在的质疑者有理由怀疑式（4-1）和式（4-2）中的随机误差项包含某些与经济外部数字化水平有关的因素①，这可能导致关键参数的 OLS 估计量有偏差。为了排除计量模型设定中可能存在的内生性对参数估计的干扰，我们利用一个源于中华人民共和国住房和城乡建设部推动实施的国家智慧

---

① 请注意，式（4-3）的被解释变量是企业层面的创新强度。一般而言，单个企业的决策或行为难以影响城市层面的变量。因此，我们可以认为在由式（4-3）构建的识别系统中，城市层面的经济外部数字化水平指数是外生的，即其与该系统企业层面的随机误差项不相关。

城市试点政策的准自然实验，通过回归分析量化评估其政策效应，从潜在的遗漏变量和混杂因素的影响中分离并识别经济外部数字化水平的提升对企业创新在城市层面各类绩效的独立作用。

中华人民共和国住房和城乡建设部从2012年开始在全国范围内开展国家智慧城市试点工作，以加快推动国内城市的智能化和数字化转型。智慧城市建设聚焦于将数字与信息领域的前沿技术应用于城市的规划和管理，从而提升城市的运行效率和服务水平，是近年来中国探索新型城镇化发展模式的一次重要尝试。由中华人民共和国住房和城乡建设部印发的《国家智慧城市（区、镇）试点指标体系（试行）》明确将网络基础设施、公共平台与数据库等指标纳入考评体系，进一步说明国家智慧城市试点作为一项由政府推行的公共政策，在加快提升试点城市经济外部数字化水平上发挥着积极作用。国家智慧城市试点政策从2012年开始面向全国各大中小城市实施，持续3年，每年都会公布一批不同于往年的新试点城市名单，这就为我们研究其政策效应提供了一个准自然实验的框架。

我们使用双重差分法来估计国家智慧城市试点政策作为经济外部数字化水平提升的一个外生冲击对城市层面企业创新绩效的影响。双重差分法要求在政策实施之前，处理组和控制组具有统计意义上的可比性，即满足平行趋势假定。为检验被列入试点名单的城市（处理组）和未被列入试点名单的城市（控制组）在我们所感兴趣的城市层面企业创新强度绩效变量上，于试点政策实施之前的变化趋势是否存在系统性差异[1]，考虑建立如下的动态政策效应模型：

---

[1] 除地级及以上城市外，国家智慧城市试点政策还特别针对部分地级以下的县级市（区、镇）。若地级以下的县级市（区、镇）在某年被列入试点名单，我们视之为管辖它的地级及以上城市在当年也被列入试点名单。若地级及以上城市所辖县级市（区、镇）多次进入试点名单，取最早那次的年份作为该地级及以上城市进入试点名单的时间。

$$\left[F\left(P_{it}\right)\right]_{jt}=\alpha_1 D_{jt}^{-4}+\alpha_2 D_{jt}^{-3}+\ldots+\alpha_9 D_{jt}^{+4}+\boldsymbol{X}_{jt}'\beta+\mathrm{FE}_{jt}+\varepsilon_{jt} \quad (4\text{-}4)$$

其中，$\left[F\left(P_{it}\right)\right]_{jt}$ 表示以专利申请/授权量作为创新强度代理变量的城市层面企业创新强度绩效，$\left[F\left(P_{it}\right)\right]_{jt}\in\left\{\left[\mathrm{Mean}\left(P_{it}\right)\right]_{jt},\left[\mathrm{Var}\left(P_{it}\right)\right]_{jt}\right\}$，$P_{it}\in\{P_{it}^{\mathrm{AP}},P_{it}^{\mathrm{GR}}\}$，$i$、$j$、$t$ 分别表示企业、城市和年份。$D_{jt}^{n}(-4\leqslant n\leqslant 4, n\in\mathbb{Z})$ 是动态政策变量组：若 t 年恰好是城市 j 被列入试点名单的前 p 年，则 $D_{jt}^{-p}=1(p=1,2,3,4)$，否则 $D_{jt}^{-p}=0$；若 t 年恰好是城市 j 被列入试点名单的当年，则 $D_{jt}^{0}=1$，否则 $D_{jt}^{0}=0$；若 t 年恰好是城市 j 被列入试点名单的后 q 年，则 $D_{jt}^{+q}=1(q=1,2,3,4)$，否则 $D_{jt}^{+q}=0$。其他变量与设定皆与式（4-1）和式（4-2）中的相同。用于政策效应估计的双重差分模型是否具有平行趋势可由式（4-4）的参数估计结果判断：如果观察到 D_{jt}^{-p} 的估计系数（$\hat{\alpha}_1$、$\hat{\alpha}_2$、$\hat{\alpha}_3$、$\hat{\alpha}_4$）在统计意义上均不显著，而 D_{jt}^{0} 和 D_{jt}^{+q} 的估计系数（$\hat{\alpha}_5$、$\hat{\alpha}_6$、$\hat{\alpha}_7$、$\hat{\alpha}_8$、$\hat{\alpha}_9$）均具有统计显著性，则通过平行趋势检验。

图4-8展示了在不同的被解释变量设置下式（4-4）各政策变量参数的 OLS 估计量及其相应置信水平的置信区间。可以看到，若以城市层面的专利申请量均值、专利授权量均值或专利申请量方差为被解释变量，在95%置信水平上，所有滞后政策变量估计系数的置信区间均包含0，而当期和超前政策变量估计系数的置信区间均不包含0［见图4-8的（A）、（B）和（C）］。对于专利授权量方差而言，同样的模式则适用于99%置信水平［见图4-8的（D）］。①这表明处理组和控制组城市创新强度绩效的显著差异均在国家智慧城市试点政策实施之后才出现，即两者满足平行趋势假定。

---

① 值得注意的是，以专利授权量方差（在4个被解释变量中仅此1个）为被解释变量的双重差分模型未能通过95%置信水平的平行趋势检验，原因在于滞后1期和2期的政策变量的 t 分别为0.34和0.24，它们95%置信水平的置信区间均包含0。

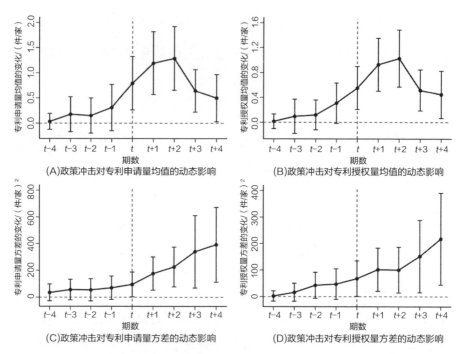

图4-8　国家智慧城市试点政策对城市层面企业创新绩效的动态影响：平行趋势检验

注：①本图分析的样本数据来自中国专利数据库2000—2016年的部分。城市层面企业专利申请/授权量均值和方差均在专利数据库内部计算。专利申请/授权量均值的计算方式与表4-1不同，由于2014年、2015年和2016年企业的研究开发费数据暂不可得，无法以创新型企业平均专利申请/授权量作为被解释变量估计政策变量的2期及2期以上的滞后效应。②横坐标表示动态政策变量的超前或滞后期数，t对应D_{jt}^0，$t-p$对应$D_{jt}^{t-p}(p=1,2,3,4)$，$t+q$对应$D_{jt}^{t+q}(q=1,2,3,4)$。纵坐标是相应政策变量参数的非标准化OLS估计值。两端带帽的实线表示估计值的置信区间。（A）、（B）和（C）中置信区间的置信水平为95%，（D）中置信区间的置信水平为99%。水平和竖直方向的虚线分别标出了零效应和当期政策变量在图中的位置，便于阅读和理解图意。③专利申请/授权数量的数据已经过1%水平的缩尾处理。

国家智慧城市试点政策在2012年、2013年和2014年先后三次公布新的试点城市名单，这意味着每个城市受到试点政策影响的起始时间不尽相同。若假想城市A、B和C分别在2012年、2013年和2014年首次进入试点名单，则在2012年，城市A属于处理组，城市B和城市C属于控制组；到2013年，城市A、C依然属于各自之前所在的组别，但城市B此时会从控制组转移至处理组；到2014年，城市C也加入处理组，此时三个城市均在处理组中。对于这种处理组和控制组的对象构成可能随时间推移发生变化的情况，我们采用如下的多期双重差分模型估计政策效应：

$$\left[F\left(P_{it}\right)\right]_{jt} = \alpha Z_{jt} + X'_{jt}\beta + \mathrm{FE}_{jt} + \varepsilon_{jt} \tag{4-5}$$

其中，Z_{jt}为多期政策变量：若城市j在t年受到试点政策的影响（在t年或t年以前加入试点名单），则$Z_{jt}=1$，否则$Z_{jt}=0$；其他变量和设定皆与式（4-4）相同。这样，即使同为试点城市，也会因加入试点名单时间的先后差异而有各自不同的政策变量赋值模式。若国家智慧城市试点政策在整体上推动试点城市企业平均创新强度和创新强度的离散性提高，则我们应观察到参数α的估计值在统计意义上显著为正。式（4-5）中政策变量参数的估计结果列于表4-5。

表4-5　国家智慧城市试点政策对城市层面企业创新绩效的影响

被解释变量	控制变量	(Ⅰ)	(Ⅱ)	(Ⅲ)	(Ⅳ)
（城市层面）企业平均专利申请量 $\left[\mathrm{Mean}\left(P_{it}^{\mathrm{AP}}\right)\right]_{jt}$	Z_{jt}	1.835*** (0.074)	1.763*** (0.093)	0.464*** (0.117)	0.424*** (0.117)
	I.F.E.		$\checkmark$	$\checkmark$	$\checkmark$
	Y.F.E.			$\checkmark$	$\checkmark$
	其他控制变量				$\checkmark$
	调整R^2	0.193	0.239	0.550	0.564
	N	5002	5002	5002	4821

续表

被解释变量	控制变量	(I)	(II)	(III)	(IV)
（城市层面）企业平均专利授权量 $\left[\text{Mean}\left(P_{it}^{\text{GR}}\right)\right]_{jt}$	Z_{jt}	1.683*** (0.057)	1.705*** (0.074)	0.453*** (0.093)	0.422*** (0.093)
	I.F.E.		√	√	√
	Y.F.E.			√	√
	其他控制变量				√
	调整 R^2	0.256	0.321	0.611	0.622
	N	5002	5002	5002	4821
（城市层面）企业专利申请量方差 $\left[\text{Var}\left(P_{it}^{\text{AP}}\right)\right]_{jt}$	Z_{jt}	389.157*** (51.133)	342.391*** (84.177)	242.306*** (81.966)	223.358*** (74.715)
	I.F.E.		√	√	√
	Y.F.E.			√	√
	其他控制变量				√
	调整 R^2	0.049	0.047	0.062	0.072
	N	4986	4986	4986	4821
（城市层面）企业专利授权量方差 $\left[\text{Var}\left(P_{it}^{\text{GR}}\right)\right]_{jt}$	Z_{jt}	239.962*** (24.946)	221.278*** (40.317)	143.714*** (38.574)	130.432*** (35.589)
	I.F.E.		√	√	√
	Y.F.E.			√	√
	其他控制变量				√
	调整 R^2	0.079	0.078	0.098	0.115
	N	4986	4986	4986	4821

注：①表格汇报的结果均为式（4-5）中政策变量参数的非标准化 OLS 估计量。②由于企业的研究开发费数据在 2014 年、2015 年和 2016 年不可得，以创新型企业数量作为分母计算得出的专利申请/授权量均值（见表 4-1 注释）无法用于估计政策效应，取而代之的是专利数据库中企业专利申请/授权量的算术均值。同理，其他控制变量也不再包括研发投入强度。③专利申请/授权数量的数据已经过 1% 水平的缩尾处理。④括号内是城市层面的聚类稳健标准误。⑤***表示估计量在 1% 的水平上显著。

　　由于我们对政策的实际效应，即处理组和控制组在创新绩效上的统计差异，感兴趣，表4-5汇报的是政策变量非标准化（普通）回归系数的估计值。如我们所见，无论使用专利申请还是授权数量作为企业创新强度的代理变量，从仅包括政策变量的最简单状态到控制个体、年份固定效应和其他与城市层面企业创新绩效相关因素的最复杂形式，在不同的模型设定下，政策变量回归系数的估计值尽管不尽相同，但均具有高度的统计学显著性。具体来看，以最复杂模型设定的估计结果为准，给定其他变量，相对于非试点城市，国家智慧城市试点政策的推行使那些受到该政策影响的试点城市的企业专利申请/授权量均值平均提升0.42（件/家），分别相当于0.29个专利申请量样本标准差和0.36个专利授权量标准差；使企业专利申请量和授权量方差分别提升约223.36（件²/家²）和130.43（件²/家²），分别相当于0.35个专利申请量方差样本标准差和0.43个专利授权量方差样本标准差。上述证据表明，国家智慧城市试点作为经济外部数字化水平增长的一个典型外生冲击，对城市层面企业平均创新强度与创新强度方差具有统计和经济学意义上的显著正向影响，这在表4-1和表4-2的基础上为命题4-1提供了强有力的补充性统计支持。另外，以专利授权量作为创新强度代理下的创新绩效相对较大的标准差变动，也在暗示相较于创新活动的积极性，经济外部数字化转型在同等条件下对企业实际取得创新成果的影响可能更强。

第三节　出口贸易的调节作用

　　本节继续利用企业层面的数据检验命题4-3和命题4-4。命题4-3指出，出口企业的创新强度受到经济外部数字化转型的正向影响，且面对同等程度的经济外部数字化水平提升，其创新强度提高幅度显著大于内销企业；命题4-4则阐明，在经济外部数字化转型的过程中，尽管对所有在位企业而言创新强度的提高幅度随其生产率的提高而变大，但出口企业变大的速度快于内销企业。这两个命题均在理论上强调了企业开拓出口市场以及为此提供政策和制度便利对充分释放经济外部数字化转型微观创新促进效应的重要性，对它们的实证检验将在现实经济世界中确认这种重要性的存在和程度。

一、识别策略

根据命题4-3，企业的出口状态实际上是经济外部数字化水平提升影响企业创新的调节因子：与内销企业相比，出口企业的创新强度受到经济外部数字化转型的正向刺激，或者这种正向刺激的强度更高。换言之，如果该命题为真，则在同一个识别系统中，我们应观察到经济外部数字化水平作用于出口企业创新强度效应参数的估计值显著为正且大于内销企业。为确认这一点，我们建立了如下包含企业的出口状态与（城市层面）经济外部数字化水平交互项的计量模型：

$$P_{it} = \alpha_1 \mathrm{EXP}_{it} + \alpha_2 \mathrm{EDL}_{jt} + \alpha_3 \mathrm{EXP}_{it}*\mathrm{EDL}_{jt} + X'_{it}\beta + Y'_{jt}\gamma + \mathrm{FE}_{ijt} + \varepsilon_{it} \quad (4\text{-}6)$$

其中，EXP_{it} 表示企业的出口状态，若企业 i 在 t 年参与出口贸易，则 $\mathrm{EXP}_{it}=1$，否则 $\mathrm{EXP}_{it}=0$；X'_{it} 和 Y'_{jt} 分别表示由企业和城市层面随时间变化的控制变量组成的向量，前者包括企业的全要素生产率的自然对数 $\ln\mathrm{TFP}_{it}$（企业全要素生产率 TFP_{it} 依测算方法不同可分为 OP 法生产率 $\mathrm{TFP}_{it}^{\mathrm{OP}}$ 和 ACF 法生产率 $\mathrm{TFP}_{it}^{\mathrm{ACF}}$），后者包括城市人口规模 PPL_{jt} 和研发投入强度 RDI_{jt}；其他变量和设定皆与式（4-3）相同。交互项的引入赋予出口和内销企业创新强度随经济外部数字化水平 EDL_{jt} 变化的不同斜率。式

（4-6）等号两边同时对 EDL_{jt} 求偏导数可得：

$$\partial P_{it}/\partial EDL_{jt}=\alpha_2+\alpha_3 EXP_{it}。$$

这意味着对内销企业而言，经济外部数字化水平单位提升带来的创新强度提高量仅为 α_2，而出口企业相应的创新强度提高量为 $\alpha_2+\alpha_3$。根据命题4-3的陈述，我们应当预期两者之差——参数 α_3——的估计值显著为正，且（在给定其他变量的条件下）表示经济外部数字化水平单位提升带来出口企业创新强度平均提高量的参数 α_2 与参数 α_3 估计值之和亦为正。[①]

　　与命题4-3不同，命题4-4揭示了企业出口行为对经济外部数字化微观创新效应的间接调节作用。正如命题4-2的陈述和表4-3的证据所表明的那样，经济外部数字化转型在企业层面的创新效应随企业全要素生产率的提高呈现出正向增强（或负向减弱）的特征，而命题4-4则进一步指出，对效率足够高以至于在利润最大化的驱动下参与出口贸易的企业而言，上述创新效应正向增强的幅度比内销企业更大。为识别企业出口参与的这一间接调节作用，我们构建了如下包含企业出口状态、企业全要素生产率和（城市层面）经济外部数字化水平三阶交互项的计量模型：

$$P_{it}=\alpha_1 EXP_{it}+\alpha_2 \ln TFP_{it}+\alpha_3 EDL_{jt}+\alpha_4 EXP_{it}*\ln TFP_{it}+$$
$$\alpha_5 EXP_{it}*EDL_{jt}+\alpha_6 \ln TFP_{it}*EDL_{jt}+\alpha_7 EXP_{it}*\ln TFP_{it}*EDL_{jt}+$$
$$Y'_{jt}\beta+FE_{ijt}+\varepsilon_{it} \tag{4-7}$$

　　式（4-7）中变量的符号及含义与式（4-6）完全相同[企业全要素生产率的自然对数 $\ln TFP_{it}$ 是式（4-6）企业层面控制变量向量 X'_{it} 中的元素]。在式（4-7）的设定下，我们注意到：

[①]　请注意，命题4-3实际上包含了两个子命题：一是出口企业的创新强度会受到经济外部数字化水平提升的正向影响；二是在其他因素不变和经济外部数字化水平等量提升的条件下，出口企业创新强度的提高幅度大于内销企业。若前者成立，则参数 α_1 和参数 α_3 估计值之和应为正（参数 α_1 可能不具有统计学意义上的显著性）；若后者成立，则参数 α_3 的估计值应显著为正。

$$\frac{\partial P_{it}}{\partial \mathrm{EDL}_{jt}} = \alpha_3 + \alpha_5 \mathrm{EXP}_{it} + \alpha_6 \ln \mathrm{TFP}_{it} + \alpha_7 \mathrm{EXP}_{it} * \ln \mathrm{TFP}_{it}。$$

这表明，经济外部数字化在企业层面的创新效应不仅如式（4-3）所暗示的那样取决于企业的全要素生产率，也与企业的出口状态有关，并且这两者在决定该创新效应时存在相互作用（企业创新强度关于经济外部数字化水平的偏导数包含两者的交互项）。进一步考察该创新效应随企业全要素生产率提升的增速可知：

$$\frac{\partial P_{it}}{\partial \mathrm{EDL}_{jt} \partial \mathrm{TFP}_{it}} = \alpha_6 + \alpha_7 \mathrm{EXP}_{it}。$$

因此，若企业的出口行为具有如命题4-4所言的间接调节作用，我们应观察到式（4-7）中三阶交互项对应的参数 α_7 的估计值显著为正。

值得注意的是，在为出口状态变量 EXP_{it} 赋值时，需要先对样本中各企业在特定年份是否参与出口贸易或开展出口业务进行判断。技术上，我们的判断依据是企业在当年的出口交货值（数据可从中国工业企业数据库中得到）是否超过给定的阈值（若超过，则视其为出口企业，否则视其为内销企业）。然而，正如本章第一节第四部分的分析所指出的那样，尽管很多相关研究使用0作为阈值，但由此导致的中国工业企业数据库中制造业各行业普遍存在的出口企业平均全要素生产率低于内销企业的"异常"现象与理论分析的基本结论不符。因此，为从经验上理解全要素生产率与企业出口可能性的关系在出口贸易对经济外部数字化影响企业创新的调节作用中所扮演的角色，我们采用样本中企业出口交货正值的不同百分位数作为阈值界定企业的出口状态。记新的企业出口状态变量为 $\mathrm{EXP}_{it}^{\mathrm{PCT}}$，PCT 是作为出口状态判定阈值的企业出口交货值在其所有正数据中的百分位。[①]通过

---

① 为便于表述，我们约定出口交货值所有正数据中"第0个百分位数"为0，即若企业 i 在 t 年的出口交货值为正，则 $\mathrm{EXP}_{it}^0 = 1$，否则 $\mathrm{EXP}_{it}^0 = 0$。

调整出口阈值，我们可以获得多个企业出口状态变量，且随着PCT不断提高，"出口—生产率"悖论愈来愈弱，直至完全消失（见图4-7）。将由不同出口阈值生成的出口状态变量代入式（4-6）并分别进行独立的回归估计，我们就可以对照考察中国工业企业数据库中出口企业生产率悖论是否或在何种程度上影响了命题4-3所揭示的出口贸易的直接调节作用。

二、实证结果

表4-6汇报了式（4-6）的非标准化参数估计结果，并对采用判定阈值为0和样本中所有出口交货值正数据第75个百分位数的出口状态变量的结果进行了比较，有三点发现值得注意。

表4-6　出口贸易对经济外部数字化影响企业创新的直接正向调节

被解释变量	统计变量	$\text{EDL}_{jt}=\text{DL}_{jt}^{EX}$		$\text{EDL}_{jt}=\text{DL}_{jt}^{EX*A}$		$\text{EDL}_{jt}=\text{DL}_{jt}^{EX*B}$	
		PCT=0	PCT=75	PCT=0	PCT=75	PCT=0	PCT=75
		（Ⅰ）	（Ⅱ）	（Ⅲ）	（Ⅳ）	（Ⅴ）	（Ⅵ）
企业专利申请量 P_{it}^{AP}	EXP_{it}^{PCT}	−1.086 (0.711)	−2.810* (1.694)	−0.139 (0.319)	−0.077 (0.479)	−0.625 (0.410)	−1.193* (0.662)
	EDL_{jt}	−5.798 (3.907)	−7.453* (4.127)	−17.866 (16.431)	−17.758 (16.585)	6.222 (6.593)	5.038 (6.450)
	$\text{EXP}_{it}^{PCT\prime}$ $[\text{EDL}_{jt}]$	5.061* (2.725)	13.668** (5.817)	12.890* (7.703)	25.952** (11.154)	4.148** (1.906)	9.320*** (2.967)
	I.F.E.	√	√	√	√	√	√
	Y.F.E.	√	√	√	√	√	√
	其他控制变量	√	√	√	√	√	√
	调整R^2	0.002	0.003	0.003	0.004	0.003	0.004
	N	43714	43714	44636	44636	44636	44636

续表

被解释变量	统计变量	$EDL_{jt}=DL_{jt}^{EX}$		$EDL_{jt}=DL_{jt}^{EX*A}$		$EDL_{jt}=DL_{jt}^{EX*B}$	
		PCT=0	PCT=75	PCT=0	PCT=75	PCT=0	PCT=75
		(Ⅰ)	(Ⅱ)	(Ⅲ)	(Ⅳ)	(Ⅴ)	(Ⅵ)
企业专利授权量 P_{it}^{GR}	EXP_{it}^{PCT}	−0.443 (0.373)	−0.138 (1.864)	−0.102 (0.126)	−0.042 (0.180)	−0.389 (0.243)	−0.194 (0.394)
	EDL_{jt}	0.451 (1.802)	−0.883 (0.813)	5.948 (6.019)	5.232 (5.964)	10.410*** (3.107)	10.651*** (3.116)
	$EXP_{it}^{PCT\prime}[EDL_{jt}]$	2.761* (1.476)	6.475** (2.829)	5.826* (3.244)	11.491** (4.905)	2.650** (1.083)	4.036** (1.783)
	I.F.E.	√	√	√	√	√	√
	Y.F.E.	√	√	√	√	√	√
	其他控制变量	√	√	√	√	√	√
	调整 R^2	0.018	0.018	0.096	0.095	0.061	0.062
	N	43714	43714	44636	44636	44636	44636

注：①表格汇报的结果均为式（4-6）中核心解释变量参数的非标准化OLS估计量。其中，（Ⅰ）、（Ⅲ）、（Ⅴ）列结果对应的回归方程中的出口状态变量以0作为出口交货阈值，（Ⅱ）、（Ⅳ）、（Ⅵ）列结果以样本中所有出口交货值正数据的第75个百分位数作为阈值。②其他控制变量中的企业全要素生产率的自然对数是基于OP法测算得到的，将测算方法替换为ACF法不会对参数估计结果产生系统性影响。③专利申请/授权数量和作为出口状态变量赋值依据的出口交货值的数据均已经过1%水平的缩尾处理。④括号内是企业层面的聚类稳健标准误。⑤*、**和***分别表示估计量在10%、5%和1%的水平上显著。

第一，出口状态变量和经济外部数字化水平指数交互项的估计系数在各种不同的计量模型设定下均为正，且具有较强的统计和经济显著性。给定其他变量，经济外部数字化水平指数每上升0.1，与内销企业相比，出口企业的专利申请量和授权量在平均意义上分别额外增加0.41—2.60件和0.27—1.15件。由此可知，企业参与出口贸易有助于释放或增强经济外部数字化的创新促进效应，且这种正向调节作用的存在性在统计意义上对创新强度代理变量的选择、经济外部数字化水平的衡量方式和企业的出口规模均不敏感。

第二，无论在测度上如何定义企业的创新强度和经济的外部数字化水平，对出口企业采用更宽松的判定标准（设置更低的出口交货阈值）得到的交互项参数估计值仅为严格标准下的37.03%—65.66%，且前者与经济外部数字化水平指数的估计系数之和，即式（4-6）中参数 α_2 和 α_3 的估计值之和，有时为负。该发现暗示，存在于中国制造业企业的"出口—生产率"悖论虽然不会完全掩盖出口贸易对经济外部数字化企业层面创新效应的调节作用，却可能导致明显的低估。

第三，尽管与出口状态变量交互项的参数估计值显著为正，但经济外部数字化水平作为独立解释变量的参数估计值在绝大多数情况下都不具有统计显著性或为负值。这表明，对在位企业而言，出口贸易可能不仅是经济外部数字化创新促进效应的（正向）调节因子，更是某种程度上的激活因子——若仅为当地市场提供服务，则企业的创新强度受到来自经济外部数字化水平提高的影响具有较大的不确定性，以至于后者的创新促进效应（至少在统计意义上）并不稳健或可靠，甚至可能被创新抑制作用所取代，就像处于"被锁定"的状态一样，而参与出口贸易正是激活它的一把钥匙。

为了更详细地了解和确认企业出口贸易参与的调节作用随其出口规模变化的具体模式，我们可以在式（4-6）的设定下，不断调整用于判定企业出口状态的出口交货阈值并重新估计方程，从而得到多组出口状态变量和经济外部数字化水平指数交互项的参数估计值。根据企业创新强度代理变量和经济外部数字化水平衡量指数组合的不同，图4-9绘制了这些估计值及其95%水平的置信区间随出口交货阈值的变化轨迹。正如我们所见，无论使用何种方式衡量企业的创新强度和经济的外部数字化水平，绝大多数参数值估计均在5%水平上具有正向显著性（符号为正且对应的95%水平

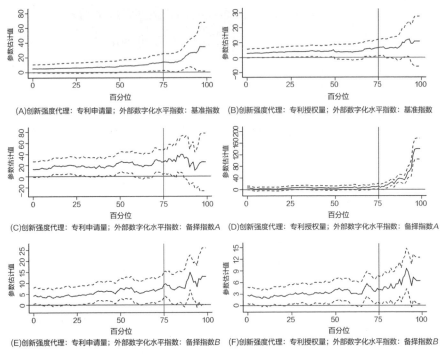

图4-9 出口贸易直接调节作用的估计强度随出口交货阈值的变化

注：①本图展示了式（4-6）中由企业出口状态变量和经济外部数字化水平指数组成交互项的非标准化参数的OLS估计结果在不同模型设定（创新强度代理和外部数字化水平测算方法的组合不同）下随用于判定企业出口状态的出口交货阈值变化的趋势。在每幅小图中，横轴表示出口交货阈值在所有正出口交货值中的百分位，纵轴表示参数估计值；两条虚折线分别对应参数估计值95%置信水平置信区间的上限和下限。②专利申请/授权数量和作为出口状态变量赋值依据的出口交货值的数据均已经过1%水平的缩尾处理。

置信区间不含0），但参数估计值对出口交货阈值的选择具有相当的敏感性。特别地，当出口交货阈值被设置为样本中所有出口交货值正数据第75个百分位数或更高时，相较于其较低时的情形，参数估计值明显更大。这进一步印证了上文的结论：在统计意义上，隐含于较低出口交货阈值中的中国制造业企业出口倾向和平均全要素生产率倒挂现象不会抹去企业的出口贸易参与对经济外部数字化创新促进效应的调节作用，但可能导致难以忽视的低估。

除了直接作用外，企业的出口贸易参与还可能通过改变创新强度与生产率水平的关系从而间接地调节经济外部数字化在企业层面的创新效应。式（4-7）试图捕捉这一点，其参数的非标准化估计结果列于表4-7。

表4-7　出口贸易对经济外部数字化影响企业创新的间接正向调节

被解释变量	控制变量	$\text{EDL}_{jt}=\text{DL}_{jt}^{\text{EX}}$		$\text{EDL}_{jt}=\text{DL}_{jt}^{\text{EX}*A}$		$\text{EDL}_{jt}=\text{DL}_{jt}^{\text{EX}*B}$	
		PCT=0	PCT=75	PCT=0	PCT=75	PCT=0	PCT=75
		(I)	(II)	(III)	(IV)	(V)	(VI)
企业专利申请量 P_{it}^{AP}	EDL_{jt}	−1.610 (0.983)	−2.636*** (1.694)	−31.653** (14.805)	−34.808** (13.649)	9.852** (4.815)	10.463** (0.662)
	$\ln \text{TFP}_{it}'*$ EDL_{jt}	0.396* (0.226)	0.479** (0.206)	10.377*** (2.883)	10.579*** (2.604)	1.801*** (0.676)	1.959*** (0.598)
	$\text{EXP}_{it}'*$ $\ln \text{TFP}_{it}'*$ EDL_{jt}	1.006** (0.444)	2.153** (0.850)	20.433*** (6.564)	53.675*** (16.720)	7.459*** (1.563)	15.618*** (3.228)
	I.F.E.	√	√	√	√	√	√
	Y.F.E.	√	√	√	√	√	√
	其他控制变量	√	√	√	√	√	√
	调整 R^2	0.011	0.016	0.011	0.017	0.016	0.023
	N	43714	43714	44636	44636	44636	44636
企业专利授权量 P_{it}^{GR}	EDL_{jt}	−1.195* (0.655)	−1.449** (0.629)	10.850 (7.765)	1.096 (7.087)	10.732*** (2.845)	10.084*** (2.710)
	$\ln \text{TFP}_{it}'*$ EDL_{jt}	0.559*** (0.160)	0.498*** (0.149)	−0.075 (1.428)	2.222* (1.277)	1.844*** (0.390)	1.794*** (0.340)

续表

被解释 变量	控制变量	$EDL_{jt}=DL_{jt}^{EX}$		$EDL_{jt}=DL_{jt}^{EX*A}$		$EDL_{jt}=DL_{jt}^{EX*B}$	
		PCT=0	PCT=75	PCT=0	PCT=75	PCT=0	PCT=75
		(Ⅰ)	(Ⅱ)	(Ⅲ)	(Ⅳ)	(Ⅴ)	(Ⅵ)
企业专 利授权 量 P_{it}^{GR}	$EXP_{it}^{\prime*}$ $\ln TFP_{it}^{\prime*}$ EDL_{jt}	0.394 (0.287)	1.659** (0.681)	12.343*** (2.702)	27.998*** (6.325)	5.068*** (0.832)	9.568*** (1.709)
	I.F.E.	√	√	√	√	√	√
	Y.F.E.	√	√	√	√	√	√
	其他控制 变量	√	√	√	√	√	√
	调整 R^2	0.100	0.103	0.099	0.099	0.118	0.124
	N	43714	43714	44636	44636	44636	44636

注：①表格汇报的结果均为式（4-7）中核心解释变量参数的非标准化OLS估计量。其中，（Ⅰ）、（Ⅲ）、（Ⅴ）列结果对应的出口状态变量以0作为出口交货阈值，（Ⅱ）、（Ⅳ）、（Ⅵ）列结果以样本中所有出口交货值正数据的第75个百分位数作为阈值。②企业全要素生产率的自然对数是基于OP法测算得到的，将测算方法替换为ACF法不会对参数估计结果产生系统性影响。③专利申请/授权数量和作为出口状态变量赋值依据的出口交货值的数据均已经过1%水平的缩尾处理。④括号内是企业层面的聚类稳健标准误。⑤*、**和***分别表示估计量在10%、5%和1%的水平上显著。

由表4-7可知，企业全要素生产率自然对数和外部数字化水平指数的二阶交互项，以及其与企业出口状态组成的三阶交互项的参数估计值，在使用不同的创新强度代理变量、经济外部数字化水平衡量方式或用于判定企业出口状态的出口交货阈值的计量模型设定下，几乎均为正并具有较高的经济和统计显著性。给定其他变量，若经济外部数字化水平指数提升0.1，对内销企业而言，则企业全要素生产率的自然对数的单位增长可分别令其专利申请量和授权量的平均增幅扩大或平均减幅收窄0.04—1.04件和0.05—0.22件（这与表4-3所发现的模式相似）；若企业参与出口贸易，则上述范围的上下限同时提高，新的区间分别为0.14—6.43件和0.22—3.02

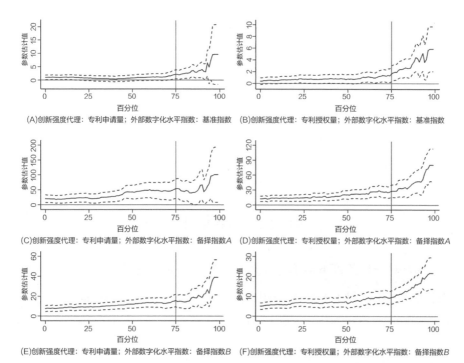

(A)创新强度代理:专利申请量;外部数字化水平指数:基准指数　　(B)创新强度代理:专利授权量;外部数字化水平指数:基准指数

(C)创新强度代理:专利申请量;外部数字化水平指数:备择指数A　　(D)创新强度代理:专利授权量;外部数字化水平指数:备择指数A

(E)创新强度代理:专利申请量;外部数字化水平指数:备择指数B　　(F)创新强度代理:专利授权量;外部数字化水平指数:备择指数B

图4-10　出口贸易间接调节作用的估计强度随出口交货阈值的变化

注:①本图展示了式(4-7)中由企业出口状态变量、全要素生产率的自然对数和经济外部数字化水平指数组成三阶交互项的非标准化参数的OLS估计结果在不同模型设定(创新强度代理和外部数字化水平测算方法的组合不同)下随用于判定企业出口状态的出口交货阈值变化的趋势。在每幅小图中,横轴表示出口交货阈值在所有正出口交货值中的百分位,纵轴表示参数估计值;两条虚折线分别对应参数估计值95%置信水平置信区间的上限和下限。②专利申请/授权数量和作为出口状态变量赋值依据的出口交货值的数据均已经过1%水平的缩尾处理。

件。另外,与以0作为出口交货阈值的结果相比,将其替换为样本中所有出口交货值正数据的第75个百分位数可使三阶交互项的估计系数提高88.79%—162.69%,其相对于二阶交互项估计系数的增幅由96.91%—314.16%变为233.13%—1160.04%。上述发现表明,在经济外部数字化转型的进程中,出口贸易可以借由增强在位企业间源自生产率差异的创新强度异质性——使高效率和低效率企业间的创新强度之差更大——间接地（正向）调节经济外部数字化对企业创新的影响。

与表4-6所揭示的直接调节作用的估计特征一样，在中国制造业企业"出口—生产率"悖论的影响下，出口贸易的间接调节作用在统计意义上的可识别性（几乎）不会减弱或消失，但在各种计量模型设定下可能被不同程度地低估。针对这一点，图4-10也提供了与图4-9类似的补充证据。

第四节　本章小结

本章对开放条件下经济外部数字化转型对企业创新强度的影响进行了实证研究。我们利用来自《中国城市统计年鉴》、中国专利数据库、中国工业企业数据库和基础信息数据库的交叉匹配数据，以及第三章对中国地级及以上城市经济外部数字化水平的测度结果，对由理论分析导出的各项可检验命题进行了描述性和推断性统计检验。实证研究的结果表明：

第一，企业创新强度的均值和方差与经济外部数字化水平具有经济和统计学意义上显著的正向关系。给定其他变量，经济外部数字化水平指数每有单位标准差的提升，依指数计算方法的不同，在平均意义上，企业专利申请量的均值增长0.24—0.35个标准差，方差扩大0.21—0.37个标准差；专利授权量的均值增长0.16—0.33个标准差，方差扩大0.11—0.41个标准差。基于中华人民共和国住房和城乡建设部于2012年开始推行的国家智慧城市试点政策的准自然实验，将经济外部数字化水平的提升作为一个源于政策冲击的外生扰动，进一步证实了经济外部数字化转型对企业间创新活动高效化和分散化的促进作用。

第二，对于生产率较低的企业而言，创新强度与经济外部数字化水平具有显著而稳健的负向关系。随着生产率的提高，这种负向关系逐渐减弱，并最终改变方向。依计量模型所选择的创新强度代理、经济外部数字化水平指数和企业生产率测度方法组合的不同，创新活动受到经济外部数字化水平提升抑制的企业所占的比例在20.5%—98.6%的范围内变化。

第三，企业的出口贸易参与对经济外部数字化转型创新效应的直接和间接的正向调节作用均得到了强有力的统计支持。给定其他变量，经济外部数字化水平指数每上升0.1，依指数的计算方式和用于判定企业出口状态的出口交货阈值的不同，与内销企业相比，出口企业的专利申请量和授权量平均分别额外增加0.41—2.60件和0.27—1.15件，全要素生产率的自然对数单位提升所引致的两者变化幅度分别为0.10—5.37件和0.04—2.80件。另外，用于捕捉出口贸易调节作用的交互项估计系数的统计显著性对计量模型中设定的出口交货阈值的变化保持稳健，经济显著性却随其提高而增强。这意味着，源自中国工业企业数据库的中国制造业企业"出口—生产率"悖论——随着出口交货阈值的提升而减弱直至完全消失——尽管不会在统计意义上破坏出口贸易调节作用的存在性，但可能导致明显的低估。

| 第五章 |

内部数字化对企业创新的影响：
理论框架

**ECONOMIC DIGITALIZATION
AND FIRM INNOVATION**

———

在第三章的基础上，我们在本章扩大理论分析的范围，进一步讨论作为经济数字化两种形态之一的内部数字化对企业创新的影响。就企业的创新行为而言，除了经济整体的外部数字化转型之外，发生于单个企业内部且在不同企业间具有广泛异质性的内部数字化进程，同样会产生不容忽视的影响。这听上去十分自然，因为企业的创新活动不会仅与它们所共享的外部环境有关，而一定存在某些个体层面的内源性因素参与创新决策的过程，否则我们难以解释在经验数据中观察到的企业间创新绩效的巨大差异。然而，尽管很多研究在影响企业创新的微观因子上已做了充分的工作，但内部数字化作为其中之一的可能性尚未得到足够的重视，这也是本章的聚焦之处。定义1-2和第一章第三节的补充论述为我们理解经济数字化这一看似宏大的概念如何在微观企业层面被定义，以及将其冠以内部数字化之名的合理性和必要性提供了一种经济学思路，本章的重点则是在理论上考察企业的内部数字化转型在其创新策略安排中所扮演的角色，以及企业的出口贸易参与为内部数字化创新效应赋予的不同于封闭条件下的特征。

内部数字化的概念内涵和技术特性（参见定义 1-2 和第一章第三节）为理论研究带来两个显而易见的难点：一是将内部数字化水平作为企业层面关于内部数字化转型的决策结果内生于模型中；二是阐明将内部数字化转型和企业创新联系起来的经济逻辑。本章集中处理并解决了它们。在第三章提出的包含个体创新行为的异质性企业框架基础上，本章保持经济外部数字化水平不变以排除其干扰，将内部数字化转型决策置于企业进入市场后、开始生产或创新前，令所有企业根据其获得的生产成本信息选择当前最优的内部数字化水平（可能为 0，即不进行内部数字化转型）。企业内部数字化水平的提升——无论是来自最初的转型决策阶段还是之后的效率优化（生产成本下降）阶段——通过改变可及市场规模（企业传统意义上的市场规模实际可用的部分）的大小，最终影响企业开展创新活动的积极性。

为保持行文的模块化特征和在逻辑结构上的一致性，本章沿用第三章的做法，以封闭模型的分析为起点，研究内部数字化对企业创新有何影响及这种影响是如何产生的，之后再扩展至更为复杂的开放条件下的情形，考察内部数字化的创新效应受企业出口贸易参与的调节作用。

第一节　内部数字化对企业创新的影响：封闭模型

本节在第三章第二节介绍的包含企业创新行为的分析框架的基础上，控制经济的外部数字化水平不变（简便起见，假定经济外部数字化水平 $\eta^{EX} \equiv 0$），聚焦于企业层面内部数字化转型的决策模式和内部数字化水平与企业创新强度间的关系，阐明内部数字化转型影响企业创新的基本原理，并由此解释内部数字化水平提高所驱动的自身创新强度变化在生产率不同企业间的个体异质性。

一、模型的基本设定

为了保持理论分析的连续性，在这里，我们不妨沿用第三章第二节关于基本经济环境（资源禀赋、消费者偏好、企业的生产技术和创新模式等）的各项设定。唯一的不同之处在于，所有企业在观察到自身差异化产品单位生产成本后，需要先决定在企业内部是否采用或采用何种水平的数字技术，即是否进行或在何种程度上进行内部数字化转型，再开始生产或创新。该设定为第三章第二节中的代表性企业的决策背景或内容带来了两点改变：一是企业需要根据自身的生产成本（生产率）决定最优的内部数字化水平；二是企业在这个内部数字化水平下决定最优的创新强度。

(一)企业的内部数字化转型

应当注意到，以专用数字技术的研发和升级为核心的经济内部数字化，即经济中企业层面的数字化转型，最显著也最直观的影响是拓宽了企业的市场边界。

一方面，专用数字技术通过大幅削减甚至免去消费者在购买商品或服务时的空间位移成本，将那些远在天涯海角的潜在消费者转化为真正的顾客。传统的产业组织理论和我们对消费者行为模式的经验观察表明，消费者所在地与消费行为发生地的空间距离是削弱消费意愿的重要因素之一。不考虑其他因素的影响，如果消费者面临的空间位移成本超过其消费意愿的货币价值（通常以消费者对特定商品或服务的保留价格衡量），那么交易就不会发生。企业应用数字技术将交易发生的场景由线下转移到线上，使消费者利用触手可及的（移动）智能终端，以远低于线下交易空间位移产生的强制性成本，完成电子化和数字化交易的全过程。这种借由专用数字技术对消费者交易前所支付的空间位移成本的削减以打破阻碍潜在交易发生的物理隔阂，从而实现企业可及市场规模扩大的过程，亦可被概括为内部数字化的市场空间边界扩张效应。

另一方面，专用数字技术赋予企业在短时间内处理大量需求的能力，显著提高企业的服务饱和阈值。除了空间距离带来的高昂交易成本外，传统线下交易限制企业市场规模扩大的另一个因素便是较小的即时服务容量。在典型的线下交易场景中，当消费者试图寻找满足其需要的特定商品或服务，抑或处于即将完成交易的结算阶段时，他们均须借助某种在同一时间仅能为一个对象提供服务的实体（通常是服务人员，也可能是电子机器人或自助结算台等智能终端）以达到其目的。因此，在理论上，给定某个具体的时间节点，如果需要服务的消费者数量大于提供服务的实体数量，就会出现部分消费者处于等待被服务状态的服务挤兑现象。企业利用以区块链和云计算等为代表的数字技术在信息整合与处理上的优势，结合自身的经营条件及所处的市场环境，借助广泛分布于人群中的（移动）智能终端，可以在绝大多数非极端情况下同时为众多消费者提供稳定可靠的供需匹配和交易结算等服务，从而显著提升服务饱和阈值。专用数字技术的应用对线下实体在同一时间仅能服务于同一对象限制的突破，使企业在特定时间节点上的可及市场规模大幅扩大，这意味着内部数字化也具有与市场空间边界扩张效应相对的市场时间边界扩张效应。

经济内部数字化转型的市场规模扩张效应和第一章第二节阐述的三大特征决定了内部数字化水平以不同于外部数字化水平的方式进入理论模型。

首先，对于特定企业而言，内部数字化水平越高，可及市场规模就越大。一是企业即使不进行内部数字化转型（内部数字化水平为0），也具有一定的市场规模；二是随着内部数字化水平的提高，企业的市场规模不会无限扩大（例如，整个经济系统中的人口总量就是一个自然极限）；三是遵从经济学最基本也最普遍的原理，内部数字化在扩大企业可及市场规模上具有边际收益递减的特性，即随着内部数字化水平的提高，企业可及市场规模相同程度扩大所需的内部数字化水平提高幅度越来越大。

其次，对于不同企业而言，内部数字化水平不尽相同。由于专用数字技术具有封闭性和垄断性，各企业并不共享其内部数字化转型进程，这导致在给定的时间剖面上，内部数字化水平于企业间存在明显的差异。

最后，内部数字化转型是企业的内生选择。是否进行或在何种程度上进行内部数字化转型的决策由企业根据已知的自身条件和其所处环境的相关信息做出，而非独立于经济系统中的其他因素。

基于上述特征，我们不妨假定所有企业都具有同样的固有市场规模L^I（$L^I < L$），而内部数字化转型使企业的可及（实际）市场规模扩大，但不会超过经济体的人口总量L。考虑一个差异化产品单位生产成本为c的代表性企业，记其可及市场规模为L_c^A，则L_c^A可以被写成如下的形式：

$$L_c^A = L_c^A(\eta_c^{IN}).$$

其中，η_c^{IN}是企业的内部数字化水平，$\eta_c^{IN} \in [0, +\infty)$。根据上文的描述，函数$L_c^A(\eta_c^{IN})$应具有以下数学性质。

性质 5-1-1

企业若不进行内部数字化转型，其可及市场规模就是固有市场规模，

即 $L_c^A(0)=L^I$。

性质 5-1-2

随着内部数字化水平的提高，企业的可及市场规模不断扩大，即 $\partial L_c^A/\partial \eta_c^{IN}>0$。

性质 5-1-3

随着内部数字化水平的提高，企业内部数字化水平在绝对意义上同等程度提升可以带来的可及市场规模扩张幅度愈来愈小，即 $\partial^2 L_c^A/\partial\left(\eta_c^{IN}\right)^2<0$。

性质 5-1-4

企业的可及市场规模不会无限制地扩大，其自然极限为经济体的人口总量 L，即 $\lim\limits_{\eta_c^{IN}\to+\infty} L_c^A\left(\eta_c^{IN}\right)=L$。

记企业在可及市场规模 L_c^A 下获得的利润为 $\pi\left(c,L_c^A;c_T\right)$，$c_T$ 是市场的准入成本阈值（企业的存活成本上限）。该利润函数与第三章第二节第一部分提到的企业创新前利润函数 $\pi\left(c;c_T\right)$ 有相似的形式，唯一的区别在于前者的市场规模为 L_c^A 而后者为 L。[①]在开始生产或创新前，了解自身生产成本及在当前成本和可及市场规模下所获利润的企业须先决定其内部数字化水平。进行内部数字化转型需要消耗一定的经济资源，其成本取决于转型的程度（即转型后可以达到的内部数字化水平）。记企业为达到特定的内部数字化水平 η_c^{IN} 所支付的成本为 $C\left(\eta_c^{IN}\right)$，假定其具有与第三章第二节第一部分设定

---

① 第三章第二节第一部分中的 $\pi\left(c;c_T\right)$ 在这里亦可被写成 $\pi\left(c,L;c_T\right)$。由于在第三章的讨论中市场规模是给定的常量，利润函数略去了它的符号。

的研发成本函数相似的结构，这意味着企业内部数字化转型成本函数 $C(\eta_c^{\mathrm{IN}})$ 也具有以下数学性质。[①]

性质 5-2-1 💡

企业若不进行内部数字化转型，则无须支付任何额外的成本，即 $C(0)=0$。

性质 5-2-2 💡

企业若要（在边际上）提升内部数字化水平，则必须支付额外的成本，除非其尚未开始内部数字化转型，即 $\partial C/\partial \eta_c^{\mathrm{IN}} \geqslant 0$（当且仅当 $\eta_c^{\mathrm{IN}}=0$ 时等号成立）。

性质 5-2-3 💡

随着内部数字化水平的提高，企业使其内部数字化水平在绝对意义上获得同等程度提高所需支付的成本愈来愈高，即 $\partial^2 C/\partial(\eta_c^{\mathrm{IN}})^2 > 0$。

在内部数字化转型决策的过程中，企业面临如下的优化问题：

$$\max_{\eta_c^{\mathrm{IN}} \geqslant 0} \pi\left[c, L_c^A(\eta_c^{\mathrm{IN}}); c_{\mathrm{T}}\right] - C(\eta_c^{\mathrm{IN}}).$$

[①] 根据定义 1-2，企业对专用数字技术的研发和升级是内部数字化的主要表现形式，这与以改进生产技术和工艺为核心的创新活动十分相似。因此，在理论模型中为两者设定基本数学特征相同的成本函数是非常自然的。另外，尽管企业的内部数字化转型在某种程度上也可视作一种创新，但本章研究的主题是内部数字化水平的提升（发生于一定阶段的内部数字化转型完成后）对企业在产品层面创新活动的影响，本身作为创新成果一部分的内部数字化已在本章的讨论范围之外。

从一阶必要条件中可以解出企业的最优内部数字化水平：

$$\eta_c^{\text{IN}*}\left(c;c_{\text{T}}\right)\in\begin{cases}\left\{\eta_c^{\text{IN}}\left|\dfrac{C'\left(\eta_c^{\text{IN}}\right)}{L_c^{A\,\prime}\left(\eta_c^{\text{IN}}\right)}=\dfrac{\left(c_{\text{T}}-c\right)^2}{4\gamma},\ \eta_c^{\text{IN}}\in\left[0,+\infty\right)\right.\right\},&c<c_{\text{T}}\\[3mm]\{0\},&c\geqslant c_{\text{T}}\end{cases}$$

方程 $C'\left(\eta_c^{\text{IN}}\right)/L_c^{A\,\prime}\left(\eta_c^{\text{IN}}\right)=\left(c_{\text{T}}-c\right)^2/4\gamma$ 有唯一解且该解满足原优化问题的二阶充分条件。[①] 将 $\eta_c^{\text{IN}*}\left(c;c_{\text{T}}\right)$ 代入目标利润函数即可得到企业在选择内部数字化水平之后的利润：

$$\pi^*\left(c;c_{\text{T}}\right)=\begin{cases}\pi\left\{c,L_c^{A*}\left[\eta_c^{\text{IN}*}\left(c;c_{\text{T}}\right)\right];c_{\text{T}}\right\}-C\left[\eta_c^{\text{IN}*}\left(c;c_{\text{T}}\right)\right],&c<c_{\text{T}}\\[2mm]0,&c\geqslant c_{\text{T}}\end{cases}$$

从该函数的数学形式可以看出，与传统意义上的创新活动一样，企业的数字化转型对经营绩效而言扮演的是锦上添花而非雪中送炭的角色：数字化转型使得那些即使不依赖数字技术也能在竞争中存活的企业通过更大的市场规模获取更多的利润，但并不会改变那些本就不具备自生能力的企业（生产成本超过存活成本上限）的境况。其中的经济学直觉在于，一方面，企业的内部数字化水平封闭地进入可及市场规模决定函数，但并不影响企业的生产成本及市场的准入成本阈值。由于内部数字化水平提升对可及市场规模扩大的单调促进作用和边际效应递减特性，生产成本在准入成本阈值之下的企业进行内部数字化转型的边际收益恒为正，尽管其随内部数字化水平的提升而下降；对于生产成本超过准入成本阈值的企业而言，由于生产任何数量的产品都无法获得正利润，即使面对更大规模的市场，它们也不能在边际上从生产或创新中获利。另一方面，内部数字化转型成

---

① 附录提供了证明。

本在边际上以 0 为起点且随内部数字化水平的提高而增长,该性质适用于所有企业。综合以上两点可知,那些在内部数字化转型伊始可以获得正边际收益的企业必然充分利用这一扩大利润的机会并在成本制约下选择一个有限的(最优)内部数字化水平;而无法从内部数字化转型中获得经济利益的企业自然也没有理由承担其经济成本。换言之,有且仅有具备自生能力的企业会进行内部数字化转型并获得多于转型前的利润。

(二)内部数字化转型后的创新

在完成内部数字化转型,选择并达到相应的内部数字化水平后,企业开始创新活动。请注意,对于正在进行创新决策的企业而言,(最优)内部数字化水平 $\eta_c^{\mathrm{IN}*}$ 此时为一与系统中其他变量无关的定值。因此,在经济逻辑上,企业的创新前利润函数应被表示为:

$$\tilde{\pi}^*(c;c_{\mathrm{T}}) = \begin{cases} \pi\left[c, L_c^{A*}(\eta_c^{\mathrm{IN}*}); c_{\mathrm{T}}\right] - C(\eta_c^{\mathrm{IN}*}), & c < c_{\mathrm{T}} \\ 0, & c \geqslant c_{\mathrm{T}} \end{cases}$$

在这里,相较于内部数字化转型的事后利润函数 $\pi^*(c;c_{\mathrm{T}})$,企业创新的事前利润函数 $\tilde{\pi}^*(c;c_{\mathrm{T}})$ 在 $c < c_{\mathrm{T}}$ 的部分略去了(最优)内部数字化水平决定函数 $\eta_c^{\mathrm{IN}*}(c;c_{\mathrm{T}})$ 的变量符号,这意味着由单个企业的技术创新可能带来的自身生产成本的变化,或由所有企业的创新活动可能带来的市场准入成本阈值的变化,均不会影响在创新开始前各企业业已决定的(最优)内部数字化水平。[①]根据模型设定,企业通过技术创新优化产品质量,进而获得利润增长,但同时也负担研发成本。因此,企业在进行创新决策时面临的优化问题是:

---

① 由利润函数 $\tilde{\pi}^*(c;c_{\mathrm{T}})$ 的数学形式可知,创新活动可能带来的企业生产成本和市场准入成本阈值的变化虽然不会改变企业(最优)内部数字化水平,但仍然会影响具有自生能力企业的利润。

$$\max_{k \geq 0} \tilde{\pi}^* \big[c; c_T + \beta(0+k) \big] - \lambda k^2 。$$

一阶必要条件暗示了企业的最优创新强度:

$$k^*(c; c_T) = \begin{cases} \Delta^{ID}(c_T - c), & c < c_T \\ 0, & c \geq c_T \end{cases}$$

$$\Delta^{ID} = \frac{L_c^{A*} \beta}{4\lambda\gamma - L_c^{A*} \beta^2} 。$$

其中,Δ^{ID} 表示企业在完成内部数字化转型决策后的创新强度系数(变量上标的含义参见第 65 页脚注①)。沿用第三章第二节第一部分的假定 $4\lambda\gamma > L\beta^2$,原优化问题的二阶条件必然得到满足。①将 $k^*(c; c_T)$ 代入目标利润函数可得企业创新的事后利润:

$$\pi^{**}(c; c_T) =$$

$$\begin{cases} \pi\big[c, L_c^{A*}(\eta_c^{IN*}); c_T + \beta k^*(c; c_T) \big] - C(\eta_c^{IN*}) - \lambda\big[k^*(c; c_T) \big]^2, & c < c_T \\ 0, & c \geq c_T \end{cases}$$

其中,$\pi^{**}(c; c_T)$ 的两个星号表示企业利润经历了由内部数字化转型和生产技术创新带来的两次提升。

二、求解封闭均衡

与第三章相同,我们首先讨论经济体在自给自足条件下的均衡状态。在上述考虑企业内部数字化转型的封闭经济系统中,记企业的存活成本上限(市场准入成本阈值)为 $c_{T,AU}^{ID}$,其由如下的市场自由进入条件给出:

$$\int_0^{c_{T,AU}^{ID}} \pi^{**}(c; c_{T,AU}^{ID}) \mathrm{d}G(c) = f_e 。 \tag{5-1}$$

---

① 由可及市场规模决定函数 $L_c^A(\eta_c^{IN})$ 的性质(性质 5-1-2 和性质 5-1-4)可知,对 $\forall \eta_c^{IN} \in [0, +\infty)$,总有 $L_c^A(\eta_c^{IN}) \leq L$,即 $4\lambda\gamma > L\beta^2 \geq L_c^A\beta^2$ 恒成立。

$c_{\mathrm{T,AU}}^{\mathrm{ID}}$ 不仅根据企业生产差异化产品的单位成本（其倒数即企业的生产率，参见第三章第二节第一部分的相关论述）划分了生存界限，还决定了用于描述市场经济绩效的各变量的均衡水平，活跃企业的均衡数量（均衡时市场供给的差异化产品的种类数）在其中居于核心地位。记经济系统达到均衡时市场上的活跃企业数量为 $N_{\mathrm{AU}}^{\mathrm{ID}}$，则有：

$$N_{\mathrm{AU}}^{\mathrm{ID}} = \frac{2\gamma}{(\beta\Delta+1)\delta} \frac{\alpha - c_{\mathrm{T,AU}}^{\mathrm{ID}}}{c_{\mathrm{T,AU}}^{\mathrm{ID}} - \bar{c}_{\mathrm{AU}}^{\mathrm{ID}}} \tag{5-2}$$

$$\bar{c}_{\mathrm{AU}}^{\mathrm{ID}} = \frac{1}{G(c_{\mathrm{T,AU}}^{\mathrm{ID}})} \int_{0}^{c_{\mathrm{T,AU}}^{\mathrm{ID}}} c\,\mathrm{d}G(c)_{\circ}$$

其中，$\bar{c}_{\mathrm{AU}}^{\mathrm{ID}}$ 表示均衡时市场上所有活跃企业生产差异化产品单位成本的均值。有趣的是，式（5-2）与式（3-4）十分相似——将后者的 $c_{\mathrm{T,AU}}$ 和 $\bar{c}_{\mathrm{AU}}$ 分别替换为 $c_{\mathrm{T,AU}}^{\mathrm{ID}}$ 和 $\bar{c}_{\mathrm{AU}}^{\mathrm{ID}}$ 即可得到前者。原因在于，企业所选择的内部数字化水平仅影响其可及市场规模，而并未改变均衡条件下的市场准入成本阈值、活跃企业数量和单个代表性消费者对市场上可及差异化产品消费总量之间的数量关系。利用由式（5-1）导出的 $c_{\mathrm{T,AU}}^{\mathrm{ID}}$ 和将其代入式（5-2）得到的 $N_{\mathrm{AU}}^{\mathrm{ID}}$，我们便可以计算出该经济系统在微观（单个企业）和宏观（经济整体）层面的各类绩效。由于这并非本章理论模型部分讨论的重点，这里略去对市场均衡的求解练习。

值得注意的是，在本节截至目前的论述中，我们并未对与企业内部数字化转型和生产率分布模式有关的抽象函数——可及市场规模决定函数 $L_c^A(\eta_c^{\mathrm{IN}})$、内部数字化转型成本函数 $C(\eta_c^{\mathrm{IN}})$ 和差异化产品单位生产成本分布函数 $G(c)$——进行任何参数化设定，这意味着我们无法像第三章第二节第二部分的推导那样得到模型的均衡解析解。然而，通过包含双向坐标轴的

图5-1，我们仍能直观地了解作为市场绩效核心变量的准入成本阈值和活跃企业数量的均衡水平如何被决定，以及其他相关因素变化带来的影响。

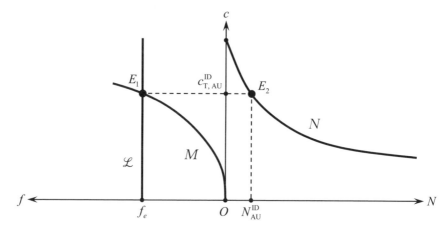

图5-1 封闭均衡的决定

如图5-1所示，表示进入市场固定成本的直射线$\mathcal{L}$与表示随市场准入成本阈值提升而增大的期望利润的曲射线M在第二象限有唯一的交点E_1，点E_1的纵坐标$c_{T,AU}^{ID}$即当前经济达到均衡状态时的企业存活成本上限。进一步将描述活跃企业数量与企业存活成本上限关系的式（5-2）所对应的曲射线N绘制在第一象限，即可将处在纵轴上的$c_{T,AU}^{ID}$映射至横轴上的N_{AU}^{ID}，分别以前后两者为纵横坐标的点E_2就表示经济的均衡位置。图5-1尽管不能在数量上提供关于经济均衡解的精确信息，但能帮助我们快速判断经济的均衡状态对简单外部冲击的反应。例如，给定其他变量，当市场进入成本f_e上升（下降）时，直射线$\mathcal{L}$水平向左（向右）移动，其与曲射线M的交点E_1沿着后者的轨迹向左上（右下）方向移动，表示经济均衡位置的点E_2则相应地沿着曲射线N向左上（右下）方向移动，这表明相较于旧均衡，经济达到新均衡时的市场准入成本阈值上升（下降）而活跃企业数量下降

（上升）。

三、封闭均衡中内部数字化对企业创新的影响

由于内部数字化是企业层面的经济转型，且对具有不同生产率的企业而言，其进程亦有差别，后文将回到单个代表性企业（差异化产品单位生产成本为 c 的企业，与上文保持一致）的行为分析上，考察其内部数字化水平影响创新强度的模式和机制。研究单个企业的创新行为对其内部数字化转型进程反应的另一个方便之处在于，与遍及市场上所有在位企业的外部数字化冲击不同，单个企业在内部数字化转型上的投资对整个经济系统均衡状态的扰动可以忽略不计。换言之，当代表性企业的内部数字化水平发生变化时，在技术上，我们视决定经济均衡的市场准入成本阈值 $c_{T, AU}^{ID}$ 为一定值。

值得注意的是，我们在这里所指的内部数字化（或内部数字化转型）覆盖了代表性企业从传统企业向内部数字化水平不断提高的发展中数字企业转变的全过程，包括本节前两部分提到的企业在给定生产成本条件下数字化属性的变化（实现从传统企业向数字企业的过渡），以及在成为数字企业之后，由生产率提升（生产成本下降）驱动的内部数字化水平相对于基准值（由企业抽取的初始生产成本所决定的最优内部数字化水平）的增长。[①]我们首先关注前一种模式对企业创新的影响。为使接下来的讨论更加有趣且富于启发性，假设代表性企业差异化产品单位生产成本在市场准入

[①] 事实上，前一章提到的外部数字化同样指的是经济外部数字化水平以 0 为起点不断提升的过程。之所以没有像内部数字化在此处这样被拆解为两个阶段并分别讨论，是因为作为宏观经济变量，外部数字化水平的提高稳定而平滑，经济体的创新活动对数字化属性转变和转变完成后数字化水平提高的反应并无本质区别。然而，这并不适用于微观层面的内部数字化转型，后文马上会阐明这一点。

成本阈值之下（$c < c_T$），否则根据上文的结论，其不会主动变更数字化属性，自然也就不会受到内部数字化的影响。将 $c_{T,AU}^{ID}$ 代入本节第一部分中的最优创新强度反应函数 $k^*(c; c_T)$，便可得到其在封闭均衡条件下的版本 $k^*(c; c_{T,AU}^{ID})$。由于 $c < c_{T,AU}^{ID}$，我们有：

$$k^*(c; c_{T,AU}^{ID}) = \Delta^{ID}(c_{T,AU}^{ID} - c)_\circ$$

给定市场中其他企业在经济达到由式（5-1）和式（5-2）决定的均衡时的状态，对代表性企业而言，若在创新前不改变数字化属性（尽管它本可以或应该成为一家数字企业），则其在考虑创新决策问题时面临未经专用数字技术改进的固有市场规模 L^I。记企业此时的最优创新强度反应函数为 $\tilde{k}^*(c; c_{T,AU}^{ID})$。由本节第一部分的分析可知，可及市场规模仅影响创新强度系数。因此，我们可以快速写出在固有市场规模 L^I 下企业的最优创新强度：

$$\tilde{k}^*(c; c_{T,AU}^{ID}) = \tilde{\Delta}(c_{T,AU}^{ID} - c)_\circ$$

其中，$\tilde{\Delta} = L^I \beta / (4\lambda\gamma - L^I \beta^2)$。根据企业可及市场规模决定函数 $L_c^A(\eta_c^{IN})$ 的数学性质（性质 5-1-1 和性质 5-1-2）进行简单的代数运算和推理后可得：

$$\eta_c^{IN*} > 0 \Rightarrow L_c^{A*} > L^I \Rightarrow \Delta^{ID} > \tilde{\Delta} \Rightarrow k^*(c; c_{T,AU}^{ID}) > \tilde{k}^*(c; c_{T,AU}^{ID})_\circ$$

上述分析揭示了内部数字化影响企业创新的第一个阶段：对于一个潜在的数字企业（具有意愿但还未开始内部数字化转型的传统企业）而言，给定生产成本，在选择并达到与该生产成本对应的内部数字化水平，从而实现从传统企业向数字企业的转变后，其创新强度提高。在这一阶段，内部数字化对企业创新的影响具有明显的跳跃性——随着内部数字化水平从 0 跃迁至数字化属性变更后的基准值，企业的创新强度也会相应地经历一个跳跃式提升。①以企业数字化属性的转变为起点,伴随内部数字化水平的跃迁,并最终引致创新强度在短期内的爆发和激增,是内部数字化转型助推潜在数字企业创新积极性提升的早期典型特征,我们可以形象地称之为内部数字化的数字革命效应。与"从0到1"式的数字革命不同,在完成数字化转型的早期阶段以实现从传统企业向数字企业的角色转换后,企业的内部数字化水平进入相对平稳且缓慢的"从1到2"式的增长期。由于企业在数字化属性转变决策阶段选择的内部数字化水平内生于其生产成本,我们考虑一个外生的生产成本负向扰动(相当于生产率正向扰动)以模拟企业内部数字化水平提升的情形。由封闭均衡条件下企业最优创新强度反应函数的数学形式易知:

$$\frac{\partial k^*\left(c; c_{\text{T, AU}}^{\text{ID}}\right)}{\partial c} < 0。$$

这意味着给定其他变量,当企业的生产成本下降(生产率提升)时,伴随内部数字化水平的提高,其创新强度有上升的趋势。然而,作为生产成本单位下降引致的创新强度提高的总体测度,企业最优创新强度反应函数对生产成本的偏导数(绝对值)可能包含仅由效率优化带来的创新增长,而这部分增长与内部数字化转型无关。为了解内部数字化水平提升对企业创新的实际驱动作用,我们进一步考察 $\frac{\partial k^*\left(c; c_{\text{T, AU}}^{\text{ID}}\right)}{\partial c}$ 的展开式,并调整其符号以使函数取值的正负与生产成本下降对企业创新的促进和抑制作用相

---

① 这里的"跳跃"是相对于企业生产成本而言的。在二维平面内,分别以创新强度和生产成本作为两个相互垂直的坐标轴对应的变量,我们可以观察到表示企业两者水平的点在完成数字化属性转变后沿着创新强度所在坐标轴的方向有一个"跳跃"。这意味着,企业的最优创新强度反应函数在其初始生产成本的位置上不连续。欲更直观地理解此处"跳跃"的含义,参见后文图5-2。

对应：

$$-\frac{\partial k^*(c; c_{T,AU}^{ID})}{\partial c} = \tilde{\Delta} + \left(\Delta^{ID} - \tilde{\Delta}\right) + \left[\frac{\partial \Delta^{ID}}{\partial c}(c_{T,AU}^{ID} - c)\right] > 0 \qquad (5\text{-}3)$$

正如式（5-3）等号右侧部分所展示的那样，给定其他变量，企业生产成本单位下降引致的创新强度提高以加号为界被分成了符号皆为正的三项。从左往右看，第一项表示所有在位企业——无论是传统企业还是数字企业——共享的创新增长（回顾上文可知，$\tilde{\Delta}$ 恰为传统企业的创新强度系数），其显然与内部数字化转型无关；第二项表示由于具有更大的创新强度系数（可及市场规模），内部数字化水平为 η_c^{IN*} 的企业相较于传统企业额外的创新强度提高量[①]；第三项表示企业内部数字化水平在 η_c^{IN*} 基础上进一步提升引致的创新强度系数以 Δ^{ID} 为起点（可及市场规模以 L_c^{A*} 为起点）的进一步提高所带来的创新增长。

上述分析表明，尽管生产成本下降对企业创新的促进作用会借由内部数字化水平的提升传导，但该传导并不完全，存在部分适用于所有在位企业的固有效应[式（5-3）等号右侧第一项]不能被企业内部数字化水平的提升所解释。在这个意义上，式（5-3）等号右侧的后两项才真正揭示了内部数字化影响企业创新的第二个阶段：在完成从传统企业向数字企业的过渡后，企业便能借由更大的可及市场规模，以更高的效率将生产成本的削减转换为创新强度的提高，并且该效率还会随着内部数字化水平的进一步提高而持续上升。换言之，内部数字化水平的提升通过刺激可及市场规模的扩大，赋予企业愈来愈强的利用生产率优化作为创新增长源泉的能力，从

---

① 请注意，不要将此处的创新强度提高量与由内部数字化数字革命效应驱动的创新强度提高相混淆。前者发生在企业生产成本开始下降之后，是数字企业生产率提升带来的创新增长的一部分；后者发生在企业生产成本开始下降之前，是由传统企业向数字企业转变的过程引致的创新增长。

而令其创新强度随生产率提高的提升速度显著地快于传统企业。我们可以将上述影响命名为内部数字化的数字赋能效应,这是内部数字化转型在中后期与前期截然不同的影响企业创新的典型模式。请注意,内部数字化的数字革命效应和数字赋能效应均适用于所有差异化产品单位生产成本 c 在市场准入门槛成本 $c_{\mathrm{T,\,AU}}^{\mathrm{ID}}$ 之下的企业。换言之,对任意在位企业而言,无论其生产率相对于市场上其他活跃企业处在何种位置,进行内部数字化转型(从传统企业向数字企业过渡或作为数字企业进一步提升内部数字化水平)总会为其创新强度带来额外的提高,这是内部数字化创新效应区别于外部数字化创新效应的另一个重要方面(请回顾第三章第二节第三部分)。

　　图 5-2 浓缩了上文对代表性企业内部数字化转型影响创新比较静态分析的精髓,并直观地展示了其创新强度提高动力来源的结构特征。如图 5-2 所示,直线段 P_1 和曲线段 L 分别表示在不考虑经济整体外部数字化转型的封闭均衡中,传统企业和数字企业的创新强度随其生产率提升(生产成本下降)的提高路径。曲线段 L 的切线斜率的绝对值随企业生产成本的上升不断下降,并最终在点 G 处与直线段 P_1 相交,且该点亦是这两条线段之切点。[①]对于差异化产品单位生产成本为 c 的代表性(传统)企业而言,当开始内部数字化转型后,伴随由生产成本从 c 至 c' 的下降带来的内部数字化水平提升,其在图中所处的位置相应地从点 H 变为点 J。

　　整个转变的过程可以很自然地被拆分为两个阶段:第一阶段,企业根据自身的生产率决定并达到某一特定的内部数字化水平。此时,企业的生产率不变,但创新的增长路径由直线段 P_1 切换为曲线段 L,创新强度相应地由点 H 向上跃迁至点 I 对应的水平。第二阶段,随着生产成本逐渐下降,

---

① 附录为此提供了详细的证明。

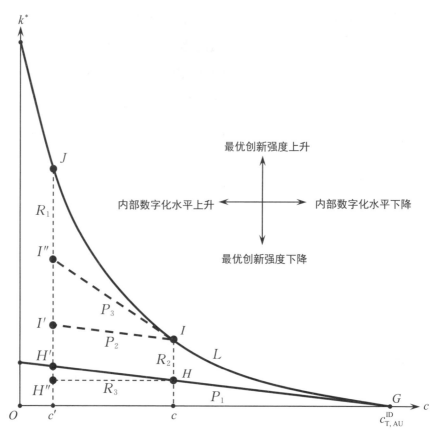

图5-2　封闭均衡中企业内部数字化转型对最优创新强度的影响

企业的内部数字化水平不断提高，创新强度也沿着数字企业的增长路径，以愈来愈快的速度由点I上升至点J对应的水平。在此基础上，对代表性企业从点H到点J创新强度提高的进一步分解有助于我们更清楚地了解企业的内部数字化转型在哪些方面和多大程度上对自身创新强度的提升有贡献。在图5-2中，先由点I和点J分别向生产成本（横）轴引垂线段R_2和R_1，交直线段P_1于点H和点H'；再由点H向垂线段R_1引新的垂线段R_3，两者交

于点H''。由此得到的线段$H'H''$的长度，记为$|H'H''|$（后文线段长度的记法与此相同），就表示代表性企业即使不进行内部数字化转型，也能从将生产成本由c削减至c'的技术效率提升中获得创新强度提高，这部分显然与其经历的内部数字化转型无关[对应式（5-3）等号右侧的第一项]。接下来，过点I作直线段P_1的平行线P_2，交垂线段R_1于点I'，$|H'I'|$即为来源于内部数字化数字革命效应的创新强度提高。应当注意到，在代表性企业实现由传统企业向数字企业过渡从而由点H到达点I后，若可及市场规模仍保持与点H处相同的大小，则其创新强度最终只能沿着直线段P_2提高至点I'对应的水平。因此，$|I'J|$所表示的创新强度提高量必然源自内部数字化水平提升带来的可及市场规模扩大，即内部数字化的数字赋能效应。尽管数字赋能效应仅在企业生产成本下降（由点I向点J移动）时才发挥作用，但可及市场规模的扩大在此之前就已经开始。过点I作曲线段L的切线P_3，交垂线段R_1于点I''，当代表性企业由点H跳跃至点I时，其可及市场规模也有一个与创新强度类似的向上突变，使创新强度随生产成本下降的提高率由直线段P_2斜率的绝对值提升至直线段P_3斜率的绝对值。因此，若将$|I'J|$对应的创新强度提高量按具体来源进一步细分，则其中的$|I'I''|$来自企业数字化属性变更引致的可及市场规模扩大（发生于数字革命效应的生效阶段），而剩余的$|I''J|$来自企业内部数字化水平渐进提高带来的可及市场规模膨胀（发生于数字赋能效应的生效阶段）。

第二节　走向开放：对均衡及内部数字化影响的再审视

我们在本节引入开放条件，扩展本章上一节的封闭模型。与第三章第三节类似，我们先求解模型的开放均衡，之后再通过比较静态分析揭示企业的内部数字化转型对其创新行为的影响。

一、求解开放均衡

当允许开放经济边境并参与国际贸易时，对于经济体内部准备进入市场的企业而言，境外市场成为新的潜在市场。我们沿用第三章第三节关于外部市场的所有假设，但需要指出的是，在当前的设定下，企业在内外部两个市场中面临同等大小的基准市场规模 L^I（而非由人口总量决定的可及市场规模上限 L）。尽管企业的创新和生产活动如第三章第三节的分析所指出的那样分别在内外部两个市场中进行，但在此之前的内部数字化转型决策只需做一次即可。原因在于，一旦企业成功研发并掌握了某项专用数字技术，这项技术便能很容易地被应用于新的市场，其中的复制和兼容成本可以忽略不计。换言之，企业利用专用数字技术在内外部两个市场上将可及市场规模扩大至相同水平，但仅需支付一次研发费用。因此，在开放条件下，传统企业决定是否转型成为数字企业时面临这样的优化问题（请注意与第三章第三节中创新决策问题在形式上的区别）：

$$\max_{\eta_c^{\text{IN}} \geqslant 0} \pi_d\big[c, L_c^A(\eta_c^{\text{IN}}); c_{\text{T}d}\big] + \pi_x\big[c, L_c^A(\eta_c^{\text{IN}}); c_{\text{T}x}\big] - C\big(\eta_c^{\text{IN}}\big)。$$

其中，π_d 和 π_x 分别为企业在当地和出口市场取得的利润，其函数形式分别与第三章第三节中的 $\pi_d(c; c_{\text{T}d})$ 和 $\pi_x(c; c_{\text{T}x})$ 仅有市场规模上的差别；$c_{\text{T}d}$ 和 $c_{\text{T}x}$ 分别为企业在当地和出口市场的存活成本上限。当经济达到开放均衡时，记企业的最优内部数字化水平为 $\eta_{c,\text{OP}}^{\text{IN}*}$，则有[①]：

---

① 这里暗含假定 $c_{\text{T}x,\text{OP}}^{\text{ID}} < c_{\text{T}d,\text{OP}}^{\text{ID}}$，后文会证明它。

$$\eta_{c,\,\mathrm{OP}}^{\mathrm{IN*}} \in \begin{cases} \left\{ \eta_c^{\mathrm{IN}} \,\middle|\, \dfrac{C'(\eta_c^{\mathrm{IN}})}{L_c^{A\,\prime}(\eta_c^{\mathrm{IN}})} = \dfrac{(c_{\mathrm{T}d,\,\mathrm{OP}}^{\mathrm{ID}} - c)^2 + \tau^2 (c_{\mathrm{T}x,\,\mathrm{OP}}^{\mathrm{ID}} - c)^2}{4\gamma},\, x \in \mathbb{R}^+ \right\}, & c < c_{\mathrm{T}x,\,\mathrm{OP}}^{\mathrm{ID}} \\[2ex] \left\{ \eta_c^{\mathrm{IN}} \,\middle|\, \dfrac{C'(\eta_c^{\mathrm{IN}})}{L_c^{A\,\prime}(\eta_c^{\mathrm{IN}})} = \dfrac{(c_{\mathrm{T}d,\,\mathrm{OP}}^{\mathrm{ID}} - c)^2}{4\gamma},\, x \in \mathbb{R}^+ \right\}, & c_{\mathrm{T}x,\,\mathrm{OP}}^{\mathrm{ID}} \leqslant c < c_{\mathrm{T}d,\,\mathrm{OP}}^{\mathrm{ID}} \\[2ex] \{0\}, & c \geqslant c_{\mathrm{T}d,\,\mathrm{OP}}^{\mathrm{ID}} \end{cases}$$

其中, $c_{\mathrm{T}d,\,\mathrm{OP}}^{\mathrm{ID}}$ 和 $c_{\mathrm{T}x,\,\mathrm{OP}}^{\mathrm{ID}}$ 分别表示开放条件下经济体内部和外部市场准入成本阈值的均衡水平。给定生产成本, 企业有唯一的最优内部数字化水平, 其进一步决定了企业在两个市场上的可及市场规模 $L_{c,\,\mathrm{OP}}^{A*}$。基于上述信息, 类比第三章第三节中的最优创新总强度反应函数和创新事后总利润函数, 分别记两者在开放均衡中的版本为 $K_{\mathrm{OP}}^{\mathrm{ID*}}(c; c_{\mathrm{T}d,\,\mathrm{OP}}^{\mathrm{ID}}, c_{\mathrm{T}x,\,\mathrm{OP}}^{\mathrm{ID}})$ 和 $\Pi_{\mathrm{OP}}^{\mathrm{ID**}}(c; c_{\mathrm{T}d,\,\mathrm{OP}}^{\mathrm{ID}}, c_{\mathrm{T}x,\,\mathrm{OP}}^{\mathrm{ID}})$, 我们可以立刻写出其详细的数学展开式:

$$K_{\mathrm{OP}}^{\mathrm{ID*}}(c; c_{\mathrm{T}d,\,\mathrm{OP}}^{\mathrm{ID}}, c_{\mathrm{T}x,\,\mathrm{OP}}^{\mathrm{ID}}) = k_{d,\,\mathrm{OP}}^{\mathrm{ID*}}(c; c_{\mathrm{T}d,\,\mathrm{OP}}^{\mathrm{ID}}) + k_{x,\,\mathrm{OP}}^{\mathrm{ID*}}(c; c_{\mathrm{T}x,\,\mathrm{OP}}^{\mathrm{ID}})$$

$$k_{d,\,\mathrm{OP}}^{\mathrm{ID*}}(c; c_{\mathrm{T}d,\,\mathrm{OP}}^{\mathrm{ID}}) = \begin{cases} \Delta_d^{\mathrm{ID}}(c_{\mathrm{T}d,\,\mathrm{OP}}^{\mathrm{ID}} - c), & c < c_{\mathrm{T}d,\,\mathrm{OP}}^{\mathrm{ID}} \\ 0, & c \geqslant c_{\mathrm{T}d,\,\mathrm{OP}}^{\mathrm{ID}} \end{cases}$$

$$k_{x,\,\mathrm{OP}}^{\mathrm{ID*}}(c; c_{\mathrm{T}x,\,\mathrm{OP}}^{\mathrm{ID}}) = \begin{cases} \Delta_x^{\mathrm{ID}}(c_{\mathrm{T}x,\,\mathrm{OP}}^{\mathrm{ID}} - c), & c < c_{\mathrm{T}x,\,\mathrm{OP}}^{\mathrm{ID}} \\ 0, & c \geqslant c_{\mathrm{T}x,\,\mathrm{OP}}^{\mathrm{ID}} \end{cases}$$

$$\Delta_d^{\mathrm{ID}} = \frac{L_{c,\,\mathrm{OP}}^{A*}\beta}{4\gamma\lambda - L_{c,\,\mathrm{OP}}^{A*}\beta^2}, \quad \Delta_x^{\mathrm{ID}} = \frac{\tau^2 L_{c,\,\mathrm{OP}}^{A*}\beta}{4\gamma\lambda - \tau^2 L_{c,\,\mathrm{OP}}^{A*}\beta^2},$$

$$\Pi_{\mathrm{OP}}^{\mathrm{ID**}}(c; c_{\mathrm{T}d,\,\mathrm{OP}}^{\mathrm{ID}}, c_{\mathrm{T}x,\,\mathrm{OP}}^{\mathrm{ID}}) = \pi_{d,\,\mathrm{OP}}^{\mathrm{ID**}}(c; c_{\mathrm{T}d,\,\mathrm{OP}}^{\mathrm{ID}}) + \pi_{x,\,\mathrm{OP}}^{\mathrm{ID**}}(c; c_{\mathrm{T}x,\,\mathrm{OP}}^{\mathrm{ID}}),$$

$$\pi_{d,\,\mathrm{OP}}^{\mathrm{ID**}}(c; c_{\mathrm{T}d,\,\mathrm{OP}}^{\mathrm{ID}}) = \begin{cases} \pi\left(c, L_{c,\,\mathrm{OP}}^{A*}; c_{\mathrm{T}d,\,\mathrm{OP}}^{\mathrm{ID}} + \beta k_{d,\,\mathrm{OP}}^{\mathrm{ID*}}\right) - C(\eta_{c,\,\mathrm{OP}}^{\mathrm{IN*}}) - \lambda \left(k_{d,\,\mathrm{OP}}^{\mathrm{ID*}}\right)^2, & c < c_{\mathrm{T}d,\,\mathrm{OP}}^{\mathrm{ID}} \\ 0, & c \geqslant c_{\mathrm{T}d,\,\mathrm{OP}}^{\mathrm{ID}} \end{cases}$$

$$\pi_{x,\,\mathrm{OP}}^{\mathrm{ID**}}(c; c_{\mathrm{T}x,\,\mathrm{OP}}^{\mathrm{ID}}) = \begin{cases} \pi\left(c, L_{c,\,\mathrm{OP}}^{A*}; c_{\mathrm{T}x,\,\mathrm{OP}}^{\mathrm{ID}} + \beta k_{x,\,\mathrm{OP}}^{\mathrm{ID*}}\right) - C(\eta_{c,\,\mathrm{OP}}^{\mathrm{IN*}}) - \lambda \left(k_{x,\,\mathrm{OP}}^{\mathrm{ID*}}\right)^2, & c < c_{\mathrm{T}x,\,\mathrm{OP}}^{\mathrm{ID}} \\ 0, & c \geqslant c_{\mathrm{T}x,\,\mathrm{OP}}^{\mathrm{ID}} \end{cases}$$

其中, $k_{d,\,\mathrm{OP}}^{\mathrm{ID*}}$ 和 $k_{x,\,\mathrm{OP}}^{\mathrm{ID*}}$ 分别表示企业在内部和外部市场的创新强度, 创新强度

系数分别为 Δ_d^{ID} 和 Δ_x^{ID}；$\pi_{d,\mathrm{OP}}^{\mathrm{ID**}}$ 和 $\pi_{x,\mathrm{OP}}^{\mathrm{ID**}}$ 分别表示企业在内部和外部市场进行创新的事后利润函数。决定这些变量均衡水平的企业（在内外部两个市场的）存活成本上限可由开放条件下的市场自由进入条件导出：

$$\int_0^{c_{\mathrm{T}d,\mathrm{OP}}^{\mathrm{ID}}} \pi_{d,\mathrm{OP}}^{\mathrm{ID**}}(c;c_{\mathrm{T}d,\mathrm{OP}}^{\mathrm{ID}})\mathrm{d}G(c) + \int_0^{c_{\mathrm{T}x,\mathrm{OP}}^{\mathrm{ID}}} \pi_{x,\mathrm{OP}}^{\mathrm{ID**}}(c;c_{\mathrm{T}x,\mathrm{OP}}^{\mathrm{ID}})\mathrm{d}G(c) = f_e \tag{5-4}$$

尽管抽象函数的非参数化设定使我们不能得到像式（3-9）和式（3-10）那样的关于 $c_{\mathrm{T}d,\mathrm{OP}}^{\mathrm{ID}}$ 和 $c_{\mathrm{T}x,\mathrm{OP}}^{\mathrm{ID}}$ 的约简解析方程组，但式（5-4）等号左侧相互独立的两项——仅与 $c_{\mathrm{T}d,\mathrm{OP}}^{\mathrm{ID}}$ 有关的内部市场期望利润和仅与 $c_{\mathrm{T}x,\mathrm{OP}}^{\mathrm{ID}}$ 有关的外部市场期望利润——仍提供了充分的可拆解性。利用这一点，将企业在内部和外部市场上可获得的期望利润分别记为 $\mathrm{E}\left[\pi_{d,\mathrm{OP}}^{\mathrm{ID**}}(c_{\mathrm{T}d,\mathrm{OP}}^{\mathrm{ID}})\right]$ 和 $\mathrm{E}\left[\pi_{x,\mathrm{OP}}^{\mathrm{ID**}}(c_{\mathrm{T}x,\mathrm{OP}}^{\mathrm{ID}})\right]$，则有：

$$\mathrm{E}\left[\pi_{d,\mathrm{OP}}^{\mathrm{ID**}}(c_{\mathrm{T}d,\mathrm{OP}}^{\mathrm{ID}})\right] + \mathrm{E}\left[\pi_{x,\mathrm{OP}}^{\mathrm{ID**}}(c_{\mathrm{T}x,\mathrm{OP}}^{\mathrm{ID}})\right] = f_e \tag{5-5}$$

请注意，式（5-5）适用于经济体内部的企业。对于经济体外部的企业（在外部市场生产并将产品出口至内部市场的企业）而言，市场自由进入条件通过将式（5-5）中内部企业在两个市场的存活成本上限替换为对应的外部企业版本即可得到（具体的分析过程参见第三章第三节）：

$$\mathrm{E}\left[\pi_{d,\mathrm{OP}}^{\mathrm{ID**}}(\hat{c}_{\mathrm{T}d,\mathrm{OP}}^{\mathrm{ID}})\right] + \mathrm{E}\left[\pi_{x,\mathrm{OP}}^{\mathrm{ID**}}(\hat{c}_{\mathrm{T}x,\mathrm{OP}}^{\mathrm{ID}})\right] = f_e \tag{5-6}$$

其中，$\hat{c}_{\mathrm{T}d,\mathrm{OP}}^{\mathrm{ID}}$ 和 $\hat{c}_{\mathrm{T}x,\mathrm{OP}}^{\mathrm{ID}}$ 分别为外部企业在当地和出口市场上的存活成本上限。由两个市场的对称性可知 $c_{\mathrm{T}d,\mathrm{OP}}^{\mathrm{ID}} = \tau\hat{c}_{\mathrm{T}x,\mathrm{OP}}^{\mathrm{ID}}$ 和 $\hat{c}_{\mathrm{T}d,\mathrm{OP}}^{\mathrm{ID}} = \tau c_{\mathrm{T}x,\mathrm{OP}}^{\mathrm{ID}}$。利用这两组关系，联立式（5-5）和式（5-6）可得[①]：

---

① 应当注意到，若不对抽象函数进行参数化设定，式（5-5）和式（5-6）联合决定的经济均衡可能不止一个，但 $c_{\mathrm{T}d,\mathrm{OP}}^{\mathrm{ID}} = \tau c_{\mathrm{T}x,\mathrm{OP}}^{\mathrm{ID}} > c_{\mathrm{T}x,\mathrm{OP}}^{\mathrm{ID}}$ 揭示了在任何设定下都必然存在的一个均衡中，经济体内部企业在当地和出口市场存活成本上限间的关系。为了避免技术上不必要的复杂化，在这里我们不妨假设经济的开放均衡有且仅有一个，该假设同样适用于之后的讨论。

$$c_{Td,\,OP}^{ID} = \tau c_{Tx,\,OP}^{ID} > c_{Tx,\,OP}^{ID}。$$

经济体内部企业在当地和出口市场存活成本上限的这一关系,揭示了在当前的模型设定中,开放条件的引入对经济均衡的影响与其在第三章经济外部数字化模型中的相似性:企业的经济绩效根据其效率(生产成本)被分为三类——效率最高的企业($c < c_{Tx,\,OP}^{ID}$)在内外部两个市场开展创新活动并分别出售产品,凭借最高的内部数字化水平和最大的可及市场规模,进行最高强度的创新,并获得最高水平的利润;对于效率次之的企业($c_{Tx,\,OP}^{ID} \leqslant c < c_{Td,\,OP}^{ID}$)而言,创新和生产仅限于内部市场,其内部数字化水平、创新强度和所获利润均不及第一类企业;效率最低的企业($c \geqslant c_{Td,\,OP}^{ID}$)不进行内部数字化转型(内部数字化水平保持为0),也不开展任何创新和生产活动,最终退出市场。

二、开放条件下内部数字化对企业创新的影响

基于上述分析,再次将视线聚焦于代表性企业,我们会发现与封闭模型中相比,开放条件下内部数字化对企业创新的影响在基本模式上十分接近,但局部细节亦有明显不同。图5-3直观地展示了这些相似和差异。

在图5-3中,直线段x_1和x_2刻画了开放均衡中传统企业的创新强度与生产成本之间的动态关系,数字企业的这一关系则由曲线段y_1和y_2给出。应当注意到,在整个图像中,过生产成本(横)轴上表示出口市场准入成本阈值$c_{Tx,\,OP}^{ID}$的点所作的该轴垂线段l_1(同时经过直线段x_1和x_2的连接点、曲线段y_1和y_2的连接点)右侧的部分——包含分别表示传统企业和数字企业在当地市场创新强度随生产率提升(生产成本下降)提高路径的直线段x_1和曲线段y_1——与图5-2几乎相同,但在垂线段l_1的左侧,直线段x_2和

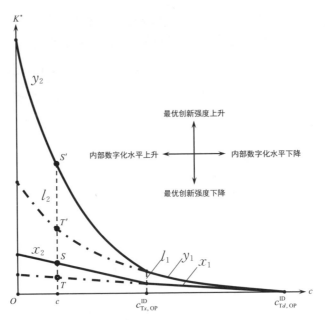

图5-3　出口贸易对开放均衡中企业内部数字化转型影响创新的调节作用

曲线段 y_2 分别偏离了直线段 x_1 和曲线段 y_1 向左延伸的轨迹（以点划线表示，区别于其他虚线），以更大的斜率绝对值和截距与创新强度（纵）轴相交。原因在于，开放条件下，任何在位企业均面临一个共享的当地市场和一个潜在的出口市场。对代表性企业而言，若生产成本超过出口市场准入成本阈值，则其仅在当地市场开展创新活动，此时创新强度随生产率提升而提高的模式与封闭系统中相似；若生产成本在出口市场准入成本阈值之下，则其同时在当地和出口两个市场进行创新，此时生产率提升不仅继续作用于当地市场的创新强度提高，还会推动出口市场创新强度的提高。由于出口贸易的本质是开辟并整合外部市场（尽管由于冰山成本的存在，这种整合并不完美），出口企业的固有市场规模（可及市场规模扩大的基数）

比内销企业更大，从而在推进内部数字化转型的过程中面临更强的数字革命效应和数字赋能效应。为了更直观地说明这一点，同时又不失一般性，我们不妨将生产成本（横）轴上表示代表性企业生产成本 c 的点置于表示出口市场准入成本值 $c_{\mathrm{Tx,OP}}^{\mathrm{ID}}$ 的点的左侧，并过 c 作该轴的垂线段 l_2，分别交直线段 x_2 和曲线段 y_2 于点 S 和 S'。$|SS'|$ 就表示参与出口贸易的代表性企业在给定生产成本的条件下，从传统企业向数字企业转变带来的创新强度提高量，即内部数字化数字革命效应的大小。作为对比，我们虚构了一个在包括生产成本等各方面均与代表性企业相同，但不参与出口贸易的企业。由上文的分析可知，若该企业为传统企业，则其创新强度应为直线段 x_1 向左延长线与垂线段 l_2 之交点 T 所对应的水平；若该企业为数字企业，则其创新强度应由曲线段 y_1 向左延长线与垂线段 l_2 之交点 T' 的纵坐标表示。可以证明 $|SS'|>|TT'|$，即在生产成本相同的前提下，内部数字化转型作用于出口企业的数字革命效应强于内销企业。[①]

这意味着，尽管出口企业的生产成本低于内销企业，但出口贸易赋予企业额外的市场规模可用性使其本身就可以独立地正向调节内部数字化的数字革命效应。另外，同样可以证明，在垂线段 l_1 左侧，对于任意给定的不超过 $c_{\mathrm{Tx,OP}}^{\mathrm{ID}}$ 的生产成本，曲线段 y_2 的切线斜率绝对值均大于曲线段 y_1 向左延长线的。[②]因此，代表性企业在完成从传统企业向数字企业的转变从而到

---

① $|T'S'|$ 和 $|TS|$ 分别表示虚构企业作为数字企业和内销企业参与出口贸易可获得的额外创新强度回报，且由上文的分析可知 $|T'S'|=\Delta_x^{\mathrm{ID}}(c_{\mathrm{Tx,OP}}^{\mathrm{ID}}-c)$ 和 $|TS|=\tilde{\Delta}(c_{\mathrm{Tx,OP}}^{\mathrm{ID}}-c)$。易知 $\Delta_x^{\mathrm{ID}}>\tilde{\Delta}$，故有 $|T'S'|>|TS|$，进而有 $|SS'|=|ST'|+|T'S'|>|TS|+|ST'|=|TT'|$。这就完成了证明。

② 由上文的分析可知，在生产成本为 c 处，曲线段 y_2 的切线斜率是出口市场创新强度系数 $\Delta_x^{\mathrm{ID}}(c)$ 和当地市场创新强度系数 $\Delta_d^{\mathrm{ID}}(c)$ 之和，而曲线段 y_1 向左延长线的斜率仅包括后者。对 $\forall c\in[0,c_{\mathrm{Tx,OP}}^{\mathrm{ID}}]$，由于总有 $\Delta_x^{\mathrm{ID}}(c)>0$，$\Delta_x^{\mathrm{ID}}(c)+\Delta_d^{\mathrm{ID}}(c)>\Delta_d^{\mathrm{ID}}(c)$ 必然恒成立。这就完成了证明。

达点 S' 后，其生产成本的进一步下降所引致的创新强度提高量，必然大于同等条件下位于点 T' 的同为专用数字技术拥有者的虚构企业。由于生产成本下降为两者带来的独立于内部数字化转型的创新强度提高是无差异的，与内部数字化有关的部分——用于衡量企业借由内部数字化水平提升对可及市场规模的扩大作用，将生产成本下降转化为创新强度提高的能力——自然也由代表性企业占据优势。这表明，在控制生产成本保持一致后，与数字革命效应相同，内部数字化转型作用于出口企业的数字赋能效应亦强于内销企业。综上所述，出口贸易在内部数字化转型影响企业创新的过程中扮演了催化剂的角色，使刺激企业创新强度提高的数字革命效应和数字赋能效应同时得到强化。

第三节　本章小结

本章从理论上讨论了经济的内部数字化转型对企业创新强度的影响。我们沿用第三章对经济环境的基本设定，控制外部数字化水平不变，将内部数字化转型的决策环节置于企业进入市场到开始创新之间，以考察其对企业最优创新强度选择的影响及其机制。分析发现，在一个自给自足的经济体中，与作为经济外生冲击的外部数字化不同，内部数字化是企业基于当前所处环境和自身条件的相关信息决定的内生进程，其通过拓展市场的时空边界以扩大企业的可及市场规模，最终推动创新强度的提高。给定经济系统中的环境变量，根据生产率提升与否，企业的内部数字化转型对其创新强度的影响可以分为两个在时间上递进的阶段：在转型初期，生产率尚未发生变化，满足转型条件的传统企业向数字企业过渡带来内部数字化水平从0到特定值的短期跃迁，引致创新强度向上跃迁至与之相匹配的水平，这被称为内部数字化转型的数字革命效应；成为具有一定内部数字化水平的数字企业后，受到生产率持续提升的驱动，企业的内部数字化水平在此前的基础上渐进提高，自身将生产率提高转化为创新强度提高的能力不断增强，最终产生远高于传统企业的创新强度提高量，这被称为内部数字化转型的数字赋能效应。在经济开放贸易后，企业内部数字化转型两种创新效应的运作模式和发生机制与封闭情形下相同，但对出口企业的影响强度均高于内销企业，即使两者的生产率被控制在同一水平。换言之，给定（起始）生产率和其他变量，相较于内销企业，若同为传统企业，出口企业完成从传统企业向数字企业转变所获得的创新强度提高量更大；若同为数字企业，在内部数字化水平等量提升的条件下，出口企业单位生产率增长引致的创新强度提高幅度也更大。

第六章

内部数字化对企业创新的影响：
实证研究

ECONOMIC DIGITALIZATION
AND FIRM INNOVATION

———

从理论模型中导出的丰富结论——无论它们隐含于代数公式还是几何语言中——阐明了内部数字化影响企业创新的模式和机制，但现实经济世界中这些模式的真实性和机制的有效性尚待相关经验证据的确认。在本章，我们利用中国企业层面的小颗粒度数据，通过包括数据可视化、回归分析等在内的实证技术找寻相应的描述性和推断性统计证据。由于现实经济世界是一个允许国际贸易的开放式系统，第五章第二节关于开放条件下经济模型中内部数字化在企业层面创新效应的分析，与第五章第一节在封闭条件下的分析相比，为经验研究提供了更为恰当的基础。从第五章第二节的分析所得出的结论中，我们可以提炼出下概括内部数字化影响企业创新基本原理和关键特征的可检验命题。

命题 6-1 💡

企业内部数字化的数字革命效应

当完成从传统企业向数字企业的转变后，企业的内部数字化水平从 0

激升至某一特定值，推动其可及市场规模急速扩大，最终引致创新强度向上跃迁。

命题6-2

企业内部数字化的数字赋能效应

对于一家数字企业而言，更高的内部数字化水平赋予其更大的可及市场规模，这使得其生产率单位提升引致的创新强度提高幅度显著地大于传统企业。

命题6-3

出口贸易对数字革命效应的正向调节

给定生产率和其他变量，与内销企业相比，出口企业完成从传统企业向数字企业转变时的创新强度向上跃迁幅度更大。

命题6-4

出口贸易对数字赋能效应的正向调节

给定（起始）生产率和其他变量，在内部数字化水平等量提升的条件下，出口型数字企业由生产率单位提升引致的创新强度提高幅度（为正）超过内销型数字企业。

值得注意的是，在描述出口贸易对内部数字化创新效应的调节作用时，命题6-3和命题6-4并未直接将出口企业内部数字化转型对创新促进作用的强度与内销企业进行比较，而是先控制了不同类型企业的（起始）生产率。原因在于，即使出口企业的内部数字化创新效应强于内销企业，由于前者的生产率在理论上高于后者，该效应强化也可能单纯地由内部数字化水平提升带来的可及市场规模扩大引起①，并不足以说明出口贸易在其中扮演了不可或缺的角色。然而，潜在的质疑者可能会指出，根据第五章第二节中的结论，若生产率被控制在相同或相近水平，企业的出口选择应具有一致性，即不会出现部分企业开展出口业务而其他企业仅服务当地市场的情况。事实上，正如理论分析指出企业数字化属性的转变会带来创新强度的向上跳跃，企业出口状态的变化（从内销型到出口型）亦有类似的效应（从图5-3中曲线段y_2与曲线段y_1在垂线段l_1左侧的延长线间的高度差可以看出）。这意味着部分企业的生产率尽管已经达到自发变更其出口状态的水平，但该过程需要一定的时间。②因此，在实际的统计数据中，观察到生产率相近的企业具有截然相反的出口状态是十分自然的。事实上，也正是这一点使生产率被控制的企业样本仍具有充分的出口状态可变性，从而为我们更准确地识别和估计出口贸易对内部数字化创新效应的调节作用奠定了必要的基础。

尽管第二章第三节利用中国企业网络招聘数据库解决了企业层面内部数字化水平测度的问题，但新的问题随之而来：由于中国企业网络招聘数据库仅提供2015—2019年相关企业在主要网络招聘平台发布的招聘广告信

---

① 正如图5-3所展示的那样，生产成本在出口市场准入成本阈值$c_{Tx,OP}^{ID}$之下的数字企业即使不参与出口贸易，其创新强度随生产率提高（生产成本下降）的上升轨迹也是一段斜率绝对值不断增大的曲线，在图中以曲线段y_1在垂线段l_1左侧的延长线表示。在曲线段y_1及其向左延长线上，以垂线段l_1为界，左右两侧各取一点，分别代表满足出口生产率门槛条件但未选择出口的企业和未满足门槛条件的企业。由此前的理论分析易知，前者的两种内部数字化转型创新效应均强于后者。

② 与数字化属性变更相同，对于特定企业而言，从内销企业转变为出口企业并不是一蹴而就的，尽管该过程带来的创新强度向上跳跃与其他情形下创新强度等量上升相比所需的时间通常更短。请注意，创新强度的跳跃是相对于企业生产率（生产成本）而言的概念，而非企业在位（经营）时间。关于这里所用"跳跃"一词含义的详细解释，参见第154页脚注①。

息，基于这些信息构建的内部数字化水平指数，包括1个基准指数和2个备择指数，均在2015年之后才有可用的计算结果。然而，在第四章及与中国经济问题有关的绝大多数实证研究中，企业层面生产率和出口状态变量的数据来源所依赖的中国工业企业数据库至多能提供2013年之前的数据，数据可得性在时间上的错位导致跨数据库匹配后的样本缺乏回归分析必要的数据完整度。为此，本章充分挖掘可及范围内的有效数据，以企业拟聘劳动力平均受教育年限（相关数据来自中国企业网络招聘数据库）作为生产率的代理，并将判断企业出口状态的依据由中国工业企业数据库中的出口交货值替换为中国海关数据库中的出口加总额，从而解决了关键变量样本数据缺失的问题。除此之外，由于企业的内部数字化水平和出口状态皆取决于其生产率，在经验上识别内部数字化转型的创新效应或企业出口贸易参与对其的调节作用，不可避免地面临来自内生性问题的挑战。受限于其他潜在工具变量或政策/事件冲击的数据可得性，本章在直接控制生产率的条件下估计企业创新强度与其内部数字化水平间的数量关系，或利用倾向得分匹配技术（propensity score matching, PSM）筛选出具有相同或相近生产率的企业样本后，再进行上述估计，以捕捉内部数字化转型对企业创新强度的影响，以及企业出口贸易参与对这种影响的调节作用的来源中独立于生产率提升的部分。

第一节　数据、测算和描述性统计

用于检验本章开头所列举的四个命题（命题6-1、命题6-2、命题6-3和命题6-4）的部分变量及其对应的测算方法、数据来源和描述性统计事实在第四章第一节中已有详细说明，这里只补充曾在之前的章节中出现但需要额外更新或新增部分内容，以及在本章首次引入的变量的相关信息。

一、网络招聘人员数

网络招聘人员数，记为$NSIR_{it}$（i和t分别表示企业和年份），用于衡量理论模型中企业的可及市场规模，数据来自中国企业网络招聘数据库中对每家企业在特定年份发布的网络招聘广告拟聘劳动力数量的加总。选择网络招聘人员数作为可及市场规模代理变量的理由有三：第一，直接反映企业层面市场规模的变量，例如销售总额和营业收入等，我们只能从中国工业企业数据库获得更新至2013年的可靠数据。然而，经验研究的核心解释变量——企业内部数字化水平指数——受制于原始数据的可得性，仅在2015—2019年有可用的测算结果（参见第二章第三节）。第二，根据国家统计局在2017年印发的《统计上大中小微型企业划分办法（2017）》，从业人员和营业收入皆可作为企业规模的衡量标准，这暗示对中国企业而言，两者具有较强的正相关性。既然营业收入是市场规模的最佳代理，在无法获得其数据的情况下，从业人员是一个合理且可行的替换变量。第三，尽管企业从业人员的直接数据在2015—2019年仍不可得，但招聘规模可以从侧面反映其动态特征。近年来，网络招聘已经成为中国企业开展招聘工作的主要渠道，因此，2015—2019年的网络招聘数据在中国劳动力市场上具有可观的代表性（参见第35页脚注③）。

图6-1展示了中国网络招聘市场的宏微观规模动态和企业网络招聘人员数的分布模式。如图6-1的（A）所示，中国网络招聘市场每年对劳动力的需求总量在2015—2019年有明显的上升趋势，尽管2018年和2019年的数据

相较于经历快速增长后的2017年（1.39亿人）有所回落，但仍比2015年分别高出91.9％和109.3％，达到1.09亿和1.19亿人；参与网络招聘的企业数量则从2015年的94.25万家逐年增长至2019年的132.27万家。即使剔除企业数量增长这一因素，平均来看，网络招聘市场上每家企业对劳动力的需求亦有与总需求相似的增长趋势：在2017年达到局部峰值113.29人/家，经历1年下降之后继续增长，2019年为89.91人/家（相较于2015年增长49.1％）。上述结果为中国网络招聘市场近年来的扩张与繁荣提供了宏微观层面的双

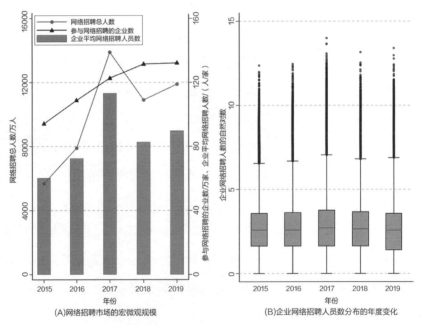

图6-1　2015—2019年中国网络招聘市场的规模和企业网络招聘人数的分布

注：①本图统计的网络招聘人数均为拟聘人数（企业发布的网络招聘广告计划招聘的人员总数）而非实聘人数；②本图的统计剔除了所有在招聘人数一栏中的信息为"若干"的广告，只将那些载明拟聘人数的广告保留在样本中；③（B）中箱线图的基本含义可参见图3-1的注释；④招聘广告拟聘人员数的数据已经过1%水平的缩尾处理。

资料来源：作者基于中国企业网络招聘数据库整理、计算。

重证据。

图6-1的（B）进一步研究了企业网络招聘人员数的分布特征及其随时间推移的变化。由图6-1可知，尽管中国网络招聘市场的总体规模和参与网络招聘的企业数量近年来快速扩大与增长，但网络招聘人数在不同企业间的分布却表现得极其稳定。总体上看，企业网络招聘人数在分布上具有明显的长尾特征，其自然对数居前25%的企业所覆盖的区间长度（数据极差）约为中部50%（上下四分位数之间）企业的4倍至5倍，这与中国工业企业数据库中的企业营业收入（直接衡量市场规模）和从业人员数量（直接衡量企业规模）的分布特征相似。①

将视角从变量内部转向外部，图6-2考察了企业的创新强度与网络招聘人数之间的关系。2个变量表现出显著的正向关系：给定其他变量，企业通过网络招聘的劳动力数量每增长10%，其创新强度上升约1%。即使更换不同的创新强度衡量方式，这种正向关系依然保持稳健[请对比图6-2的（A）和（B）]。上述发现与由理论模型推导得出的内部数字化影响企业创新的机制——企业内部数字化水平的提升通过扩大可及市场规模促进创新强度提高（的后半部分）——是一致的。

---

① 在我们的研究所使用的中国工业企业数据库数据（1998—2013年）中，总体上，企业营业收入的自然对数（经1%水平的缩尾处理，单位为元）的最大值与上四分位数之差分别约为上四分位数与中位数之差和中位数与下四分位数之差的304%和335%（约为上四分位数与下四分位数之差的160%）；从业人员数量的自然对数（经1%水平的缩尾处理，单位为人）的最大值与上四分位数之差分别约为上四分位数与中位数之差和中位数与下四分位数之差的285%和282%（约为上四分位数与下四分位数之差的142%）。相应变量在特定年份的数据分布模式亦具有如上所述的长尾特征。

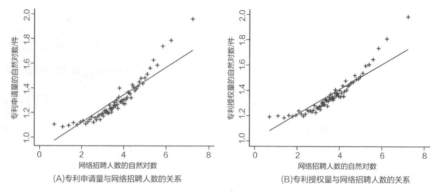

图6-2　企业创新强度与网络招聘人数的关系

注：①（A）和（B）并未包含所有样本观测点，而是经过了一定的统计处理以呈现更直观的视觉效果，详细的处理过程参见图2-6注释的第③点。②图中向上倾斜的直线是对所有样本观测点的线性最小二乘拟合。③招聘广告拟聘劳动力数量的数据已经过1%水平的缩尾处理。

资料来源：作者基于中国专利数据库和中国企业网络招聘数据库整理、计算。

二、内部数字化水平指数

第二章第三节已就内部数字化水平指数（包括1个基准指数和2个备择指数，基准指数记为DL_{it}^{IN}，备择指数A和B分别记为DL_{it}^{IN*A}和DL_{it}^{IN*B}，其中，i、t分别表示企业和年份）的测算方法和相关变量的数据来源做了详细的说明，这里着重阐述其与企业网络招聘人数（可及市场规模的代理变量）和专利申请/授权量（创新强度的代理变量）间关系的典型事实（见图6-3和表6-1），以为相关命题提供初步但直观的描述性证据。

图6-3的（A）、（B）、（C）依次表明，企业的内部数字化水平，若以基准指数度量，与可及市场规模、以专利申请量表示的创新强度和以专利授权量表示的创新强度均有明显的正向关系。结合图6-2，"内部数字化水平提升—可及市场规模扩大—创新强度提高"这一隐含于命题5-1和命题5-2所阐述的内部数字化转型影响企业创新传导机制背后的经济逻辑被完

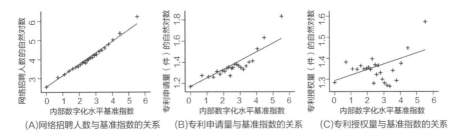

图6-3　内部数字化水平基准指数与核心变量间的关系

注：①（A）、（B）和（C）均未包含所有样本观测点，而是经过了一定的统计处理以呈现更直观的视觉效果，详细的处理过程参见图2-6注释的第③点。②图中向上倾斜的直线是对所有样本观测点的线性最小二乘拟合。③专利申请/授权数量和招聘广告拟聘劳动力数量的数据均已经过1%水平的缩尾处理。

资料来源：作者基于中国专利数据库和中国企业网络招聘数据库整理、计算。

整地勾勒出来。当我们更换内部数字化水平的衡量方式后，变量间数量关系的基本模式保持不变。

表6-1比较了根据企业内部数字化水平备择指数[0—1变量，用于在经验上动态地识别企业的数字化状态，计算方法参见式（2-4）]取值划分的子样在可及市场规模和创新强度上的组间均值差异。总体来看，内部数字化水平备择指数取1组别的可及市场规模和创新强度均值在2015年和2016年均高于取0组别，增长比例从26.7%到152.7%不等。另外，比较组间差异的t统计量可以发现，相较于备择指数A，依备择指数B取值划分的两个子样在平均意义上的可及市场规模和创新强度之差具有更强的统计显著性。对专利授权量而言，备择指数取1子样和取0子样的均值差异甚至没有通过10%水平的统计检验（见表6-1）。这进一步印证了我们在第二章和第四章提出并强调的观点：以传统的所属行业识别法判断企业的数字化属性不可避免地将太多来自其他方面的混杂因素考虑进来，从而难以准确地区分数字企业和非数字企业。经营范围识别法尽管显然并非完美，但也是对所属行业识别法在数字企业识别准确性上的一次改进。

表6-1 2015年和2016年企业可及市场规模和创新强度的组间均值对比:基于内部数字化水平备择指数的取值划分

变量	t=2015			t=2016			t=2015			t=2016		
	$DL_{it}^{IN*A}=1$	$DL_{it}^{IN*A}=0$	组间差异	$DL_{it}^{IN*A}=1$	$DL_{it}^{IN*A}=0$	组间差异	$DL_{it}^{IN*B}=1$	$DL_{it}^{IN*B}=0$	组间差异	$DL_{it}^{IN*B}=1$	$DL_{it}^{IN*B}=0$	组间差异
$NSIR_{it}$	92.396 [3157]	57.787 [46975]	34.609*** {6.317}	98.206 [3357]	64.122 [49960]	34.084*** {5.385}	96.763 [15229]	43.840 [34723]	52.923*** {13.607}	114.443 [16172]	45.294 [37145]	69.150*** {6.697}
P_{it}^{AP}	11.458 [3157]	7.661 [46975]	3.797*** {2.471}	6.937 [3357]	4.559 [49960]	2.379* {1.938}	9.990 [15229]	6.985 [34723]	3.005*** {5.388}	5.815 [16172]	4.227 [37145]	1.588*** {4.396}
P_{it}^{GR}	7.277 [3157]	5.713 [46975]	1.563 {1.358}	8.248 [3357]	6.509 [49960]	1.738 {1.593}	6.830 [15229]	5.365 [34723]	1.465*** {3.586}	7.835 [16172]	6.089 [37145]	1.747*** {3.957}

注:①由于企业内部数字化水平取值划分的两个子样本是非配对样本,组间均值差异相应变量在两者中具有不同的方差。②表格中部分分组间差异组间差异并非由于数值不等于左侧相邻取值备择指数取值划分数量的数据均已经过1%水平的缩尾处理。⑤和***分别表示统计量在10%和1%的位所示。③中括号内是根据企业内部数字化水平备择指数取值划分的相应子样本量,大括号内是检验组间差异统计显著性的t统计量。④专利申请授权数量和招聘广告拟聘跨劳动力数量的相应子样本的样本量,大括号内是检验组间差异统计显著性的t统计量。⑤和***分别表示统计量在10%和1%的水平上显著。

三、拟聘劳动力平均受教育程度

由于中国工业企业数据库对于计算企业全要素生产率所用数据的可得性支持仅限于 2007 年之前，在本节回归分析的样本期（2015—2016 年）内，我们需要另一个随企业和时间变化的替代变量以捕捉特定年份不同企业和特定企业不同年份的生产率差异。在有可用数据的前提下（就我们所掌握的数据而言，符合要求且数据可用的变量只能直接或间接地从中国企业网络招聘数据库中产生），我们以企业在网络招聘市场的拟聘劳动力平均受教育程度替换全要素生产率，理由有二：第一，大量理论和经验研究表明，劳动力素质（人力资本）与全要素生产率之间存在紧密的正向联系，而劳动力的平均受教育程度则是其素质最常用的代理之一[①]；第二，相较于劳动力的受教育程度，中国企业网络招聘数据库中其他随企业和时间变化的变量在数据质量和与全要素生产率的关联性上有明显的短板[②]。记企业 i 在 t 年拟聘劳动力的平均受教育程度为 EDU_{it}。基于企业每年发布的网络招聘广告对应聘者的学历要求，并根据不同广告拟聘人员规模的大小分配相

[①] 参见：Mankiw et al.（1992）、Benhabib and Spiegel（1994）、Islam（1995）、Miller and Upadhyay（2000）、许和连等（2006）、魏下海（2010）、陈仲常和谢波（2013）、Che and Zhang（2018）、刘家悦等（2020）。

[②] 中国企业网络招聘数据库还提供了 2 个随企业和时间变化的变量——企业对拟聘劳动力的工作经验要求和为其开出的薪资待遇条件。然而，一方面，两者的数据质量都不高。无论是工作经验还是薪资待遇，在数据呈现上都时而精确时而模糊（例如：部分招聘广告明确指出应聘者需要有 5 年以上的工作经验，但也有相当一部分广告的要求为 1—10 年；绝大部分广告对薪资待遇的表述也采用类似“工资下限—工资上限”的区间形式，且区间长度不一），缺乏必要的标准化基础，这使得相关数据难以准确地传递量化信息。另一方面，两者与企业生产率的关联性都较弱。首先，工作经验并不能很好地反映劳动力素质，因为具有高等教育经历的应届毕业生通常被视为就业市场上的优质劳动力资源，但他们在严格意义上并没有工作经验；其次，薪资待遇亦非劳动力素质的恰当代理，因为工资水平很容易受到除劳动力素质外的其他因素的影响，例如工作经验、劳动力所在行业及就业市场的短期冲击等。

应的权重，EDU_{it} 有如下定义：

$$\mathrm{EDU}_{it} = \frac{\sum_{j \in \Theta_{it}} \mathrm{staff}_j \times \mathrm{score}_j}{\sum_{j \in \Theta_{it}} \mathrm{staff}_j}。$$

其中，staff_j 表示网络招聘广告 j 的拟聘人员数量[与式（2-3）中的相同]。score_j 表示招聘广告 j 对劳动力学历要求的换算得分，其遵循这样的取值规则：要求若为无限制，则取 0；若为大专及以上，则取 1；若为本科及以上，则取 2；若为硕士研究生及以上，则取 3；若为博士研究生，则取 4。Θ_{it} 表示由企业 i 在 t 年发布的所有招聘广告构成的集合[与式（2-3）中的相同]。构建和计算上述变量的相关数据或信息均来自网络招聘数据库。

企业拟聘劳动力平均受教育程度的频率分布模式见图 6-4（A）。与全要素生产率相同，企业拟聘劳动力平均受教育程度的分布也具有典型的长尾特征[请回顾图 4-4 并比较其与图 6-4（A）]。后者的独特之处在于，大量数据集中在某些特定的数值上。在图 6-4（A）中，拟聘劳动力平均受教育程度为 0、1、2 这三者（分别对应无限制、大专及以上和本科及以上的学历要求）之一的企业占样本总量近 70%，核密度曲线在这三者的位置上也出现了明显的局部峰值。这是因为，很多企业在网络招聘平台仅发布一则招聘广告（在同一则招聘广告中，企业通常只会提出一种明确的学历要求）或对拟聘人员的学历要求具有一致性偏好。由于学历要求换算得分 score_j 在企业层面的实际可变性不足，如果可以获得差异和变化更加丰富的企业聘用劳动力受教育年限的相关信息，并在各年各企业内计算其均值以替代这里的拟聘劳动力平均受教育程度 EDU_{it}，数据的分布整体上应当更平滑，从而能更准确地反映企业层面的全要素生产率动态。尽管 EDU_{it} 作

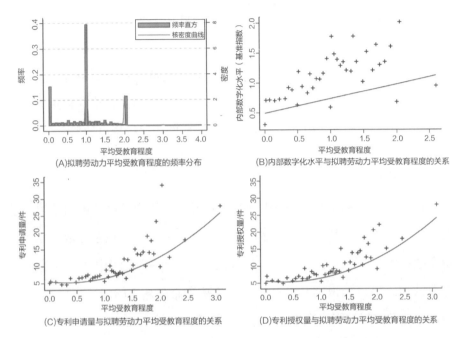

图6-4　企业拟聘劳动力平均受教育程度的动态分布模式及与核心变量间的关系

注：①（A）中的核密度曲线使用高斯核进行核密度估计。②（B）、（C）和（D）均未包含所有样本观测点，而是经过了一定的统计处理以呈现更直观的视觉效果，详细的处理过程参见图2-6注释的第③点。③（B）、（C）和（D）中的直线或曲线是对所有样本观测点的线性最小二乘拟合。（B）所使用的拟合函数是一次函数，（C）和（D）所使用的拟合函数为二次函数。④专利申请/授权数量的数据已经过1%水平的缩尾处理。

资料来源：作者基于中国企业网络招聘数据库和中国专利数据库整理、计算。

为企业全要素生产率的替代存在一定的局限性，但其仍然符合预期地捕捉到了企业生产率与我们感兴趣的部分变量间的相关关系。图6-4（B）展示了企业的内部数字化水平与拟聘劳动力平均受教育程度间的正向关系，与理论分析从内部数字化水平决定机制中导出的对其与企业生产率间关系的预测一致。图6-4的（C）和（D）进一步研究了企业的创新强度随拟聘劳动力平均受教育程度提高的变化模式。由（C）和（D）可知，无论以专利申请量还是授权量刻画创新强度，给定其他变量，当企业计划从网络招聘市场上聘用更多高素质劳动力时，其创新强度在平均意义上也会随之提高。更为重要的是，两者在二维平面内的散点分布轨迹（经分组均值计算处理，见图6-4注释）可以被一条切线斜率愈来愈大的曲线恰当地拟合，这暗示企业内部数字化水平的提升可能在不断强化其利用自身效率优化扩大创新规模的能力，正如理论模型关于数字赋能效应的描述所指出的那样。

四、出口状态

企业 i 在 t 年的出口状态仍以 EXP_{it} 来表示，其含义也与第四章第一节第四部分中的同名符号一致。然而，由于无法从中国工业企业数据库中获得企业在2013年之后的出口交货值数据，本节改为通过中国海关数据库中企业的加总出口额识别其出口状态：若某企业在某年的加总出口额为正，则该企业在该年被视为出口企业，否则被视为内销企业。[①]

第二节　企业内部数字化的两阶段创新效应

正如本章在理论模型部分所指出的那样，企业内部数字化转型对创新的影响分为数字革命效应和数字赋能效应两个在时间上递进的阶段，它们作用于企业创新强度的模式分别对应命题6-1和命题6-2。这两个命题阐明了企业内部数字化水平的提高推动创新强度提升的一般模式和基本原理。利用来自中国专利数据、中国海关数据库、基础信息数据库和中国企业网络招聘数据库等的企业层面的交叉匹配数据，本节将通过回归分析检验它们。

---

① 若在海关数据库中检索不到某企业在某年的商品出口记录，则视该企业在该年的加总出口额为0。

一、识别策略

正如理论分析所指出的那样，一个经历了完整内部数字化转型（共有两个阶段）过程的企业在转型后的创新强度相较于转型前的提高由三种不同的力量驱动：一是生产率提升对创新的独立促进作用（与内部数字化无关）；二是内部数字化的数字革命效应引致的创新短期爆发；三是内部数字化的数字赋能效应带来的创新强度高速提升。基于此，利用样本横跨2015年和2016年的特性，我们可以将企业创新强度在这2年间的提升量根据上述三种来源分解为对应的三部分，再加上年份固定效应和随机干扰项之差，便可得到如下的回归方程：

$$\Delta P_i = \alpha \times \Delta \text{EDU}_i + \beta \times \Delta \text{DS}_i + \gamma \times \Delta \text{EDU}_i \times \text{DS}_{i,t=2016} + \Delta \lambda + \Delta \varepsilon_i \quad (6\text{-}1)$$

其中，Δ 表示对其后变量在2016年和2015年的值作差，例如 $\Delta P_i = P_{i,t=2016} - P_{i,t=2015}$（差分变量不再随时间变化，故其下标中的 t 省略）。DS_{it} 表示企业 i 在 t 年的数字化状态：若该企业在该年为数字企业，则 $\text{DS}_{it} = 1$，否则 $\text{DS}_{it} = 0$；λ_t 表示年份固定效应；ε_{it} 表示"企业—年份"层面的随机误差项。请注意，数字企业在这里被定义为内部数字化水平指数大于0的企业。当以基准指数度量企业内部数字化水平时，令 $\text{DS}_{it} = \text{DL}_{it}^{\text{IN,BI}}$，$\text{DL}_{it}^{\text{IN,BI}}$ 是 $\text{DL}_{it}^{\text{IN}}$ 的二值版本，当 $\text{DL}_{it}^{\text{IN}} > 0$ 时，有 $\text{DL}_{it}^{\text{IN,BI}} = 1$，当 $\text{DL}_{it}^{\text{IN}} = 0$ 时，则有 $\text{DL}_{it}^{\text{IN,BI}} = 0$；若以备择指数度量，则 DS_{it} 可直接被替换为 $\text{DL}_{it}^{\text{IN}*A}$ 或 $\text{DL}_{it}^{\text{IN}*B}$。理论上，2015年和2016年的数字化状态组合可以将所有在位企业分为三种类型：第一类直到2016年仍未完成从传统企业向数字企业的转变，记为"0—0"型；第二类在2015年之前就已经完成这种转变，记为"1—1"型；第三类在2015年是传统企业，但到2016年便成为数字企业，即在这2年间（某个时间点）发生了数字革命，记为"0—1"型。根据数字化状态变量

DS_{it} 的定义，基于式（6-1），给定两年间的生产率变化 ΔEDU_i，我们可以依次快速写出上述三种类型企业 2016 年的创新强度相较于 2015 年增量的数学期望：

$$E\left(\Delta P_i^{0-0}\right)=\alpha*\Delta EDU_i+\Delta\lambda,$$
$$E\left(\Delta P_i^{1-1}\right)=(\alpha+\gamma)*\Delta EDU_i+\Delta\lambda,$$
$$E\left(\Delta P_i^{0-1}\right)=\beta+(\alpha+\gamma)*\Delta EDU_i+\Delta\lambda。$$

由第五章第一节对代表性企业创新增长路径的分析可知，"0-0"型企业创新强度提高仅源自生产率提升。在此基础上，"1-1"型企业的创新活动还受益于内部数字化的数字赋能效应。因此，后者与前者的创新强度提高量期望之差，$\gamma*\Delta EDU_i$，就在平均意义上反映了数字赋能效应的规模。同理，相较于"1-1"型，内部数字化的数字革命效应成为"0-1"型企业创新扩张的新渠道，故 β 就代表了数字革命效应的平均大小。综上所述，在回归分析中，我们可以利用式（6-1）中的参数 β 和 γ 分别捕捉内部数字化的数字革命效应和数字赋能效应。根据命题 6-1 和命题 6-2，我们应当预期这两个参数的估计值显著为正。

在验证命题 6-1 和命题 6-2 事实性叙述的基础上，我们还要进一步检验隐藏在其背后，从内部数字化水平提升到可及市场规模扩大，再到创新强度提高的传导机制。值得注意的是，由于企业的内部数字化水平是取决于其生产率的内生变量，完整的效应传导链条还应包括作为起始部分的从生产率提高到内部数字化水平提升这一环节。为了确认传导链条的有效性，我们需要将链条中每个环节的后置变量对前置变量进行回归，并控制作为潜在影响因素的前置环节中的变量以降低内生性，由此可依次建立如下三个回归方程：

$$\text{IDL}_{it} = \alpha \text{EDU}_{it} + \theta_i + \theta_t + \varepsilon_{it} \tag{6-2}$$

$$\ln \text{NSIR}_{it} = \alpha \text{EDU}_{it} + \beta \text{IDL}_{it} + \theta_i + \theta_t + \varepsilon_{it} \tag{6-3}$$

$$P_{it} = \alpha \text{EDU}_{it} + \beta \text{IDL}_{it} + \gamma \ln \text{NSIR}_{it} + \theta_i + \theta_t + \varepsilon_{it} \tag{6-4}$$

其中，IDL_{it} 是企业 i 在 t 年的内部数字化水平指数，$\text{IDL}_{it} \in \{ \text{DL}_{it}^{\text{IN}}, \text{DL}_{it}^{\text{IN}*A}, \text{DL}_{it}^{\text{IN}*B} \}$；$\ln \text{NSIR}_{it}$ 表示企业 i 在 t 年计划通过网络招聘的人数的自然对数；P_{it} 表示企业 i 在 t 年的专利申请/授权数量，$P_{it} \in \{ P_{it}^{\text{AP}}, P_{it}^{\text{GR}} \}$；$\theta_i$ 和 θ_t 分别控制企业固定效应和年份固定效应；ε_{it} 是"企业—年份"层面的随机误差项。在由上述三个回归方程构成的识别系统中，式（6-2）的参数 α、式（6-3）的参数 β 和式（6-4）的参数 γ 分别用于捕捉传导效应链条的第一、二、三个环节前置变量对后置变量的影响。如果理论推导所揭示的企业内部数字化转型创新效应的作用机制是有效的，我们应当预期这三个回归方程参数的估计值显著为正。

二、实证结果

表6-2汇报了式（6-1）基于所有样本的估计结果，这些结果均以非标准化回归系数的估计值呈现。总体来看，企业内部数字化转型的数字革命效应和数字赋能效应均得到了强有力的统计支持，且对不同的创新强度衡量方法表现出良好的稳健性。以企业专利申请量之差为被解释变量，（Ⅰ）列的结果表明，若以内部数字化水平基准指数的二值版本识别企业的数字化状态，则在给定其他变量的条件下，从传统企业向数字企业转变的数字革命为企业平均带来2.36件专利申请量的增长，尽管2016年企业平均专利申请量（基数）比2015年少8.23件（这与图4-1反映的典型事实一致）；数字赋能使数字企业利用自身效率优化扩大创新规模的能力相较于传统企业增

表6-2　内部数字化的数字革命效应和数字赋能效应:全样本估计

被解释变量	统计变量	$DS_{it} = DL_{it}^{IN,BI}$	$DS_{it} = DL_{it}^{IN*A}$	$DS_{it} = DL_{it}^{IN*B}$
		(I)	(II)	(III)
企业专利申请量之差 ΔP_i^{AP} ($\Delta P_i^{AP} = P_{i,t=2016}^{AP} - P_{i,t=2015}^{AP}$)	ΔEDU_i	3.283*** (0.644)	1.040 (0.713)	2.263*** (0.677)
	ΔDS_i	2.361** (1.102)	7.288** (3.695)	4.609*** (1.460)
	$\Delta EDU_i*DS_{i,t=2016}$	6.970*** (1.474)	10.700* (5.578)	8.424*** (2.596)
	$\Delta \lambda$	−8.228*** (0.603)	−7.311*** (0.531)	−7.436*** (0.575)
	调整 R^2	0.002	0.001	0.003
	N	18857	14511	14511
企业专利授权量之差 ΔP_i^{GR} ($\Delta P_i^{GR} = P_{i,t=2016}^{GR} - P_{i,t=2015}^{GR}$)	ΔEDU_i	1.037*** (0.383)	1.415** (0.684)	1.086** (0.438)
	ΔDS_i	2.651** (1.218)	5.377** (2.623)	3.486** (1.719)
	$\Delta EDU_i*DS_{i,t=2016}$	2.177** (1.037)	2.579 (2.463)	2.955*** (0.534)
	$\Delta \lambda$	1.958*** (0.325)	2.234*** (0.413)	2.242*** (0.428)
	调整 R^2	0.002	0.001	0.002
	N	18857	14511	14511

注:①表格汇报的结果均为式(6-1)中相应参数的非标准化OLS估计量。②在估计式(6-1)所用的样本中,部分企业在2015年是数字企业(数字化状态变量取值为1),2016年却不再是(数字化状态变量取值为0),即出现了"逆内部数字化转型"的现象($\Delta DS_i = -1$)。尽管此前的分析并未涉及这种情形,但内部数字化转型在技术上是可逆的,因为内部数字化的本质是企业层面专用数字技术的研发和升级。企业如果发现使用数字技术无利可图,可以随时停止相应的研发项目和升级工程,并撤出投入其中的运营和维护资源。③专利申请/授权数量的数据已经过1%水平的缩尾处理。④括号内是异方差稳健标准误。⑤*、**和***分别表示估计量在10%、5%和1%的水平上显著。

强了212%；当企业拟聘劳动力平均受教育程度提升一个等级时，数字企业的专利申请量平均增加10.25件，而传统企业仅增加3.28件。在变更企业的数字化状态识别方法后，正如(Ⅱ)列和(Ⅲ)列所展示的那样，参数估计结果仍然支持内部数字化两种创新效应的存在性，但其反映的效应强度与(Ⅰ)列中的结果存在显著差异。除了拟聘人员中包含数字技能劳动力之外，若进一步要求数字企业还必须在指定的数字经济核心产业中，则数字革命效应和数字赋能效应在平均意义上分别提升209%和54%[比较(Ⅰ)列和(Ⅱ)列的结果]，但相应参数的估计精度大幅下降；若将额外要求改为经营数字业务，则两种效应均变得更加温和，但仍分别有95%和21%的提升[比较(Ⅰ)列和(Ⅲ)列的结果]，且参数估计值具有极高的统计显著性。上述结果暗示：一是使用较为宽松的数字企业判定条件可能低估内部数字化两种创新效应的强度；二是就准确识别企业的数字化状态而言，企业的经营范围可能提供了比其所属行业更多的有效且可靠的信息（第二章和第四章亦多次指出这一点）。

在以企业专利授权量之差作为被解释变量的估计结果中，尽管内部数字化的两种创新效应，特别是数字赋能效应，相较于以企业专利申请量之差为被解释变量，在绝大多数回归方程设定下均有不同程度的弱化[(Ⅰ)列结果对应的数字革命效应是唯一的例外]，但它们在经济学和统计意义上的存在性以及隐含于三列结果对比中的两个延伸性推论仍然成立。

然而，潜在的质疑者可能认为，式（6-1）作为数字革命效应和数字赋能效应识别系统的有效性依赖于一条重要的假设："0—0"、"1—1"和"0—1"这三种类型的企业（参见本节第一部分）在基期（2015年）具有相同的生产率。若该假设不成立，即使内部数字化转型的两种创新效应均存在且作用模式与理论分析的预测一致，由于企业创新强度随生产率变化的曲线在数字赋能效应的影响下具有递增的切线斜率绝对值（见图5-2），相同生产率提高量为初始生产率不同的数字企业带来的创新强度提高幅度存在差异，这就导致式（6-1）中的参数 β 和 γ 无法正确地（分别）捕捉数字革命效应和数字赋能效应。[①]为了排除不同类型企业的初始生产率差异对估计结果的干扰，我们可以利用倾向得分匹配技术筛选出在基期具有相同或相近生产率的传统企业和数字企业，而后再基于这个匹配后的样本重新估计并校准式（6-1）中的参数。表6-3列出了新的非标准化估计结果。由表6-3可知，即使将企业的初始生产率控制在相同或相近水平，尽管与基于全样本的估计结果略有差异，内部数字化转型的数字革命效应和数字赋能效应在经济学与统计意义上均仍具有较高的显著性。给定其他变量，数字革命效应使企业的专利申请和授权量平均分别增长2.28—4.85件和1.11—3.12件；数字赋能效应为企业拟聘劳动力平均受教育程度等级单位增长引致的专利申请和授权量增幅平均分别带来5.12—10.39件和2.36—3.42件的提升，分别相当于基础水平的94%—205%和188%—244%。此外，不同

---

① 若"0—0"、"1—1"和"0—1"三种类型企业的初始生产率不同，则它们在2015—2016年创新强度提高量的数学期望，基于式（6-1），可被依次写为：

$$E'(\Delta P_i^{0-0}) = \alpha \times \Delta EDU_i + \Delta \lambda,$$

$$E'(\Delta P_i^{1-1}) = (\alpha + \gamma_1) * \Delta EDU_i + \Delta \lambda,$$

$$E'(\Delta P_i^{0-1}) = \beta + (\alpha + \gamma_2) * \Delta EDU_i + \Delta \lambda,$$

其中，$\gamma_1 \neq \gamma_2$ 且 γ_1 和 γ_2 均异于隐含相同初始生产率假设的式（6-1）中的 γ。给定 ΔEDU_i，由

$$E'(\Delta P_i^{1-1}) - E'(\Delta P_i^{0-0}) = \gamma_1 * \Delta EDU_i,$$

$$E'(\Delta P_i^{0-1}) - E'(\Delta P_i^{1-1}) = \beta + (\gamma_2 - \gamma_1) * \Delta EDU_i$$

可知，式（6-1）中的参数 γ 实际上是对 γ_1 的估计，而参数 β 实际捕捉的效应也混杂了由初始生产率不同带来的创新强度额外差异。

表6-3　内部数字化的数字革命效应和数字赋能效应：匹配样本估计

被解释变量	统计变量	$DS_{it} = DL_{it}^{IN,BI}$	$DS_{it} = DL_{it}^{IN*A}$	$DS_{it} = DL_{it}^{IN*B}$
		(Ⅰ)	(Ⅱ)	(Ⅲ)
企业专利申请量之差 ΔP_i^{AP} ($\Delta P_i^{AP} = P_{i,t=2016}^{AP} - P_{i,t=2015}^{AP}$)	ΔEDU_i	5.417*** (0.669)	1.973 (2.369)	3.716** (1.555)
	ΔDS_i	2.275* (1.342)	4.847* (2.665)	3.094*** (1.172)
	$DS_{i,t=2016}*\Delta EDU_i$	5.119*** (1.578)	10.386*** (3.324)	7.605*** (2.261)
	$\Delta\lambda$	−12.707*** (1.531)	−10.817*** (1.451)	−11.669*** (1.733)
	调整 R^2	0.006	0.005	0.008
	N	7415	5622	5622
企业专利授权量之差 ΔP_i^{GR} ($\Delta P_i^{GR} = P_{i,t=2016}^{GR} - P_{i,t=2015}^{GR}$)	ΔEDU_i	1.252** (0.613)	1.500*** (0.496)	1.404** (0.688)
	ΔDS_i	1.105** (0.489)	3.123* (1.878)	2.614*** (0.817)
	$DS_{i,t=2016}*\Delta EDU_i$	2.360** (1.175)	2.967* (1.570)	3.419*** (0.993)
	$\Delta\lambda$	2.948*** (1.011)	2.752** (1.065)	3.266** (1.315)
	调整 R^2	0.005	0.006	0.009
	N	7415	5622	5622

注：①表格各列汇报的结果均为式（6-1）中相应参数的非标准化 OLS 估计量。②式（6-1）所用的是基于倾向得分的匹配样本，倾向得分以2015年企业的数字化状态（以基准指数的二值版本 $DL_{it}^{IN,BI}$ 为准）为处理变量，同年企业的拟聘劳动力平均受教育程度为协变量计算得到。平衡性检验的结果显示，在未匹配的样本中，处理组和控制组的协变量均值分别为1.35和1.18，具有1%水平上的统计差异，协变量的标准化偏差达到28%；在匹配成功的样本中，处理组和控制组的协变量均值均为1.35。这表明原样本的确存在不同类型企业初始生产率不同的问题，而该问题在匹配后的样本中得到了充分的缓解。③匹配后的样本中仍然有部分企业在2015—2016年进行"逆内部数字化转型"。参见表6-2注释的第②点。④专利申请/授权数量的数据已经过1%水平的缩尾处理。⑤括号内是异方差稳健标准误。⑥*、**和***分别表示估计量在10%、5%和1%的水平上显著。

列的结果间的差异同样延续了表6-2的模式：无论以何种方式衡量企业的创新强度，相较于基准指数，使用内部数字化水平备择指数估计出的两种创新效应更强；与备择指数A相比，使用备择指数B得到的相应参数估计值更精确。这令我们有更充分的理由相信上文从表6-2的跨列结果对比中导出的那两点推论。

在式（6-1）的基础上，由式（6-2）、式（6-3）和式（6-4）组成的识别系统进一步研究了内部数字化创新效应的作用机制，相应的标准化参数估计结果列于表6-4。

表6-4　内部数字化创新效应的作用机制

被解释变量	统计变量	$\mathrm{IDL}_{it} = \mathrm{DL}_{it}^{\mathrm{IN}}$		$\mathrm{IDL}_{it} = \mathrm{DL}_{it}^{\mathrm{IN}*A}$		$\mathrm{IDL}_{it} = \mathrm{DL}_{it}^{\mathrm{IN}*B}$	
		（Ⅰ）	（Ⅱ）	（Ⅲ）	（Ⅳ）	（Ⅴ）	（Ⅵ）
内部数字化水平指数 IDL_{it}	EDU_{it}	0.176*** (0.004)	0.030*** (0.006)	0.066*** (0.004)	0.011** (0.005)	0.133*** (0.004)	0.028*** (0.007)
	F.E.		√		√		√
	调整R^2	0.025	0.003	0.004	0.000	0.016	0.001
	N	80483	80483	62488	62488	62488	62488
网络招聘人员数的自然对数 $\ln \mathrm{NISR}_{it}$	EDU_{it}	−0.055*** (0.003)	−0.035*** (0.006)	0.026*** (0.004)	−0.030*** (0.007)	0.001 (0.004)	−0.034*** (0.007)
	IDL_{it}	0.436*** (0.002)	0.384*** (0.006)	0.082*** (0.003)	0.092*** (0.011)	0.234*** (0.003)	0.169*** (0.008)
	F.E.		√		√		√
	调整R^2	0.287	0.185	0.011	0.010	0.075	0.036
	N	80483	80483	62488	62488	62488	62488
企业专利申请量P_{it}^{AP}	EDU_{it}	0.056*** (0.004)	−0.003 (0.004)	0.041*** (0.004)	−0.003 (0.005)	0.042*** (0.004)	−0.003 (0.005)
	IDL_{it}	0.046*** (0.007)	−0.000 (0.008)	0.008 (0.007)	−0.002 (0.004)	−0.003 (0.003)	0.001 (0.005)
	$\ln \mathrm{NISR}_{it}$	0.071*** (0.008)	0.027*** (0.009)	0.108*** (0.010)	0.024*** (0.009)	0.110*** (0.010)	0.023** (0.009)

续表

被解释变量	统计变量	$\text{IDL}_{it} = \text{DL}_{it}^{\text{IN}}$		$\text{IDL}_{it} = \text{DL}_{it}^{\text{IN}*A}$		$\text{IDL}_{it} = \text{DL}_{it}^{\text{IN}*B}$	
		（Ⅰ）	（Ⅱ）	（Ⅲ）	（Ⅳ）	（Ⅴ）	（Ⅵ）
企业专利申请量 P_{it}^{AP}	F.E.		√		√		√
	调整 R^2	0.011	0.034	0.013	0.036	0.012	0.036
	N	80483	80483	62488	62488	62488	62488
企业专利授权量 P_{it}^{GR}	EDU_{it}	0.061*** (0.005)	−0.001 (0.004)	0.045*** (0.004)	0.003 (0.005)	0.046*** (0.004)	0.003 (0.005)
	IDL_{it}	0.039*** (0.008)	0.009* (0.005)	−0.001 (0.006)	0.000 (0.004)	−0.015*** (0.003)	0.003 (0.005)
	$\ln \text{NISR}_{it}$	0.091*** (0.007)	0.004 (0.009)	0.132*** (0.013)	0.006 (0.013)	0.137*** (0.013)	0.006 (0.013)
	F.E.		√		√		√
	调整 R^2	0.012	0.003	0.014	0.003	0.015	0.003
	N	80483	80483	62488	62488	62488	62488

注：①表格汇报的结果均为式（6-2）、式（6-3）和式（6-4）中相应参数的标准化 OLS 估计量。②专利申请/授权数量的数据已经过1%水平的缩尾处理。③括号内是企业层面的聚类稳健标准误。④**和***分别表示估计量在5%和1%的水平上显著。

正如我们所见，表6-4汇报的结果为"企业生产率改进—内部数字化水平提升—可及市场规模扩大—创新强度增长"的效应传导链条的存在性和有效性提供了支持性证据。值得注意的是，当检验该传导链条的第二、三个环节时，在控制前一个环节中所有解释变量的条件下，引入当前待检验环节的核心解释变量会不同程度地削弱这些控制变量的参数估计值在经济学和统计意义上的显著性①，且当前待检验环节的核心解释变量对（当前环节）被解释变量变化的解释能力在不同的计量模型设定下均明显高于前

---

① 在同一列中以被解释变量为内部数字化水平指数的 EDU_{it} 的参数估计结果为基准，将其与被解释变量为网络招聘人数的自然对数和被解释变量为企业专利申请量的对应的结果进行比较；或以被解释变量为网络招聘人数的自然对数的 IDL_{it} 的参数估计结果为基准，将其与被解释变量为企业专利申请量的对应的结果进行比较。

一环节的所有解释变量（请在同一列同一部中以位于最下方变量的参数估计结果为基准，将其与上方变量的参数估计结果进行比较），这使我们有更充分的理由相信可及市场规模的扩大是企业内部数字化转型两种创新效应的作用渠道。此外，以企业专利授权量为被解释变量的式（6-4）的估计结果中，尽管(Ⅰ)列、(Ⅲ)列和(Ⅴ)列延续了以企业专利申请量为被解释变量的模式，但控制来自企业和年份的双向固定效应后，在(Ⅱ)列、(Ⅳ)列和(Ⅵ)列并未发现企业可及市场规模扩大引致创新强度提高的证据，其他控制变量的参数估计值也都大幅缩小，并且不再具有统计显著性。这或许意味着相较于企业的实际创新能力或创新成果质量，上述传导机制更适用于解释企业创新意愿或积极性的提高如何由其内部数字化转型驱动。另一个潜在的原因是，由于专利从申请到授权需要经历一段因专利类型而异的审查时间①，某年的专利授权量数据可能包含前一年甚至过去几年的信息，而这些信息的模式难以被当年其他变量中的因素所捕捉。

第三节　出口贸易的调节作用

本节检验命题6-3和命题6-4。这两个命题指出，在开放条件下，企业参与出口贸易有助于更充分地释放内部数字化转型的两种创新促进效应，也即保持其他变量不变，出口企业在完成由传统企业向数字企业转变时的创新强度跃迁，以及给定内部数字化水平提高量时生产率单位提升带来的创新强度提高，在幅度上均大于内销企业。这些陈述凸显出企业的出口贸易参与在正向调节内部数字化转型对创新活动的推动作用上扮演的重要角

---

① 在中国，专利共有发明专利、实用新型专利和外观设计专利三种类型。其中，发明专利的审查周期较长，平均超过2年；实用新型专利和外观设计专利的审查周期较短，一般在1年以内。

色，并包含以创新驱动可持续增长为目标的经济体应当加快开放化转型或进一步提高开放程度和质量的政策启示。

一、识别策略

为了捕捉出口贸易对企业内部数字化转型两种创新效应的调节作用，在式（6-1）等号右侧加入企业在2016年的出口状态变量$EXP_{i,t=2016}$与原式中分别用于捕捉数字革命效应和数字赋能效应的ΔDS_i和$\Delta EDU_i*DS_{i,t=2016}$组成的交互项，从而赋予出口企业和内销企业在这两者上不同的斜率（同时也加入了企业出口状态变量的跨年差分形式ΔEXP_i和交互项$\Delta EDU_i*EXP_{i,t=2016}$以分别捕捉企业出口状态类似于数字化属性在突变时产生的创新强度跃迁效应和出口贸易通过增强内部数字化转型数字赋能效应以外的渠道对企业生产率和创新强度间关系的调节作用）：

$$\Delta P_i = \alpha_1*\Delta EDU_i + \alpha_2*\Delta DS_i + \alpha_3*\Delta EXP_i$$
$$+ \beta_1*\Delta EDU_i*DS_{i,t=2016} + \beta_2*\Delta EDU_i*EXP_{i,t=2016}$$
$$+ \beta_3*\Delta DS_i*EXP_{i,t=2016} + \gamma*\Delta EDU_i*DS_{i,t=2016}*EXP_{i,t=2016}$$
$$+ \Delta \lambda + \Delta \varepsilon_i \tag{6-5}$$

其中，$\Delta EXP_i = EXP_{i,t=2016} - EXP_{i,t=2015}$；若企业$i$在$t$年（$t$取2015或2016）参与出口贸易，则$EXP_{it}=1$，否则$EXP_{it}=0$。结合数字化状态变量，出口状态变量的加入使企业在理论上可被划分为的类型数由3提升至9。基于式（6-5），给定2015—2016年的生产率变化ΔEDU_i并记其为r，表6-5列出了这9种不同类型企业两年间创新强度增量省略公共项$\Delta \lambda$［企业创新强度独立于其他因素而仅随时间（年份）变化的不可观测部分在这两年间的差值］的数学期望。

表6-5　不同类型企业创新强度增量的数学期望

类型	内销→内销	出口→出口	内销→出口
传统→传统	$\alpha_1 r$	$(\alpha_1 + \beta_2)r$	$(\alpha_1 + \beta_2)r + \alpha_3$
数字→数字	$(\alpha_1 + \beta_1)r$	$(\alpha_1 + \beta_1 + \beta_2 + \gamma)r$	$(\alpha_1 + \beta_1 + \beta_2 + \gamma)r + \alpha_3$
传统→数字	$(\alpha_1 + \beta_1)r + \alpha_2$	$\left(\alpha_1 + \sum_{i=1}^{3}\beta_i + \gamma\right)r + \alpha_2$	$\left(\alpha_1 + \sum_{i=1}^{3}\beta_i + \gamma\right)r + \alpha_2 + \alpha_3$

注：①表格中的期望值基于式（6-5）计算。限于空间且为了避免不必要的重复，所有结果均省略了公共项$\Delta\lambda$。②每个期望值均对应一种企业类型，企业类型由相应期望值所在行的第一列和所在列的第一行中的转型概要信息联合决定。例如，"传统→数字"（表示企业在2015年是传统企业，2016年转型为数字企业）和"内销→出口"（表示企业在2015年是内销企业，2016年转型为出口企业）的组合决定了一种企业类型。由于数字化属性和出口状态在两年间的变更模式各有3种，企业类型共计9种。

不妨将表6-5中除去第一行和第一列后所剩的内容视为一个3×3的矩阵，将其记为$\mathbf{A}$，其第i行第j列的元素记为$a_{ij}(i,j\leqslant3, i,j\in\mathbb{N}_+)$。矩阵$\mathbf{A}$中元素所在的行数和列数分别取决于其对应企业的数字化属性和出口状态的变更模式——元素位于第1、2、3行分别表示对应企业从2015年到2016年实现了从传统企业向传统企业、从数字企业向数字企业、从传统企业向数字企业的转变（前两者意味着数字化属性不变）；位于第1、2、3列则分别表示实现了从内销企业向内销企业、从出口企业向出口企业、从内销企业向出口企业的转变（前两者意味着出口状态不变）。根据上述信息，我们就可以分别写出企业的出口贸易参与对内部数字化转型两种创新效应的调节作用[①]：

---

① 请注意，出口贸易调节作用使用矩阵$\mathbf{A}$中元素的表达式并不唯一。例如，DR_{EXP}和DE_{EXP}还可以分别写成：

$DR'_{EXP} = (a_{33} - a_{31}) - (a_{23} - a_{21})$，

$DE'_{EXP} = (a_{33} - a_{31}) - (a_{23} - a_{21})$。

尽管在经济含义上略有不同，但DR_{EXP}和DR'_{EXP}的代数约简形式均为$\beta_3 r$，DE_{EXP}和DE'_{EXP}的代数约简形式均为γr。

$$\mathrm{DR_{EXP}}=\left(a_{32}-a_{31}\right)-\left(a_{22}-a_{21}\right)=\beta_3 r,$$
$$\mathrm{DE_{EXP}}=\left(a_{22}-a_{21}\right)-\left(a_{12}-a_{11}\right)=\gamma r。$$

其中，$\mathrm{DR_{EXP}}$ 表示出口贸易对数字革命效应的调节作用，包含一个三重差分结构（矩阵 A 中的元素已经过一次差分）：$a_{32}-a_{31}$ 是出口型企业数字化属性变更带来的创新强度期望提升与内销型企业的差，包含出口贸易对数字革命效应、数字赋能效应和源自其他渠道的企业生产率与创新强度关系的调节作用，从中减去表示后两项之和的 $a_{22}-a_{21}$——"出口—数字"型与"内销—数字"型企业创新强度提高量的期望差——即可得到 $\mathrm{DR_{EXP}}$；$\mathrm{DE_{EXP}}$ 表示出口贸易对数字赋能效应的调节作用，同样以一个三重差分结构呈现：$a_{22}-a_{21}$ 是出口贸易对数字赋能效应和独立于内部数字化水平的企业生产率与创新强度关系调节作用的混合，"出口—传统"型与"内销—传统"型企业创新强度增量的期望差 $(a_{12}-a_{11})$ 则只包括独立于内部数字化水平的企业生产率与创新强度关系调节作用，$a_{22}-a_{21}$ 和 $a_{12}-a_{11}$ 相减遂得数字赋能效应。由 $\mathrm{DR_{EXP}}$ 和 $\mathrm{DE_{EXP}}$ 的约简形式（相应表达式第二个等号右侧的部分）可知，在企业的生产率波动 r 保持不变的条件下，式（6-5）中的参数 β_3 和 γ 分别捕捉出口贸易对数字革命效应和数字赋能效应的调节作用。根据命题6-3和命题6-4，我们应当预期这两个参数的估计值显著为正。

二、实证结果

表6-6汇报了式（6-5）使用所有样本估计非标准化参数的结果。正如我们所见，存在充足且强力的证据支持企业的出口贸易参与对其内部数字化转型的两种创新效应——数字革命效应和数字赋能效应——的正向调节作用：给定其他变量，与内销企业相比，数字革命效应为出口企业的专利

申请量和授权量平均分别带来3.40—6.16件和1.07—1.45件的额外增长；数字赋能效应使出口企业拟聘劳动力平均受教育程度等级单位增长引致的专利申请量和授权量增幅平均分别扩大9.52—16.55件和1.43—1.75件。尽管以专利授权量为被解释变量所估计出的调节作用强度相较于以专利申请量作为企业创新强度代理的情形有明显的收缩，使用不同的内部数字化水平指数亦会在相当程度上影响估计参数的大小，但上述结果的统计显著性对企业内部数字化水平衡量方式的选择并不敏感。这表明出口贸易对企业内部数字化转型创新效应调节作用的存在性在统计意义上是稳健的，但估计强度随计量模型设定的调整具有较大的可变性。

另外，我们注意到表6-2和表6-3中均显著的ΔDS_i和$\Delta EDU_i * DS_{i,t=2016}$的参数估计值（分别用于捕捉数字革命效应和数字赋能效应）在表6-6中尽管符号保持不变，但几乎都不能在10%的水平上检测出与0的统计差异。这暗示，与外部数字化相同，对内部数字化转型的创新促进效应而言，企业的出口贸易参与所扮演的角色不只是（正向）调节因子，同时也是激活因子。对于在位企业而言，若仅服务于当地市场，受制于有限的固有市场规模，内部数字化转型对创新强度提升的促进作用将变得非常微小且波动很大，以至于在统计意义上无法被识别。只有在企业成功开辟海外市场后，专用数字技术的市场边界拓宽效应才开始凸显并在各种影响企业创新的潜在因素中占据主导地位，上述促进作用才能得到足够充分的释放。

表6-6　出口贸易对内部数字化影响企业创新的正向调节：全样本估计

被解释变量	统计变量	$DS_{it} = DL_{it}^{IN,BI}$	$DS_{it} = DL_{it}^{IN*A}$	$DS_{it} = DL_{it}^{IN*B}$
		（I）	（II）	（III）
企业专利申请量之差 ΔP_i^{AP} （$\Delta P_i^{AP} = P_{i,t=2016}^{AP} - P_{i,t=2015}^{AP}$）	ΔDS_i	0.844 (0.693)	1.972 (1.823)	1.764* (0.969)
	$\Delta EDU_i*DS_{i,t=2016}$	2.788 (1.900)	0.964 (1.346)	0.082 (1.288)
	$\Delta DS_i*EXP_{i,t=2016}$	6.116* (3.354)	3.398** (1.444)	6.164*** (2.269)
	$\Delta EDU_i*DS_{i,t=2016}*EXP_{i,t=2016}$	16.549*** (5.921)	9.516** (4.380)	13.094*** (4.628)
	$\Delta\lambda$	-7.350*** (0.512)	-6.785*** (0.502)	-6.951*** (0.540)
	调整 R^2	0.001	0.001	0.003
	N	18857	14511	14511
企业专利授权量之差 ΔP_i^{GR} （$\Delta P_i^{GR} = P_{i,t=2016}^{GR} - P_{i,t=2015}^{GR}$）	ΔDS_i	0.618 (0.526)	0.359 (0.789)	0.545 (0.748)
	$\Delta EDU_i*DS_{i,t=2016}$	0.892** (0.404)	0.973 (0.957)	0.836 (0.968)
	$\Delta DS_i*EXP_{i,t=2016}$	1.145** (0.462)	1.067** (0.465)	1.449*** (0.543)
	$\Delta EDU_i*DS_{i,t=2016}*EXP_{i,t=2016}$	1.428** (0.625)	1.745** (0.693)	1.619** (0.739)
	$\Delta\lambda$	1.945*** (0.313)	1.667*** (0.358)	1.794*** (0.386)
	调整 R^2	0.001	0.001	0.002
	N	18857	14511	14511

注：①表格汇报的结果均为式（6-5）中核心解释变量参数的非标准化OLS估计量。②在式（6-5）所用的样本中，既有部分企业出现逆数字化转型的现象，也有部分企业出现逆外向化转型的现象（即在2015年是出口企业，2016年却转为内销企业）。③专利申请/授权数量和作为企业出口状态赋值依据的加总出口额的数据均已经过1%水平的缩尾处理。④括号内是异方差稳健标准误。⑤*、**和***分别表示估计量在10%、5%和1%的水平上显著。

与表6-2类似，表6-6所汇报的结果也可能受到样本中不同类型企业基期生产率差异的干扰，以致无法准确或有效地捕捉企业的出口贸易参与对内部数字化两种创新效应的调节作用。因此，我们不妨沿用此前提到的倾向得分匹配法，先将具有相同或相近基期生产率的企业筛选出来，再估计原回归方程。值得注意的是，在这里，企业的类型有数字化状态和出口状态两个维度，且它们均与企业的生产率有关，也都有可能导致状态不同的企业间存在系统性的基期生产率差异。对此，我们可以分别将数字化状态和出口状态作为处理变量，独立地进行两次倾向得分匹配，从而得到两个匹配样本。表6-7和表6-8分别汇报了基于这两个匹配样本的式（6-5）的

表6-7　出口贸易对内部数字化影响企业创新的正向调节：匹配样本估计 I

被解释变量	统计变量	$DS_{it} = DL_{it}^{IN, BI}$	$DS_{it} = DL_{it}^{IN*A}$	$DS_{it} = DL_{it}^{IN*B}$
		（I）	（II）	（III）
企业专利申请量之差 ΔP_i^{AP}（$\Delta P_i^{AP} = P_{i,t=2016}^{AP} - P_{i,t=2015}^{AP}$）	ΔDS_i	1.089 (1.493)	2.483 (2.923)	2.762 (2.914)
	$\Delta EDU_i*DS_{i,t=2016}$	1.663 (2.632)	3.769** (1.815)	3.011 (6.322)
	$\Delta DS_i*EXP_{i,t=2016}$	6.522* (3.904)	4.458*** (1.705)	8.005*** (1.218)
	$\Delta EDU_i*DS_{i,t=2016}*EXP_{i,t=2016}$	16.924** (6.954)	14.714** (6.412)	16.949* (9.797)
	$\Delta \lambda$	−12.942*** (1.548)	−9.776*** (1.229)	−11.069*** (1.502)
	调整 R^2	0.005	0.006	0.004
	N	7415	5622	5622
企业专利授权量之差 ΔP_i^{GR}（$\Delta P_i^{GR} = P_{i,t=2016}^{GR} - P_{i,t=2015}^{GR}$）	ΔDS_i	1.129 (0.779)	1.227 (0.961)	2.378 (2.544)
	$\Delta EDU_i*DS_{i,t=2016}$	1.109 (1.482)	0.735 (1.170)	2.377 (2.389)

续表

被解释变量	统计变量	$DS_{it} = DL_{it}^{IN, BI}$	$DS_{it} = DL_{it}^{IN*A}$	$DS_{it} = DL_{it}^{IN*B}$
		（Ⅰ）	（Ⅱ）	（Ⅲ）
企业专利授权量之差 ΔP_i^{GR}（$\Delta P_i^{GR} = P_{i,t=2016}^{GR} - P_{i,t=2015}^{GR}$）	$\Delta DS_i * EXP_{i,t=2016}$	2.425** (0.982)	2.037* (1.167)	5.297** (2.473)
	$\Delta EDU_i * DS_{i,t=2016} * DS_{i,t=2016}$	2.580* (1.440)	2.634** (1.233)	6.124* (3.636)
	$\Delta\lambda$	3.325*** (0.897)	2.067** (0.905)	2.854*** (1.069)
	调整 R^2	0.003	0.001	0.003
	N	7415	5622	5622

注：①表格汇报的结果均为式（6-5）中核心解释变量参数的非标准化 OLS 估计量。②式（6-5）所用的是基于倾向得分的匹配样本，与得到表6-3中结果所使用的样本相同。欲知该样本的相关细节，参见表5-3下方注释的第②点。③匹配后的样本中仍然有部分企业存在逆数字化转型和/或逆外向化转型现象，参见表6-2下方注释的第②点和表6-6下方注释的第②点。④专利申请/授权数量和作为企业出口状态赋值依据的加总出口额的数据均已经过1%水平的缩尾处理。⑤括号内是异方差稳健标准误。⑥*、**和***分别表示估计量在10%、5%和1%的水平上显著。

表6-8　出口贸易对内部数字化影响企业创新的正向调节：匹配样本估计Ⅱ

被解释变量	统计变量	$DS_{it} = DL_{it}^{IN, BI}$	$DS_{it} = DL_{it}^{IN*A}$	$DS_{it} = DL_{it}^{IN*B}$
		（Ⅰ）	（Ⅱ）	（Ⅲ）
企业专利申请量之差 ΔP_i^{AP}（$\Delta P_i^{AP} = P_{i,t=2016}^{AP} - P_{i,t=2015}^{AP}$）	ΔDS_i	1.704*** (0.636)	1.555 (1.160)	3.502** (1.636)
	$\Delta EDU_i * DS_{i,t=2016}$	2.727 (3.794)	2.621 (2.517)	5.659 (6.239)
	$\Delta DS_i * EXP_{i,t=2016}$	4.968** (2.104)	5.007* (2.857)	9.310** (4.014)
	$\Delta EDU_i * DS_{i,t=2016} * EXP_{i,t=2016}$	12.256** (5.643)	11.586* (6.159)	26.949** (10.867)
	$\Delta\lambda$	−9.600*** (1.050)	−10.067*** (1.286)	−10.912*** (1.311)
	调整 R^2	0.009	0.010	0.007
	N	5769	4405	4405

续表

被解释变量	统计变量	$DS_{it} = DL_{it}^{IN, BI}$	$DS_{it} = DL_{it}^{IN*A}$	$DS_{it} = DL_{it}^{IN*B}$
		(I)	(II)	(III)
企业专利授权量之差 ΔP_i^{GR} ($\Delta P_i^{GR} = P_{i,t=2016}^{GR} - P_{i,t=2015}^{GR}$)	ΔDS_i	0.377 (2.001)	0.536 (0.681)	1.492 (1.774)
	$\Delta EDU_i*DS_{i,t=2016}$	0.665 (0.664)	1.162 (3.061)	3.028 (2.165)
	$\Delta DS_i*EXP_{i,t=2016}$	2.004* (1.107)	2.226** (0.998)	4.435** (1.741)
	$\Delta EDU_i*DS_{i,t=2016}*EXP_{i,t=2016}$	3.042* (1.719)	4.246* (2.223)	5.594*** (1.855)
	$\Delta\lambda$	2.442*** (0.725)	1.710** (0.872)	2.114** (0.914)
	调整 R^2	0.001	0.001	0.002
	N	5769	4405	4405

注：①表格汇报的结果均为式（6-5）中核心解释变量参数的非标准化OLS估计量。②式（6-5）所用的是基于倾向得分的匹配样本，倾向得分以2015年企业的出口状态 $EXP_{i,t=2015}$ 为处理变量，同年企业的拟聘劳动力平均受教育程度为协变量计算得到。平衡性检验的结果显示，在未匹配的样本中，处理组和控制组的协变量均值分别为1.24和1.22，具有5%水平上的统计差异，协变量的标准化偏差为2.9%；在匹配成功的样本中，处理组和控制组的协变量均值均为1.24。这表明尽管原样本中出口与内销企业间的生产率差异并没有预期的那样明显，特别是与以数字化状态为处理变量所得的相应结果（参见表6-3下方注释第②点）比较，但匹配后的样本仍使生产率在这两类企业间的分布更加均衡。③匹配后的样本中仍然有部分企业存在逆数字化转型和/或逆外向化转型现象，参见表6-2下方注释的第②点和表6-6下方注释的第②点。④专利申请/授权数量和作为企业出口状态赋值依据的加总出口额的数据均已经过1%水平的缩尾处理。⑤括号内是异方差稳健标准误。⑥*、**和***分别表示估计量在10%、5%和1%的水平上显著。

参数估计结果。在以数字化状态为处理变量得到的匹配样本中，给定其他变量，企业参与出口贸易可令数字革命效应引致的专利申请量和授权量的增长平均分别扩大4.46—8.01件和2.04—5.30件，而令数字赋能效应在企业拟聘劳动力受教育程度等级单位提升的条件下为企业平均带来14.71—16.95件专利申请量的增长和2.58—6.12件专利授权量的增长；在以出口状态为处理变量得到的匹配样本中，表征数字革命效应受到的正向调节作用所对应的两个区间分别为4.97—9.31和2.00—4.44，数字赋能效应所对应的两个区间分别为11.59—26.95和3.04—5.59。另外，基于两个匹配样本的估计结果还与表6-6中的全样本估计结果共享一个重要特征：包含$EXP_{i,t=2016}$的交互项的参数估计值在统计和经济学意义上的显著性均明显强于将它去掉之后的变量的估计参数。在这个意义上，对于一个想要借助内部数字化转型扩大创新规模的企业而言，参与出口贸易不仅有所裨益，甚至是不可或缺的。综上所述，在矫正由原样本中企业基期生产率差异带来的估计偏误后，尽管式（6-5）新的参数估计结果在特定方面与原来有所不同，但两者的基本模式及其所反映的推断性统计事实强有力地一致支持企业出口贸易参与对内部数字化创新促进效应的正向调节作用。

第四节　本章小结

本章对开放条件下经济内部数字化转型对于企业创新强度的影响进行了实证研究。我们利用来自中国专利数据库、中国海关数据库、中国工业企业数据库、中国企业网络招聘数据库和基础信息数据库的交叉匹配数据，以及第二章第三节对中国企业网络招聘数据库中企业的内部数字化水平的测度结果，运用多种描述性和推断性统计分析技术，对提炼于理论推导的各项可检验命题进行了充分的检验。实证研究发现：

第一，企业内部数字化转型的两种创新促进效应——数字革命效应和数字赋能效应——均得到了强有力的统计支持。全样本参数估计结果显示，给定其他变量，依内部数字化水平指数的选择不同，数字革命效应令企业的专利申请和授权量平均分别提升2.36—7.29件和2.65—5.38件；数字赋能效应使企业拟聘劳动力平均受教育程度等级单位提升带来的专利申请和授权量增幅与传统企业（未进行内部数字化转型或内部数字化水平为0的企业）相比平均分别高出6.97—10.70件和2.18—2.96件。通过倾向得分匹配法将不同类型企业的初始生产率控制在相同或相近水平，基于匹配后的样本再次估计原识别方程，所得结果与此前并无本质上的差异。

第二，"企业生产率提高—内部数字化水平提升—可及市场规模扩大—创新强度提高"的传导效应链条的存在性以及各环节的有效性均得到了企业层面经验证据的支持。值得注意的是，相较于企业的实际创新能力或创新成果质量（侧重于专利授权量），上述传导机制更适用于解释企业创新意愿或积极性（侧重于专利申请量）的提高如何由其内部数字化转型驱动。

第三，企业的出口贸易参与对内部数字化转型的创新促进效应具有统计和经济学意义上均显著的促进作用。全样本估计结果表明，给定其他变量，依内部数字化水平衡量方式的不同，与内销企业相比，数字革命效应为出口企业的专利申请量和授权量平均分别带来3.40—6.16件和1.07—1.45件额外增长；数字赋能效应使出口企业拟聘劳动力平均受教育程度等级单位增长引致的专利申请量和授权量增幅平均分别扩大9.52—16.55件和1.43—1.75件。利用倾向得分匹配法矫正由不同类型企业初始生产率差异带来的估计偏误后，原回归方程的新估计结果仍在经济学和统计意义上支持理论模型关于企业出口贸易参与对内部数字化两种创新效应正向调节作用的预测。

CHAPTER 7

| 第七章 |

研究结论和未来展望

**ECONOMIC DIGITALIZATION
AND FIRM INNOVATION**

———

　　至此，本书已经完成对所有感兴趣议题的分析和讨论。这些内容尽管显得颇为冗长和复杂，但最终揭示了简洁明了的一般性规律和原理。本章将上述规律和原理集中地整合为我们研究的主要结论，并据此为相关议题研究者或政策制定者在经济数字化水平的评估和测度、数字经济治理与数字经济时代推进更高水平对外开放等领域提出具有针对性和启发性的方法论或政策设计建议，最后还基于我们研究工作的未尽和不足之处指出未来研究可深入探索与提供补充的方向。

第一节　主要结论

　　本书在理论上研究了经济的数字化转型对企业创新的影响及其作用机制，以及企业的出口贸易参与在其中所扮演的角色，并利用中国城市和企业层面的相关数据对源自理论分析的各项可检验命题从多个方面进行了实证检验，得到的主要结论如下：

第一，经济的数字化转型包含外部数字化和内部数字化两个维度不同且并行不悖的进程。其中，外部数字化是发生在企业外部，开放地惠及几乎所有企业，以支持互联网、5G通信、共享数据中心等通用数字技术的数字基础设施建设和完善为主要表现形式的宏观层面数字化过程；内部数字化是发生在企业内部，相对封闭地影响特定企业，以企业对自研算法、内建数据库、定制化机器学习平台等专用数字技术的研发和升级为主要表现形式的微观层面数字化过程。

第二，基于所属行业识别数字企业存在难以忽视的误差并可能导致对经济外部数字化水平的测度失真，以经营范围文本中是否包括数字业务关键词为依据可显著减少上述误差，从而令外部数字化水平的测算结果具有更高的可信度。基于所属行业判断企业的数字化属性会不可避免地产生"弃真"（将实际与数字经济有关但并不处在预先设定的数字行业之中的企业识别为非数字企业）和"存伪"（将实际与数字经济无关但处在预先设定的数字行业之中的企业识别为数字企业）错误。就测算中国经济的外部数字化水平而言，这些错误可能导致对中国数字经济主体所占份额的低估和总体发展趋势的误判，从而令相应的测度指数难以准确捕捉中国经济外部数字化水平的时空动态。以企业的经营范围为基础，利用从目标文本中非定向提取出的数字业务核心关键词，定向检索包含这些关键词的数字企业，尽管也并非完美的识别方法，但有助于在各个方面不同程度地减轻和消除上述问题的影响。

第三，对数字技能劳动力的绝对需求比相对需求更能准确地刻画中国企业的内部数字化水平。观察企业对数字技能劳动力的需求是在企业层面评估内部数字化水平的有效方法之一。然而，就针对中国企业的测算实践而言，捕捉劳动力技能结构性变化的相对需求潜藏着"直觉陷阱"。相较于绝对需求，其看似更符合传统经济理论对企业层面数字化水平测度变量的要求，但所反映的内部数字化水平在企业间的异质性模式——随着规模的增大，企业的内部数字化水平持续下降——和我们对现实经济世界的观察存在明显的矛盾，而绝对需求则可以成功捕捉到两者的正向关系。对此，一个具有启发性的解释是：在中国，随着数字经济的发展和数字技术的成熟，数字技能劳动力和非数字技能劳动力之间的互补性而非替代性愈来愈强。这意味着，当企业的内部数字化水平提高时，其对数字技能劳动力的（绝对）需求自然增加，但对非数字技能劳动力的（绝对）需求也在扩大，且后者速度更快、幅度更大，从而在数据上表现为对数字技能劳动力的相对需求减少。

第四，经济外部数字化提升所有在位企业创新强度的平均水平和离散程度。经济的外部数字化转型或经济整体外部数字化水平的提高，作为独立于单个企业行为的外生冲击，同时提高经济体内所有在位企业创新强度的平均水平和离散程度。经验研究表明，给定其他变量，中国地级及以上城市外部数字化水平指数每有单位标准差的提升，依指数计算方法的不同，在平均意义上，企业专利申请量的均值增长 0.24—0.35 个标准差，方差扩大 0.21—0.37 个标准差；专利授权量的均值增长 0.16—0.33 个标准差，方差扩大 0.11—0.41 个标准差。通过对源自中华人民共和国住房和城乡建设部于 2012 年开始推行的国家智慧城市试点政策的准自然实验的分析，上述命题被进一步证实。

第五，尽管经济的外部数字化转型有助于在整体上提高企业的平均创新强度，但其中仅有高效率企业的创新强度会提高，低效率企业的创新活动反而被抑制。在市场机制有效运作的前提下，外部数字化水平提升带来的研发成本缩减使所有企业（包括在位者和潜在进入者）试图采取更激进的创新策略以获取超额利润，从而加剧了竞争。激化的竞争沿着提高经济整体创新效率的方向引导创新资源再配置——使其由低效率企业向高效率企业转移。这意味着，对于低效率企业而言，外部数字化水平的提升对创新反而有抑制作用。随着效率的不断提高，这种抑制作用逐渐减弱，并最终被促进企业扩大创新规模的力量所取代。经验研究表明，依计量模型所选择的创新强度代理、经济外部数字化水平指数和企业生产率测度方法组合的不同，在中国，创新活动因更高的外部数字化水平而被抑制的企业所占的比例在20.5%—98.6%的范围内变化。

第六，企业的出口贸易参与是经济外部数字化转型释放创新效应的正向调节因子。经验研究的结果显示，给定其他变量，中国地级及以上城市经济外部数字化水平指数每上升0.1，相较于内销企业，依指数的计算方式和用于判定企业出口状态的出口交货阈值设置的不同，出口企业的专利申请量和授权量平均分别额外增加0.41—2.60件和0.27—1.15件，全要素生产率自然对数单位提升所引致两者平均增幅扩大或平均减幅收窄0.10—5.37件和0.04—2.80件。另外，采用不同出口交货阈值的稳健性检验发现，源自中国工业企业数据库的中国制造业企业"出口—生产率"悖论（随着出口交货阈值的提升而减弱直至完全消失）尽管不会在统计意义上掩盖出口贸易调节作用的存在性，但可能导致明显的低估。

第七，经济内部数字化可通过扩大企业的可及市场规模推动其创新强度的提高。经济的内部数字化转型或企业个体内部数字化水平的提高，给定其他环境参数，是取决于企业自身生产率的内生进程。企业生产率的提高推动内部数字化水平的提升，后者通过拓展市场的时空边界从而扩大企业的可及市场规模，更大的市场规模令企业创新产生额外的回报，最终促使企业更积极地创新。将上述节点事件连接起来便可得到一条完整的传导效应链：企业生产率提高—内部数字化水平提升—可及市场规模扩大—创新强度提高。该链条的存在性以及链条中各环节的有效性均得到了中国企业层面的经验证据支持。

第八，内部数字化对企业创新的影响包含数字革命效应和数字赋能效应两个在时间上递进的阶段。在转型初期，生产率尚未发生变化，满足转型条件的传统企业向数字企业过渡带来内部数字化水平从0到特定值的短期激增，最终引致创新强度向上跃迁至与之相匹配的水平，此为内部数字化转型的数字革命效应；在实现数字化属性转变后，受到生产率持续提升的驱动，企业的内部数字化水平在此前的基础上渐进提高，自身将生产率提高转化为创新强度提升的能力不断增强，最终产生远大于传统企业的创新强度提高量，此为数字赋能效应。经验证据显示，给定其他变量，对中国企业而言，依数字化状态变量选择的不同，内部数字化转型的数字革命效应令专利申请量和授权量分别平均增加2.36—7.29件和2.65—5.38件；数字赋能效应使拟聘劳动力平均受教育程度单位等级提升带来专利申请量和授权量平均增幅分别由2.26—3.28件和1.04—1.42件大幅提升至10.25—10.69件和3.21—4.04件。在使用倾向得分匹配法排除上述估计结果可能受到的来自样本中不同类型企业初始生产率差异的干扰后，重新估计原识别方程所得的结果与此前并无本质差异。

第九，与经济外部数字化相同，企业的出口贸易参与对内部数字化转型的两种创新效应也具有正向的调节作用。经验研究表明，给定其他变量，依内部数字化水平指数选择的不同，与内销企业相比，数字革命效应使中国出口企业的专利申请量和授权量平均分别高出 3.40—6.16 件和 1.07—1.45 件；数字赋能效应令中国出口企业在拟聘劳动力平均受教育程度等级单位提升的条件下，将专利申请量和授权量的增长平均分别扩大 9.52—16.55 件和 1.43—1.75 件。利用倾向得分匹配法克服由样本中不同类型企业初始生产率差异引致的估计偏误后，原回归方程的新估计结果仍提供了充分的关于企业出口贸易参与对内部数字化转型创新促进效应的正向调节作用的支持性证据。

第二节　方法论和政策设计建议

我们研究的部分结论指出了现有或潜在研究在考察相关问题时可能忽视的技术细节或使用的不恰当方法。为提升研究结果的可信性和可靠性，参考或遵循以下方法论建议颇有助益。

第一，利用基础信息[①]识别数字企业时，应尽可能以企业层面捕捉数字经济关联业务经营活动的精确信息为依据，减少对更高层面笼统信息的依赖，从而提高识别的准确度和适用性。基于企业以上层面的某些过滤标准条件的识别系统尽管在大多数情况下仍能有效运作，却会产生难以忽视的遗漏（将数字企业识别为非数字企业）和冗余（将非数字企业识别为数字企业）。这些遗漏和冗余在各种研究环境中可能不同程度地影响识别系统的准确性，进而导致源自识别结果的直接或间接结论失真。将识别依据设定在与识别对象相匹配的企业层面，使得数字企业的判定标准从高噪声的宏

---

① 这里的基础信息是指企业在相关部门或机构登记注册时提供的非绩效信息，主要包括企业名称、属地、法人代表、行业类型、注册时间、注册资本、经营范围等。

观特征回归到低噪声的微观行为，从而有效地减轻上述问题的影响。另外，若以高于企业层面的依据识别数字企业，则该层面上的数字化程度或水平无法以基于数字企业所占份额的连续型指数表示，因为识别依据必须提供一个清楚地划分数字和非数字企业的标准。例如，基于所属行业识别数字企业时，我们必须事先确定哪些行业是数字行业而哪些不是，这就人为地在不同行业间划出一条单一的数字化分界线。然而，在现实世界中，既不存在纯粹意义上的数字行业，也不存在与数字经济完全无关的行业，各行业的数字化程度或水平必然是一个连续变量。使用企业层面的识别依据可以为不同行业在数字企业份额上提供丰富的可变性，进而得到刻画行业层面数字化程度或水平的连续指数。

第二，通过企业对数字技能劳动力的需求评估其数字化水平，在面向中国企业的实证研究中，应使用绝对需求而非相对需求，以调和源自一般经济理论的经济直觉与对现实经济世界的经验观察之间的矛盾。中国数字经济的蓬勃发展和灵活就业规模的迅速扩大交织在一起，赋予正经历数字化转型的中国企业典型的双重身份：它们既是不断投入高技能劳动力（数字技能劳动力）的前沿数字技术开发者，也是传统意义上低技能劳动力（非数字技能劳动力）的主要吸纳者。对于成长中的数字企业而言，数字技术进步的市场规模膨胀效应令其非技术性业务量快速增长，在投入新的前端研发型数字技能劳动力以建立或巩固技术优势的同时，需要更多非数字技能劳动力完成商品或服务的后端交付工作。在这个意义上，中国数字经济的发展或数字技术的成熟推动数字和非数字技能劳动力间关系演变的方向，是提高两者的互补性和黏合度，而非促进前者对后者的替代。于是，我们从数据中观察到，在中国，数字化水平较高的企业通常具有可观的规模，它们吸收了比其他企业更多的数字和非数字技能劳动力，但数字技能劳动力的占比往往更低。因此，企业对数字技能劳动力的绝对需求而非相对需求更适合作为监测其数字化水平变动的指标。

此外，我们研究的部分结论还揭示了不同层面的经济数字化转型对企业创新的促进作用，以及企业的出口贸易参与在其中扮演的正向调节因子的角色。以下政策设计建议为致力于充分利用经济数字化的创新促进效应以保持经济长期增长性和竞争力的经济体指明了道路。

第一，积极推进数字基础设施的建设和完善，以更多数量、更高质量、更广覆盖为目标，不断提高经济的外部数字化水平，为经济整体创新效率和创新能力的提升注入持久动力。以5G通信、数据中心、工业互联网、人工智能开放平台等为代表的数字经济时代的新型基础设施，在塑造数字经济领域的全球竞争格局中正扮演日益重要的角色。数字基础设施所支持的通用数字技术显著提升了信息的传输和处理速度，并以其强大的辐射性和外部性，为产生于任何时间和空间的观点、思想、知识的彼此碰撞与相互融合创造了前所未有的机会。源自数字基础设施建设进步的外部数字化水平提高，有助于创新资源在企业间配置效率的提升，是经济整体创新绩效保持长期增长的驱动力量。因此，大力推进数字基础设施的建设和完善，持续提升经济的外部数字化水平，是成为践行创新驱动发展战略的创新型经济体的必由之路。值得注意的是，经济外部数字化水平不仅取决于数字基础设施的数量，还与质量和覆盖度有关。因此，除了不断开发新的设施建设项目，加大研发力度以提升设施的实际使用质量和优化空间布局以扩大设施的有效覆盖范围亦是数字基础设施建设与完善的应有之义。

第二，加快提升企业的全要素生产率可为企业自发地开启或深化内部数字化转型以提高内部数字化水平创造门槛性或激励性条件，充分调动市场主体的创新活力和积极性。内部数字化转型的数字革命效应和数字赋能效应极大地拓宽了市场的时空边界，使企业的创新能力登上一个新的台阶。推动传统企业向数字企业转型，以及进一步提高数字企业的内部数字化水平，因此成为提高经济在微观领域创新绩效的两大抓手。然而，尽管内部数字化转型可以卓有成效地提升企业的盈利能力，但并非任何企业都自发地参与其中。一方面，企业的生产率较低以至于未达到相应的门槛条件时，开启内部数字化转型的边际收益不足以补偿额外成本，追求利润最大化的企业自然拒绝尝试转型；另一方面，即使企业的生产率满足开启内部数字化转型的最低要求，如果来自其中的利润增长与可能承受的风险和其他潜在成本相比并不具有充分的吸引力，那么企业也缺乏完成转型的内源性动力。因此，要从整体上提升企业的内部数字化转型率或内部数字化平均水平，赋予企业参与或加快内部数字化转型的自发性动机，就要把推动企业全要素生产率的提高放在突出位置。

第三，正确处理政府和市场的关系，既要确保市场机制在资源配置领域健康有效地运作，令经济数字化的创新促进效应畅通无阻地传导至相应的市场主体，又要适时发挥政府的调控和纠偏作用，将创造性破坏的力量引向有利于创新规模和竞争力长期扩大和增长的道路。经济数字化对企业创新的刺激和促进正如任何从学院式经济分析中导出的其他效应或作用那样，依赖于健全的市场机制。市场机制的良好运作使得创新资源在企业间或企业内的配置或者再配置总是朝着经济效率最高的方向进行。如果市场机制的有效性——特别是在资源配置领域——受到挑战，那么经济数字化的创新促进效应自然无法达到理论预期的水平，甚至可能产生截然相反的影响。然而，纯粹的市场机制带来的极致创新效率通常并不是着眼于长远的经济体所追求的目标。经济的外部数字化转型以牺牲数量较大的低生产率企业为代价换取创新效率的整体提升，但在这个庞大的群体中，可能有突破性创新的探索者，也可能有未来的大型科技公司，尽管它们当前的创新贡献十分有限。因此，作为有效市场的补充，有为政府要在管理和引导源自市场机制的创造性破坏力量上积极发挥作用，挖掘、培育和扶持具有创新潜能的中小企业，为创新数量和质量的长期增长厚植主体基础。

第四，大力发展外向型经济，将对外开放不断推向新的层次和水平，开辟更大规模的全球市场，使经济数字化的创新促进效应得到更充分的释放。尽管经济中任何在位企业的创新活动意愿都会受到来自经济数字化转型的激励，但对那些参与出口贸易的企业而言，由于海外市场的加入扩大了固有市场规模，这种激励的强度显著地高于仅为当地市场提供服务的企业。更为重要的是，即使去除潜在的生产率优势，仅是出口行为本身，就可以在出口和内销企业之间产生经济数字化创新促进效应强度上的巨大差距。在这个意义上，把握出口机遇的企业是经济数字化转型的更大受益者，更有可能在愈发激烈的市场竞争中脱颖而出；外向型经济体的创新绩效也将得到更大幅度的提升，从而使其倾向于成为数字经济时代的创新引领者。另外，在出口企业之间进行比较还可以发现，出口规模与经济数字化对创新的促进作用也存在正向联系。因此，就充分释放经济数字化的创新促进效应而言，不仅要坚定不移地走外向型经济发展道路，还要切实提高经济对外开放的程度和质量，将全球市场做大做强。

第三节　未来的研究方向

显然，我们的研究工作并非封闭或完善的。在数字经济、企业创新和国际贸易等领域，我们的研究尝试解决了一些问题，于此过程中，也产生了一些新的问题。这些发人深省的新问题为未来的研究指明了方向。

第一，进一步优化数字企业的识别方法以提高识别准确度。利用基于机器学习的自然语言处理技术，我们的研究在改进数字企业的识别方法上向前迈出了一小步。然而，我们使用词频分析结果中出现频率排在前10位的词语作为识别依据缺乏相应的理论基础。是否存在一个筛选机制，可以保留具有排他代表性的词语并剔除不具有该性质的词语，且这些词语的数量依具体问题而变？另外，即使运用自然处理技术对目标文本进行非定向检索，由于目标文本是先验的，检索结果仍然可能受到人为或主观因素的干扰。是否存在一个充分隔离人为或主观因素的系统（可能由自然语言处理以外的其他技术构建），使数字企业的判定遵循更加客观的一般性准则？对于上述问题的深入研究有助于数字企业识别方法在准确性上的进一步提升。

第二，收集并使用企业的劳动力存量数据测算企业的内部数字化水平。我们利用企业的网络招聘数据对样本中企业的内部数字化水平进行了定量测度，但企业的招聘行为不仅反映了其对特定劳动力的需求，还与其人员流动性或合约灵活性有关。换言之，如果在数据中观察到企业扩大对某类或某些劳动力的招聘规模，可能意味着企业对这类或这些劳动力的需求增加，也可能说明这类或这些劳动力更换频繁以至于企业需要及时从劳动力市场中进行补充。因此，尽管招聘（增量）数据与存量数据存在一定程度的相关性，但为了排除人员流动性或合约灵活性对测算结果的干扰以更准确地评估企业的内部数字化水平，使用存量数据显然是更好的方案。

第三，解释中国经济在宏微观层面均出现的数字化水平提高和数字技能劳动力占比下降并存的现象，进一步研究经济数字化对劳动力结构的深远影响。作为我们研究工作的重要副产品之一，中国经济数字化水平与数字技能劳动力占比负向关系的发现——看似与传统经济理论和一般经济直觉不兼容——令人着迷。我们提出了一种可能的解释：在中国，数字经济的发展或数字技术的成熟使得数字经济时代的高技能劳动力（数字技能劳动力）和低技能劳动力（非数字技能劳动力）变得更加互补，而非加快前者对后者的替代，但该猜想尚缺乏充分的理论基础和经验证据。此外，上述"反常"现象是经济数字化转型过程中的一种普遍模式还是特殊情况？如果中国只是特例，那么为何这种现象只在中国出现？这些问题同样值得深入探讨。

第四，将经济的外部和内部数字化水平同时置于同一个分析框架内，考察两者相互作用的基本模式及其对企业创新的影响。尽管我们在同一个框架内研究了经济的外部和内部数字化对企业创新的影响，但在考虑其中一者的效应时，总是控制另一者不变。然而，在现实世界中，两种维度不同的数字化转型通常是同时进行并且相互作用的：外部数字化水平的提升通过改变经济均衡状态影响企业的内部数字化转型决策，而当越来越多的数字企业涌现或企业内部数字化水平提高时，为了满足它们对于更先进数字基础设施的需求，经济的外部数字化水平亦有上升的空间。在这个意义上，为了描绘出经济数字化影响企业创新的完整图景，就有必要研究两种数字化的相互作用模式及其对它们各自的创新促进效应可能带来的改变。

第五，研究经济的外部和内部数字化对创新质量的影响。经济的创新绩效所包含的项目，除了创新数量之外，在经济学意义上，至少还包括创新质量。与数量不同，创新质量集中反映了经济体的创新竞争力和取得突破性创新成果的可能性。就在创新领域追求全球影响力和领导力的经济体而言，创新质量很多时候是比创新数量更重要的创新绩效指标。经济数字化是否或如何影响企业创新的质量？哪些因素可以加快这种影响的进程，哪些则会带来阻碍？当经济正在经历数字化转型时，更多的创新数量和更高的创新质量在多大程度上是相容的，如何增强两者的兼容性？研究这些问题有助于我们建立对经济数字化创新效应更加全面和完整的认识，并制定更明智的策略以帮助特定经济体加速实现成为全球创新高地的目标。

第六，研究进口贸易在经济数字化的创新促进效应中所扮演的角色。在现实世界中，大多数情况下，国际贸易流具有双边性。除了出口贸易外，进口贸易也会通过各种渠道影响企业的创新行为，且大量研究表明，后者的作用机制更加复杂，经验证据高度混合。我们的理论和实证研究结果表明，经济数字化创新促进效应的基本模式在经济体从封闭走向开放后得以延续，但效应的强度会被企业的出口贸易参与显著地放大，且强度提高幅度随企业出口贸易规模的扩大而扩大。上述模式同样适用于进口贸易吗？与出口贸易相比，进口贸易对经济数字化影响企业创新的调节作用在方向和机制上有何不同？如果进口贸易的调节作用具有与进口贸易本身通过其他渠道产生的创新效应类似的模糊性和复杂性，那么应该采取怎样的措施激发正向调节或抑制负向调节？这些问题的答案有助于我们了解经济数字化创新效应与国际贸易间关系的全貌。

第七，研究数字贸易的兴起与经济数字化转型之间的关系，以及这种全新的贸易形态如何改变经济数字化影响企业创新的方式。伴随着新一轮科技革命的到来，作为从根本上区别于传统贸易的全新形式，数字贸易在全球范围内方兴未艾。这种依托信息通信技术迅速向商品和服务各领域渗透的贸易形式在重塑全球贸易竞争格局的同时，深刻地冲击着贸易以及与贸易有关的经典理论体系。因此，拓展、修正和校准这些理论体系是未来经济学研究势在必行的任务。从我们的研究工作延伸开去，数字贸易的发展与经济数字化的关系——在很大程度上表现为相互促进或相互依赖——是需要首先探讨的议题。在此基础上，研究数字贸易如何以不同于传统贸易的方式参与或改变经济数字化转型影响企业创新的模式和进程，将为"贸易—创新"理论补上一块来自数字经济时代的重要拼图。

参考文献

[1] Adams J. Collaborations: The Fourth Age of Research[J]. Nature, 2013 (7451): 557–560.

[2] Aghion P, Bergeaud A, Lequien M, et al. The Heterogeneous Impact of Market Size on Innovation: Evidence from French Firm–Level Exporters [R]. NBER Working Paper, 2019.

[3] Agrawal A, Goldfarb A. Restructuring Research: Communication Costs and the Democratization of University Innovation[J]. American Economic Review, 2008(4): 1578–1590.

[4] Ahmad N, Jennifer R. Issue Paper on a Proposed Framework for a Satellite Account for Measuring the Digital Economy[R]. OECD Working Paper, 2017.

[5] Ahn J, Han H, Huang Y. Trade with Benefits: New Insights on Competition and Innovation[R]. IHEID Working Paper, 2018.

[6] Amiti M, Konings J. Trade Liberalization, Intermediate Inputs, and Productivity: Evidence from Indonesia[J]. American Economic Review, 2007(5): 1611-1638.

[7] Arrow K. Economic Welfare and the Allocation of Resources to Invention [M]. Princeton: Princeton University Press, 1962.

[8] Arthur W B. The Structure of Invention[J]. Research Policy, 2007(2): 274-287.

[9] Autor D H, Dorn D, Hanson G H, et al. Foreign Competition and Domestic Innovation: Evidence from U. S. Patents[R]. NBER Working Paper, 2017.

[10] Aw B Y, Roberts M J, Xu D Y. R&D Investment, Exporting, and Productivity Dynamics[J]. American Economics Review, 2011(4): 1312-1344.

[11] Baldwin J R, Gu W. Trade Liberalization: Export-Market Participation, Productivity Growth, and Innovation[J]. Oxford Review of Economic Policy, 2004(3): 372-392.

[12] Barefoot K, Curtis D, Jolliff W. Defining and Measuring the Digital Economy[R]. Bureau of Economic Analysis Working Paper, 2018.

[13] Barrett M, Davidson E, Prabhu J, et al. Service Innovation in the Digital Age: Key Contributions and Future Directions[J]. MIS Quarterly, 2015 (1): 135-154.

[14] Bartel A, Ichniowsk C, Shaw K. How does Information Technology Affect Productivity? Plant-Level Comparisons of Product Innovation, Process Improvement, and Worker Skills[J]. The Quarterly Journal of Economics, 2007(4): 1721-1758.

[15] Bas M, Strauss-Khan V. Input-Trade Liberalization, Export Prices and Quality Upgrading[J]. Journal of International Economics, 2015(2): 250-262.

[16] Benhabib J, Spiegel M M. The Role of Human Capital in Economic Development: Evidence from Aggregate Cross-Country Data[J]. Journal of Monetary Economics, 1994(2): 143-173.

[17] Bloom N, Draca M, Van Reenen J. Trade Induced Technical Change? The Impact of Chinese Imports on Innovation, IT and Productivity[J]. The Review of Economic Studies, 2016(1): 87-117.

[18] Bo Carlsson. The Digital Economy: What is New and What is Not?[J]. Structural Change & Economic Dynamics, 2004(3): 245-264.

[19] Boler E S, Moxnes A, Ulltveit-Moe K H. R&D, International Sourcing, and the Joint Impact on Firm Performance[J]. American Economic Review, 2015(12): 3704-3739.

[20] Bratti M, Felice G. Export and Product Innovation at Firm Level[R]. MPRA Paper, 2009.

[21] Bresnahan T, Brynjolfsson E, Hitt L. Information Technology, Workplace Organization, and the Demand for Skilled Labor: Firm-Level Evidence[J]. The Quarterly Journal of Economics, 2002(1): 339-376.

[22] Brynjolfsson E, Kahin B. Understanding the Digital Economy: Data, Tools, and Research[M]. Cambridge: The MIT Press, 2000.

[23] Brynjolfsson E, Hitt L, Kim H. Strength in Numbers: How Does Data-Driven Decision Making Affect Firm Performance[R]. Social Science Research Network, 2011.

[24] Bustos P. Trade Liberalization, Exports, and Technology Upgrading:

Evidence on the Impact of MERCOSUR on Argentinian Firms[J]. American Economic Review, 2011(1): 304-340.

[25] Bygstad B, Aanby H-P. ICT Infrastructure for Innovation: A Case Study of the Enterprise Service Bus Approach[J]. Information Systems Frontiers, 2009(3): 257-265.

[26] Chakravorty U, Liu R, Tang R. Firm Innovation under Import Competition from Low-Wage Countries[R]. CESifo Working Paper, 2017.

[27] Che Y, Zhang L. Human Capital, Technology Adoption and Firm Performance: Impacts of China's Higher Education Expansion in the Late 1990s[J]. The Economic Journal, 2018(614): 2282-2320.

[28] Chen C, Steinwender C. Import Competition, Heterogeneous Preferences of Managers, and Productivity[R]. NBER Working Paper, 2019.

[29] Chesbrough H. Open Innovation: The New Imperative for Creating and Profiting from Technology[M]. Brighton: Harvard Business School Press, 2003.

[30] Coe D T, Helpman E. International R&D Spillovers[J]. European Economic Review, 1995(5): 859-887.

[31] Coelli F, Moxnes A, Ulltveit-Moe K H. Better, Faster, Stronger: Global Innovation and Trade Liberalization[R]. NBER Working Paper, 2016.

[32] Colantone I, Crino R. New Imported Inputs and New Domestic Products [J]. Journal of International Economics, 2014(1): 147-165.

[33] Collard-Wexler A, Asker J, Loecker J. Productivity Volatility and the Misallocation of Resources in Developing Economies[R]. NBER Working

Paper, 2011.

[34] Cong L W, Xie D, Zhang L. Knowledge Accumulation, Privacy, and Growth in a Data Economy[J]. Management Science, 2021(10): 6480-6492.

[35] Crepon B, Duguet E, Mairesse J. Research, Innovation and Productivity: An Econometric Analysis at the Firm Level[R]. NBER Working Paper, 1998.

[36] Czernich N, Falck O, Kretschmer T, et al. Broadband Infrastructure and Economic Growth[J]. The Economic Journal, 2011(552): 505-532.

[37] Dai M, Yu M. Firm R&D, Absorptive Capacity and Learning by Exporting: Firm-Level Evidence from China[J]. The World Economy, 2013(9): 1131-1145.

[38] Dang D. The Effects of Chinese Import Penetration on Firm Innovation: Evidence from the Vietnamese Manufacturing Sector[R]. WIDER Working Paper, 2017.

[39] De Loecker J. Detecting Learning by Exporting[J]. American Economic Journal: Microeconomics, 2013(3): 1-21.

[40] Diewert W E, Fox K J, Schreyer P. The Digital Economy, New Products and Consumer Welfare[R]. Economic Statistics Centre of Excellence (ESCoE) Discussion Papers, 2018.

[41] Ding S, Sun P, Jiang W. The Effect of Import Competition on Firm Productivity and Innovation: Does the Distance to Technology Frontier Matter? [J]. Oxford Bulletin of Economics and Statistics, 2016(2): 197-227.

[42] Ding W W, Levin S G, Stephan P E, et al. The Impact of Information

Technology on Academic Scientists' Productivity and Collaboration Patterns[J]. Management Science, 2010(9): 1439–1461.

[43] Fieler A C, Eslava M, Xu D Y. Trade, Quality Upgrading, and Input Linkages: Theory and Evidence from Colombia[J]. American Economic Review, 2018(1): 109–146.

[44] Forman C, Zeebroeck N. From Wires to Partners: How the Internet Has Fostered R&D Collaborations within Firms[J]. Management Science, 2012(8): 1549–1568.

[45] Forman C, Goldfarb A, Greenstein S. Information Technology and the Distribution of Inventive Activity[R]. NBER Working Paper, 2015.

[46] Goldberg P K, Khandelwal A K, Pavcnik N, et al. Imported Intermediate Inputs and Domestic Product Growth: Evidence from India[J]. The Quarterly Journal of Economics, 2010(4): 1727–1767.

[47] Gorodnichenko Y, Svejnar J, Terrell K. Globalization and Innovation in Emerging Markets[J]. American Economic Journal: Macroeconomics, 2010(2): 194–226.

[48] Hall B H, Lotti F, Mairesse J. Evidence on the Impact of R&D and ICT Investments on Innovation and Productivity in Italian Firms[J]. Economics of Innovation and New Technology, 2013(3): 300–328.

[49] Halpern L, Koren M, Szeidl A. Imported Inputs and Productivity[J]. American Economic Review, 2015(12): 3660–3703.

[50] Hart O D. The Market Mechanism as an Incentive Scheme[J]. The Bell Journal of Economics, 1983(2): 366.

[51] Helpman E. Trade, FDI, and the Organization of Firms[J]. Journal of Economic Literature, 2006(3): 589–630.

[52] Hempell T, Zwick T. New Technology, Work Organisation, and Innovation[J]. Economics of Innovation and New Technology, 2008(4): 331–354.

[53] Hu A G Z, Jefferson G H, Qian J. R&D and Technology Transfer: Firm-Level Evidence from Chinese Industry[J]. Review of Economics and Statistics, 2005(4): 780–786.

[54] Indjikian R, Siegel D S. The Impact of Investment in IT on Economic Performance: Implications for Developing Countries[J]. World Development, 2005(5): 681–700.

[55] Islam N. Growth Empirics: A Panel Data Approach[J]. Quarterly Journal of Economics, 1995(4): 1127–1170.

[56] Jones C I, Tonetti C. Nonrivalry and the Economics of Data[J]. American Economic Review, 2020(9): 2819–2858.

[57] Kim L, Nelson R R. Technology, Learning and Innovation: Experiences of Newly Industrializing Economics[M]. Cambridge: Cambridge University Press, 2000.

[58] Kueng L, Li N, Yang M. The Impact of Emerging Market Competition on Innovation and Business Strategy: Evidence from Canada[R]. NBER Working Paper, 2016.

[59] Lileeva A, Trefler D. Improved Access to Foreign Markets Raises Plant-Level Productivity···for Some Plants[J]. The Quarterly Journal of Economics, 2010(3): 1051–1099.

[60] Lopez G J, Ferenca J. Digital Trade and Market Openness[R]. OECD Trade Policy Paper, 2018.

[61] Lyytinen K, Yoo Y, Boland Jr R J. Digital Product Innovation within

Four Classes of Innovation Networks[J]. Information Systems Journal, 2016(1): 47–75.

[62] Mankiw N G, Romer D, Weil D N. A Contribution to the Empirics of Economic Growth[J]. Quarterly Journal of Economics, 1992(2): 407–437.

[63] Markusen J R. Trade in Producer Services and in Other Specialized International Inputs[J]. American Economic Review, 1989(1): 85–95.

[64] Melitz M J, Ottaviano G I P. Market Size, Trade, and Productivity[J]. Review of Economic Studies, 2008(3): 295–316.

[65] Melitz M J. The Impact of Trade on Intra–Industry Reallocations and Aggregate Industry Productivity[J]. Econometrica, 2003(6): 1695–1725.

[66] Mendoza R U. Trade–Induced Learning and Industrial Catch–up[J]. Economic Journal, 2010(546): 313–350.

[67] Miller P, Wilson J. Digital Futures: An Agenda for a Sustainable Digital Economy[J]. Corporate Environmental Strategy, 2001(3): 275–280.

[68] Miller S M, Upadhyay M P. The Effect of Openness, Trade Orientation, and Human Capital on Total Factor Productivity[J]. Journal of Development Economics, 2000(2): 399–423.

[69] OECD. Measuring the Digital Economy: A New Perspective[R/OL].(2014–12–08). https://www.oecd.org/sti/measuring–the–digital–economy–9789264221796–en.htm.

[70] OECD. OECD Digital Economy Outlook 2017[R/OL]. (2017–10–11). https://www.oecd.org/digital/oecd–digital–economy–outlook–2017–9789264276284–en.htm.

[71] OECD. The Economic Impact of ICT: Measurement, Evidence and Implications[R/OL]. (2014–03–09). https://www.oecd-ilibrary.org/

economics/the-economic-impact-of-ict_9789264026780-en.htm.

[72] Paunov C, Rollo V. Has the Internet Fostered Inclusive Innovation in the Developing World?[J]. World Development, 2016, 78: 587-609.

[73] Polder M, Leeuwen G, Mohnen P, et al. Product, Process and Organizational Innovation: Drivers, Complementarity and Productivity Effects[R]. UNU-MERIT Working Paper, 2010.

[74] Qing L, Larry D Q. Intermediate Input Imports and Innovations: Evidence from Chinese Firms' Patents Filings[J]. Journal of International Economics, 2016, 103: 166-183.

[75] Raith M. Competition, Risk, and Managerial Incentives[J]. American Economics Review, 2003(4): 1425-1436.

[76] Romer P. Endogenous Technological Change[J]. The Journal of Political Economy, 1990(5): 71-102.

[77] Schumpeter J A. Capitalism, Socialism, and Democracy[M]. New York: Harper and Brothers, 1942.

[78] Seker M, Rodriguez-Delgado D, Ulu M F. Imported Intermediate Goods and Product Innovation: Evidence from India[R]. World Bank Working Paper, 2011.

[79] Spiezia V. Are ICT Users More Innovative? An Analysis of ICT-Enabled Innovation in OECD Firms[J]. OECD Journal: Economic Studies, 2011(1): 99-119.

[80] Teshima K. Import Competition and Innovation at the Plant Level: Evidence from Mexico[R/OL]. (2009-02). https://www.cirje.e.u-tokyo. ac.jp/research/workshops/micro/micropaper09/micro0714.pdf.

[81] Turcan V, Gribincea A, Birca I. Digital Economy: A Premise for Economics Development in the 20th Century[J]. Economy & Sociology

Theoretical & Scientifical Joural, 2014(2): 109-115.

[82] UNCTAD. Digital Economy Report 2019[R/OL]. (2019-09-04). https://unctad.org/publication/digital-economy-report-2019.

[83] UNCTAD. Digital Economy Report 2021[R/OL]. (2021). https://unctad.org/publication/digital-economy-report-2021.

[84] USITC. Digital Trade in the U.S. and Global Economics, Part 2[R/OL]. (2014-08). https://www.usitc.gov/publications/332/pub4485.pdf.

[85] Xu R, Gong K. Does Import Competition Induce R&D Reallocation? Evidence from the U.S.[R]. IMF Working Paper, 2017.

[86] Yang Y, Mallick S. Export Premium, Self-Selection and Learning-by-Exporting: Evidence from Chinese Matched Firms[J]. The World Economy, 2010(10): 1218-1240.

[87] Zaman H B, Norsiah A H, Ahmad A, et al. A Visual Measurement Model on Human Capital and ICT Dimensions of a Knowledge Society (KS) Framework for Malaysia towards an Innovative Digital Economy[J]. Visual Informatics: Sustaining Research & Innovations-Second International Visual Informatics Conference, 2011(7067): 323-339.

[88] 常青青, 仲伟周. 互联网、人力资本和科技创新门槛效应[J]. 统计观察, 2018(24): 101-104.

[89] 陈德球, 胡晴. 数字经济时代下的公司治理研究: 范式创新与实践前沿[J]. 管理世界, 2022(6): 213-240.

[90] 陈贵富, 韩静, 韩恺明. 城市数字经济发展、技能偏向型技术进步与劳动力不充分就业[J]. 中国工业经济, 2022(8): 118-136.

[91] 陈国青, 任明, 卫强, 等. 数智赋能: 信息系统研究的新跃迁[J]. 管理世界, 2022(1):180-196.

[92] 陈维涛, 严伟涛, 庄尚文. 进口贸易自由化、企业创新与全要素生产率 [J]. 世界经济研究, 2018(8): 62-73.

[93] 陈晓红, 李杨扬, 宋丽洁, 等. 数字经济理论体系与研究展望[J]. 管理世界, 2022(2): 13-16, 208-224.

[94] 陈仲常, 谢波. 人力资本对全要素生产率增长的外部性检验——基于我国省际动态面板模型[J]. 人口与经济, 2013(1): 68-75.

[95] 崔静波, 张学立, 庄子银, 等. 企业出口与创新驱动——来自中关村企业自主创新数据的证据[J]. 管理世界, 2021(1): 76-87.

[96] 戴翔, 马皓巍, 张二震. 数字化转型一定能提升企业加成率吗?[J]. 金融研究, 2023(5): 134-151.

[97] 范合君, 吴婷. 中国数字化程度测度与指标体系构建[J]. 首都经济贸易大学学报, 2020(4): 3-12.

[98] 方福前, 田鸽, 张勋. 数字基础设施与代际收入向上流动性——基于"宽带中国"战略的准自然实验[J]. 经济研究, 2023(5): 79-97.

[99] 方明月, 聂辉华, 阮睿, 等. 企业数字化转型与经济政策不确定性感知[J]. 金融研究, 2023(2): 21-39.

[100] 高良谋, 马文甲. 开放式创新: 内涵、框架与中国情境[J]. 管理世界, 2014(6): 157-169.

[101] 关会娟, 许宪春, 张美慧, 等. 中国数字经济产业统计分类问题研究[J]. 统计研究, 2020(12): 3-16.

[102] 郭家堂, 骆品亮. 互联网对中国全要素生产率有促进作用吗[J]. 管理世界, 2016(10): 34-49.

[103] 国家统计局. 数字经济及其核心产业统计分类(2021)[EB/OL]. (2021-05-27). https://www.gov.cn/gongbao/content/2021/content_5625996.htm?eqid=d0bdd74800039fe200000006645af09c.

[104] 韩宝国, 朱平芳. 宽带对中国经济增长影响的实证分析[J]. 统计研究, 2014(10): 49-54.

[105] 韩先锋, 惠宁, 宋文飞. 信息化能提高中国工业部门技术创新效率吗 [J]. 中国工业经济, 2014(12): 70-82.

[106] 何宗樾, 宋旭光. 数字金融发展如何影响居民消费[J]. 财贸经济, 2020 (8): 65-79.

[107] 洪银兴, 任保平. 数字经济与实体经济深度融合的内涵和途径[J]. 中国工业经济, 2023(2): 5-16.

[108] 黄先海, 党博远, 宋安安, 等. 新发展格局下数字化驱动中国战略性新兴产业高质量发展研究[J]. 经济学家, 2023(1): 77-86.

[109] 黄先海, 王瀚迪. 数字产品进口、知识存量与企业数字创新[J]. 浙江大学学报(人文社会科学版), 2022(2): 28-43.

[110] 黄先海, 虞柳明, 戴岭. 政府数据开放与创新驱动:内涵、机制及实践路径[J]. 东南学术, 2023(2): 102-113, 246.

[111] 黄先海, 虞柳明, 袁逸铭. 工业机器人与企业创新——基于人力资本视角[J]. 科学学研究, 2023(2): 356-368.

[112] 黄阳华. 基于多场景的数字经济微观理论及其应用[J]. 中国社会科学, 2023(2):4-24, 204.

[113] 黄益平, 黄卓. 中国的数字金融发展:现在与未来[J]. 经济学(季刊), 2018(4): 1489-1502.

[114] 黄益平, 沈艳. 数据要素市场化配置多点发力[J]. 经济, 2022(2): 74-77.

[115] 江小涓, 黄颖轩. 数字时代的市场秩序、市场监管与平台治理[J]. 经济研究, 2021(12): 20-41.

[116] 江小涓, 靳景. 数字技术提升经济效率：服务分工、产业协同和数实孪生[J]. 管理世界, 2022(12): 9-26.

[117] 江小涓. 数字时代的技术与文化[J]. 中国社会科学, 2021(8): 4-34, 204.

[118] 康志勇. 出口贸易与自主创新——基于我国制造业企业的实证研究[J]. 国际贸易问题, 2011(2): 35-45.

[119] 李兵, 岳云嵩, 陈婷. 出口与企业自主技术创新: 来自企业专利数据的经验研究[J]. 世界经济, 2016(12): 72-94.

[120] 李长江. 关于数字经济内涵的初步探讨[J]. 电子政务, 2017(9): 84-92.

[121] 李春顶. 中国出口企业是否存在"生产率悖论": 基于中国制造业企业数据的检验[J]. 世界经济, 2010(7): 64-81.

[122] 李海舰, 李燕. 对经济新形态的认识: 微观经济的视角[J]. 中国工业经济, 2020(12): 159-177.

[123] 李海舰, 田跃新, 李文杰. 互联网思维与传统企业再造[J]. 中国工业经济, 2014(10): 135-146.

[124] 李平, 史亚茹. 进口贸易、生产率与企业创新[J]. 国际贸易问题, 2020(3): 131-146.

[125] 李平, 田朔. 出口贸易对技术创新影响的研究: 水平溢出与垂直溢出——基于动态面板数据模型的实证分析[J]. 世界经济研究, 2010(2): 44-48.

[126] 李三希, 黄卓. 数字经济与高质量发展: 机制与证据[J]. 经济学(季刊), 2022(5): 1699-1716.

[127] 李雪松, 党琳, 赵宸宇. 数字化转型、融入全球创新网络与创新绩效[J]. 中国工业经济, 2022(10): 43-61.

[128] 林薛栋, 魏浩, 李飙. 进口贸易自由化与中国的企业创新——来自中国制造业企业的证据[J]. 国际贸易问题, 2017(2): 97-106.

[129] 刘家悦, 胡颖, 李波. 人力资本、融资约束与企业全要素生产率——来自中国制造业企业的微观证据[J]. 华东经济管理, 2020(10): 112-119.

[130] 刘军, 杨渊鋆, 张三峰. 中国数字经济测度与驱动因素研究[J]. 上海经济研究, 2020(6): 81-96.

[131] 刘淑春, 闫津臣, 张思雪, 等. 企业管理数字化变革能提升投入产出效率吗[J]. 管理世界, 2021(5): 13, 170-190.

[132] 刘伟, 许宪春, 熊泽泉. 数字经济分类的国际进展与中国探索[J]. 财贸经济, 2021(7): 32-48.

[133] 刘洋, 董久钰, 魏江. 数字创新管理: 理论框架与未来研究[J]. 管理世界, 2020(7): 198-217, 219.

[134] 莫怡青, 李力行. 零工经济对创业的影响——以外卖平台的兴起为例[J]. 管理世界, 2022(2):3, 31-45.

[135] 逄健, 朱欣民. 国外数字经济发展趋势与数字经济国家发展战略[J]. 科技进步与对策, 2013(8): 124-128.

[136] 裴长洪, 倪江飞, 李越. 数字经济的政治经济学分析[J]. 财贸经济, 2018(9): 5-22.

[137] 戚聿东, 褚席. 数字生活的就业效应: 内在机制与微观证据[J]. 财贸经济, 2021(4): 98-114.

[138] 钱海燕, 江煜. 浙江数字经济水平的测量及影响因素——基于熵值－Tobit 模型[J]. 浙江树人大学学报 (人文社会科学版), 2020(6): 40-47.

[139] 秦佳良, 张玉臣, 贺明华. 互联网知识溢出对包容性创新的影响[J]. 中国科技论坛, 2018(5): 11-22.

[140] 史丹. 数字经济条件下产业发展趋势的演变[J]. 中国工业经济, 2022(11): 26-42.

[141] 史青, 李平, 宗庆庆. 出口中学: 基于企业研发策略互动的视角[J]. 世界经济, 2017(6): 72-97.

[142] 宋跃刚, 郑磊. 中间品进口、自主创新与中国制造业企业出口产品质量升级[J]. 世界经济研究, 2020(11): 26-44.

[143] 唐要家, 王钰, 唐春晖. 数字经济、市场结构与创新绩效[J]. 中国工业经济, 2022(10): 62-80.

[144] 田晖, 程倩, 李文玉. 进口竞争、创新与中国制造业高质量发展[J]. 科学学研究, 2021(2): 222-232.

[145] 田巍, 余淼杰. 中间品贸易自由化和企业研发: 基于中国数据的经验分析[J]. 世界经济, 2014(6): 90-112.

[146] 田秀娟, 李睿. 数字技术赋能实体经济转型发展——基于熊彼特内生增长理论的分析框架[J]. 管理世界, 2022(5): 56-74.

[147] 王金杰, 郭树龙, 张龙鹏. 互联网对企业创新绩效的影响及其机制研究——基于开放式创新的解释[J]. 南开经济研究, 2018(6): 170-190.

[148] 王雄元, 卜落凡. 国际出口贸易与企业创新——基于"中欧班列"开通的准自然实验研究[J]. 中国工业经济, 2019(10): 80-98.

[149] 王亦斌. 信息技术、人力资本与经济发展方式转变[J]. 理论探讨, 2012(1): 105-108.

[150] 魏下海. 人力资本、空间溢出与省际全要素生产率增长——基于三种空间权重测度的实证检验[J]. 财经研究, 2010(12): 94-104.

[151] 吴非, 胡慧芷, 林慧妍, 等. 企业数字化转型与资本市场表现——来自股票流动性的经验证据[J]. 管理世界, 2021(7): 10, 130-144.

[152] 许和连, 亓朋, 祝树金. 贸易开放度、人力资本与全要素生产率: 基于中国省际面板数据的经验分析[J]. 世界经济, 2006(12): 3-10.

[153] 许恒, 张一林, 曹雨佳. 数字经济、技术溢出与动态竞合政策[J]. 管理世界, 2020(11): 63-84.

[154] 许宪春, 胡亚茹, 张美慧. 数字经济增长测算与数据生产要素统计核算

问题研究[J]. 中国科学院院刊, 2022(10): 1410-1417.

[155] 许宪春, 张美慧, 张钟文. 数字化转型与经济社会统计的挑战和创新 [J]. 统计研究, 2021(1):15-26.

[156] 许宪春, 张美慧. 中国数字经济规模测算研究——基于国际比较的视角[J]. 中国工业经济, 2020(5): 23-41.

[157] 许宪春, 张钟文, 关会娟. 中国新经济:作用、特征与挑战[J]. 财贸经济, 2020(1): 5-20.

[158] 严成樑. 社会资本, 创新与长期经济增长[J]. 经济研究, 2012(11): 48-60.

[159] 杨德明, 刘泳文. "互联网＋"为什么加出了业绩[J]. 中国工业经济, 2018(5): 80-98.

[160] 杨晓云. 进口中间产品多样性与企业产品创新能力——基于中国制造业微观数据的分析[J]. 国际贸易问题, 2013(10): 23-33.

[161] 杨仲山, 张美慧. 数字经济卫星账户：国际经验及中国编制方案的设计[J]. 统计研究, 2019(5): 16-30.

[162] 易宪容. 数字经济中的几个重大理论问题研究——基于现代经济学的一般性分析[J]. 经济学家, 2019(7): 23-31.

[163] 尹士, 李柏洲, 周开乐. 基于资源观的互联网与企业技术创新模式演化研究[J]. 科技进步与对策, 2018(6): 93-98.

[164] 袁淳, 肖土盛, 耿春, 等. 数字化转型与企业分工：专业化还是纵向一体化[J]. 中国工业经济, 2021(9): 137-155.

[165] 张杰. 进口对中国制造业企业专利活动的抑制效应研究[J]. 中国工业经济, 2015(7): 68-83.

[166] 张军, 许庆瑞. 知识积累, 创新能力与企业成长关系研究[J]. 科学学与科学技术管理, 2014(8): 86-95.

[167] 张亮亮, 刘小凤, 陈志. 中国数字经济发展的战略思考[J]. 现代管理科学, 2018(5): 88-90.

[168] 张文魁. 数字经济的内生特性与产业组织[J]. 管理世界, 2022(7): 79-90.

[169] 张旭亮, 史晋川, 李仙德, 等. 互联网对中国区域创新的作用机理与效应[J]. 经济地理, 2017(12): 129-137.

[170] 张雪玲, 焦月霞. 中国数字经济发展指数及其应用初探[J]. 浙江社会科学, 2017(4): 32-39.

[171] 张勋, 万广华, 吴海涛. 缩小数字鸿沟:中国特色数字金融发展[J]. 中国社会科学, 2021(8): 35-51, 204-205.

[172] 张勋, 万广华, 张佳佳, 等. 数字经济、普惠金融与包容性增长[J]. 经济研究, 2019(8): 71-86.

[173] 赵宸宇, 王文春, 李雪松. 数字化转型如何影响企业全要素生产率[J]. 财贸经济, 2021(7): 114-129.

[174] 赵宸宇. 进口竞争能否提高企业创新效率?: 基于中国企业层面的分析[J]. 世界经济研究, 2020(1): 121-134.

[175] 赵涛, 张智, 梁上坤. 数字经济、创业活跃度与高质量发展——来自中国城市的经验证据[J]. 管理世界, 2020(10): 65-76.

[176] 中国信息通信研究院. 中国数字经济发展白皮书 [EB/OL].(2021-04). http://www. caict. ac. cn/kxyj/qwfb/bps/202104/P020210424737615413306. pdf.

[177] 中国信息通信研究院. 中国数字经济发展白皮书（2020年）[EB/OL]. (2020-07). http://www.caict.ac.cn/kxyj/qwfb/bps/202007/P0202007033318256637020.pdf.

[178] 中国信息通信研究院. 中国数字经济发展与就业白皮书（2019 年）[EB/OL]. (2019-04). http://www.caict.ac.cn/kxyj/qwfb/bps/201904/P020190417344468720243.pdf.

附　录

A　以数字技能劳动力相对需求衡量内部数字化水平的问题及其解释

若使用企业对数字技能劳动力的相对需求——企业招聘劳动力中数字技能劳动力所占的份额——衡量内部数字化水平（记为 $\mathrm{DL}_{it}^{\mathrm{IN}\prime}$），则有：

$$\mathrm{DL}_{it}^{\mathrm{IN}\prime} = \frac{\sum_{j \in \Theta_u \cap \Psi} \mathrm{staff}_j}{\sum_{j \in \Theta_u} \mathrm{staff}_j} \text{。}$$

图 A-1 比较了企业拟聘数字技能劳动力总量和份额与企业规模之间的关系。可以看到，无论以注册资本金还是网络招聘总人数衡量企业规模，企业拟聘数字技能劳动力总量与其规模呈现出明显的正向关系，而将总量换成份额后，这种关系便不再存在，甚至逆转了方向。这意味着，如果使用企业拟聘数字技能劳动力份额刻画内部数字化水平，我们必须同时接受这样的结论：随着规模的扩大，企业的内部数字化水平没有明显的变化，

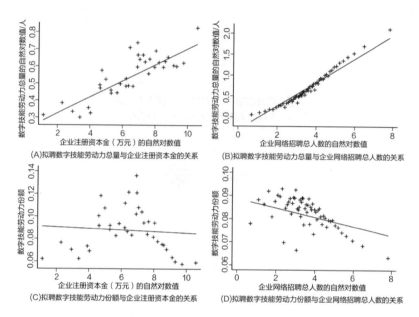

图A-1　企业拟聘数字技能劳动力总量和份额与企业规模间关系的对比

注：①本图的统计对象和变量的计算方法均与图2-6相同，（A）和（B）分别是图2-6中（A）和（B）的完全复制品（纵轴的说明文字不同，但含义一致）。②任意一幅小图均未包含所有样本观测点，而是经过了一定的统计处理以呈现更直观的视觉效果，详细的处理过程参见图2-6注释的第③点。③任意一幅小图中的直线是对所有样本观测点（而不仅是图中所列的点）的线性最小二乘拟合。④企业注册资本金和招聘广告拟聘劳动力数量的数据均已经过1%水平的缩尾处理。

资料来源：作者基于中国企业网络招聘数据库和基础信息数据库整理、计算。

甚至可能有下降的趋势。然而，在我们对中国数字经济发展的经验观察中，具有高生产率的大型企业是推动数字经济规模不断扩大的中坚力量，百度、腾讯、滴滴、美团和阿里巴巴等平台经济企业更是内部数字化转型的先驱者和引领者。它们拥有相对成熟完善的专用数字技术体系，并不断在各自领域的前沿推陈出新。因此，以企业拟聘数字技能劳动力份额衡量内部数字化水平，尽管在直觉上似乎能更准确地反映企业技术结构的变迁从而捕捉其内部数字化水平的动态，却难以解释我们在现实经济世界观察到的企业规模与其内部数字化水平间的关系。

　　企业对数字技能劳动力的相对需求为何无法恰当地衡量内部数字化水平？一个可能的解释是，在中国，数字经济的发展或数字技术的进步使得以是否掌握数字技能作为区分的数字技能劳动力和非数字技能劳动力之间的互补性而非替代性变得更强。本书第五章和第六章的研究表明，为企业在时间和空间上提供服务延展性与消费者触及便利性的内部数字化转型是其（可及）市场规模膨胀的催化剂。随着内部数字化转型的推进，在专用数字技术的研发和升级上投入新的数字技能劳动力的同时，为了有效地支撑和运作愈发庞大的线下场景业务量，企业必须雇用更多实际参与其中的非数字技能劳动力，这就可能导致数字技能劳动力在企业聘用人员中所占的份额有下降的倾向。一个典型的例子是，以快递员、外卖骑手和网约车司机等为代表的灵活就业群体近年来在中国迅速扩大，而他们的雇主恰是正在经历数字技术蓬勃发展和快速迭代的快递、外卖和网约车等行业中的企业。这些企业掌握在中国处于领先地位的高水平专用数字技术，自然需要持续向数字技术创新和升级领域投入新的数字技能劳动力以保持既有的竞争优势，但数字技术进步带来的业务规模和消费者群体扩大在速度上远远超过数字技能劳动力需求缺口的扩大。因此，尽管中国就业市场上数字技能劳动力在不断向这些规模庞大的企业汇集，但这些企业所表现出的对数字技能劳动力的相对需求，或劳动力总需求中数字技能劳动力的份额，反而在不断下降。

B　封闭条件下创新强度均值和方差对外部数字化水平的递增性

　　下面分别证明本书第三章理论推导得到的考虑经济外部数字化转型的

封闭条件下经济体内所有在位企业创新强度的均值$\bar{k}_{\mathrm{AU}}^{\mathrm{ED}}$和方差$\left(\sigma_{k,\mathrm{AU}}^{\mathrm{ED}}\right)^{2}$对外部数字化水平$\eta^{\mathrm{EX}}$的单调递增性。

（Ⅰ）将$c_{\mathrm{T,AU}}^{\mathrm{ED}}$的解析形式代入$\bar{k}_{\mathrm{AU}}^{\mathrm{ED}}$可得：

$$\bar{k}_{\mathrm{AU}}^{\mathrm{ED}}=\frac{1}{\theta+1}\left[\frac{\beta(\theta+1)(\theta+2)f_{e}c_{\mathrm{M}}^{\theta}}{2\lambda}\right]^{\frac{1}{\theta+2}}\left[\frac{\left(\Delta^{\mathrm{ED}}\right)^{\theta+1}}{1-\eta^{\mathrm{EX}}}\right]^{\frac{1}{\theta+2}}。$$

其中，Δ^{ED}是η^{EX}的函数。因此，欲证明$\bar{k}_{\mathrm{AU}}^{\mathrm{ED}}$对$\eta^{\mathrm{EX}}$的单调递增性，需要且仅需要证明上式第二个中括号内的部分是η^{EX}的单调递增函数。不妨令：

$$f\left(\eta^{\mathrm{EX}}\right)=\frac{\left(\Delta^{\mathrm{ED}}\right)^{\theta+1}}{1-\eta^{\mathrm{EX}}}。$$

其对η^{EX}求偏导数有：

$$f'\left(\eta^{\mathrm{EX}}\right)=\frac{(\theta+1)\left(\Delta^{\mathrm{ED}}\right)^{\theta}\dfrac{\partial\Delta^{\mathrm{ED}}}{\partial\eta^{\mathrm{EX}}}\left(1-\eta^{\mathrm{EX}}\right)+\left(\Delta^{\mathrm{ED}}\right)^{\theta+1}}{\left(1-\eta^{\mathrm{EX}}\right)^{2}}。$$

由$\partial\Delta^{\mathrm{ED}}/\partial\eta^{\mathrm{EX}}>0$可知$f'\left(\eta^{\mathrm{EX}}\right)>0$。这就完成了对$\bar{k}_{\mathrm{AU}}^{\mathrm{ED}}$关于$\eta^{\mathrm{EX}}$的单调递增性的证明。

（Ⅱ）注意到$\left(\sigma_{k,\mathrm{AU}}^{\mathrm{ED}}\right)^{2}$可以写成仅与$\bar{k}_{\mathrm{AU}}^{\mathrm{ED}}$有关的形式：

$$(\sigma_{k,\mathrm{AU}}^{\mathrm{ED}})^{2}=\frac{\theta}{\theta+2}\left(\bar{k}_{\mathrm{AU}}^{\mathrm{ED}}\right)^{2}。$$

由于$\bar{k}_{\mathrm{AU}}^{\mathrm{ED}}$是$\eta^{\mathrm{EX}}$的单调递增函数，$\left(\sigma_{k,\mathrm{AU}}^{\mathrm{ED}}\right)^{2}$自然也是$\eta^{\mathrm{EX}}$的单调递增函数。这就证明了$\left(\sigma_{k,\mathrm{AU}}^{\mathrm{ED}}\right)^{2}$对$\eta^{\mathrm{EX}}$的单调递增性。

C 开放条件下创新强度均值和方差对外部数字化水平的递增性

下面分别证明本书第三章理论推导得到的考虑经济外部数字化转型的开放条件下经济体内所有在位企业创新强度的均值$\bar{k}_{\mathrm{OP}}^{\mathrm{ED}}$和方差$\sigma_{k,\mathrm{OP}}^{2,\mathrm{ED}}$对外部

数字化水平 η^{EX} 的单调递增性。

（I）将 $c_{\mathrm{T}d,\,\mathrm{OP}}^{\mathrm{ED}}$ 的解析形式代入 $\bar{k}_{\mathrm{OP}}^{\mathrm{ED}}$ 可得：

$$\bar{k}_{\mathrm{OP}}^{\mathrm{ED}}=\frac{\Gamma^{\frac{1}{\theta+2}}}{(\theta+1)\tau^{\theta}}\left[\frac{\left(\tau^{\theta+1}\Delta_{d}^{\mathrm{ED}}+\Delta_{x}^{\mathrm{ED}}\right)^{\theta+2}}{(1-\eta^{\mathrm{EX}})(\tau^{\theta+2}\Delta_{d}^{\mathrm{ED}}+\Delta_{x}^{\mathrm{ED}})}\right]^{\frac{1}{\theta+2}}。$$

其中，Δ_{d}^{ED} 和 Δ_{x}^{ED} 均为 η^{EX} 的函数。因此，欲证明 $\bar{k}_{\mathrm{OP}}^{\mathrm{ED}}$ 对 η^{EX} 的单调递增性，需要且仅需要证明上式中括号内的部分是 η^{EX} 的单调递增函数。由于该部分分母上的 $1-\eta^{\mathrm{EX}}$ 随着 η^{EX} 的上升而下降，若能证明剩余部分随 η^{EX} 单调递增（尽管并非必要），则其整体必然也是 η^{EX} 的单调递增函数。于是，我们不妨令：

$$f\left(\eta^{\mathrm{EX}}\right)=\frac{\left(\tau^{\theta+1}\Delta_{d}^{\mathrm{ED}}+\Delta_{x}^{\mathrm{ED}}\right)^{\theta+2}}{\tau^{\theta+2}\Delta_{d}^{\mathrm{ED}}+\Delta_{x}^{\mathrm{ED}}}。$$

其对 η^{EX} 求偏导数有：

$$f'\left(\eta^{\mathrm{EX}}\right)=\Lambda\left[\begin{array}{l}(\theta+2)(\tau^{\theta+2}\Delta_{d}^{\mathrm{ED}}+\Delta_{x}^{\mathrm{ED}})\left(\tau^{\theta+1}\dfrac{\partial\Delta_{d}^{\mathrm{ED}}}{\partial\eta^{\mathrm{EX}}}+\dfrac{\partial\Delta_{x}^{\mathrm{ED}}}{\partial\eta^{\mathrm{EX}}}\right)\\[3mm]-(\tau^{\theta+1}\Delta_{d}^{\mathrm{ED}}+\Delta_{x}^{\mathrm{ED}})\left(\tau^{\theta+2}\dfrac{\partial\Delta_{d}^{\mathrm{ED}}}{\partial\eta^{\mathrm{EX}}}+\dfrac{\partial\Delta_{x}^{\mathrm{ED}}}{\partial\eta^{\mathrm{EX}}}\right)\end{array}\right]$$

$$>\Lambda\left[\begin{array}{l}(\tau^{\theta+2}\Delta_{d}^{\mathrm{ED}}+\Delta_{x}^{\mathrm{ED}})\left(\tau^{\theta+1}\dfrac{\partial\Delta_{d}^{\mathrm{ED}}}{\partial\eta^{\mathrm{EX}}}+\dfrac{\partial\Delta_{x}^{\mathrm{ED}}}{\partial\eta^{\mathrm{EX}}}\right)\\[3mm]-(\tau^{\theta+1}\Delta_{d}^{\mathrm{ED}}+\Delta_{x}^{\mathrm{ED}})\left(\tau^{\theta+2}\dfrac{\partial\Delta_{d}^{\mathrm{ED}}}{\partial\eta^{\mathrm{EX}}}+\dfrac{\partial\Delta_{x}^{\mathrm{ED}}}{\partial\eta^{\mathrm{EX}}}\right)\end{array}\right]$$

$$=\Lambda\left(\tau^{\theta+2}-\tau^{\theta+1}\right)\left(\Delta_{d}^{\mathrm{ED}}\dfrac{\partial\Delta_{x}^{\mathrm{ED}}}{\partial\eta^{\mathrm{EX}}}-\Delta_{x}^{\mathrm{ED}}\dfrac{\partial\Delta_{d}^{\mathrm{ED}}}{\partial\eta^{\mathrm{EX}}}\right)。$$

其中，$\Lambda=\left(\tau^{\theta+1}\Delta_{d}^{\mathrm{ED}}+\Delta_{x}^{\mathrm{ED}}\right)^{\theta+1}\Big/\left(\tau^{\theta+2}\Delta_{d}^{\mathrm{ED}}+\Delta_{x}^{\mathrm{ED}}\right)^{2}>0$。

由 $\tau > 1$ 可知 $\tau^{\theta+2} > \tau^{\theta+1}$ 以及 $\Delta_d^{\mathrm{ED}} \dfrac{\partial \Delta_x^{\mathrm{ED}}}{\partial \eta^{\mathrm{EX}}} - \Delta_x^{\mathrm{ED}} \dfrac{\partial \Delta_d^{\mathrm{ED}}}{\partial \eta^{\mathrm{EX}}} =$

$$\frac{4\gamma\lambda\tau^2 L^3 \beta^4 (\tau^2 - 1)}{\left[4\gamma\lambda(1-\eta^{\mathrm{EX}}) - \tau^2 L\beta^2\right]^2 \left[4\gamma\lambda(1-\eta^{\mathrm{EX}}) - L\beta^2\right]^2} > 0,$$

故有 $f'(\eta^{\mathrm{EX}}) > 0$。这就证明了 $\bar{k}_{\mathrm{OP}}^{\mathrm{ED}}$ 是 η^{EX} 的单调递增函数。

(II) 整理 $(\sigma_{k,\mathrm{OP}}^{\mathrm{ED}})^2$ 的解析式可得：

$$(\sigma_{k,\mathrm{OP}}^{\mathrm{ED}})^2 = \frac{(c_{\mathrm{T}d,\mathrm{OP}}^{\mathrm{ED}})^2}{(\theta+1)^2(\theta+2)} \left[\begin{array}{l} \theta\left(\Delta_d^{\mathrm{ED}} + \dfrac{\Delta_x^{\mathrm{ED}}}{\tau^{\theta+1}}\right)^2 + 2\theta(\theta+1)\left(1 - \dfrac{1}{\tau}\right)\Delta_d^{\mathrm{ED}}\dfrac{\Delta_x^{\mathrm{ED}}}{\tau^{\theta+1}} + \\[2mm] 2(\theta+1)(\tau^\theta - 1)\left(\dfrac{\Delta_x^{\mathrm{ED}}}{\tau^{\theta+1}}\right)^2 \end{array} \right]。$$

注意到打开括号后的第一项可用 $\bar{k}_{\mathrm{OP}}^{\mathrm{ED}}$ 表示：

$$\frac{\theta}{\theta+2}\left[\left(\Delta_d^{\mathrm{ED}} + \frac{\Delta_x^{\mathrm{ED}}}{\tau^{\theta+1}}\right)\frac{c_{\mathrm{T}d,\mathrm{OP}}^{\mathrm{ED}}}{(\theta+1)}\right]^2 = \frac{\theta}{\theta+2}(\bar{k}_{\mathrm{OP}}^{\mathrm{ED}})^2。$$

上文已经证明 $\bar{k}_{\mathrm{OP}}^{\mathrm{ED}}$ 是 η^{EX} 的单调递增函数，故该项也随 η^{EX} 单调递增。于是，我们重点考察括号打开后的后两项。代入 $c_{\mathrm{T}d,\mathrm{OP}}^{\mathrm{ED}}$ 的解析形式后，将与 η^{EX} 有关的部分视为一个整体，则这两项可分别表示为：

$$\frac{2\theta(\tau-1)\Gamma^{\frac{2}{\theta+2}}}{(\theta+1)(\theta+2)\tau^\theta}\left[\frac{(\Delta_d^{\mathrm{ED}}\Delta_x^{\mathrm{ED}})^{\frac{\theta+2}{2}}}{(1-\eta^{\mathrm{EX}})(\tau^{\theta+2}\Delta_d^{\mathrm{ED}} + \Delta_x^{\mathrm{ED}})}\right]^{\frac{2}{\theta+2}} = \frac{2\theta(\tau-1)\Gamma^{\frac{2}{\theta+2}}}{(\theta+1)(\theta+2)\tau^\theta}g(\eta^{\mathrm{EX}}),$$

$$\frac{2(\tau^\theta-1)\Gamma^{\frac{2}{\theta+2}}}{(\theta+1)(\theta+2)\tau^{2\theta+2}}\left[\frac{(\Delta_x^{\mathrm{ED}})^{\theta+2}}{(1-\eta^{\mathrm{EX}})(\tau^{\theta+2}\Delta_d^{\mathrm{ED}} + \Delta_x^{\mathrm{ED}})}\right]^{\frac{2}{\theta+2}} =$$

$$\frac{2(\tau^\theta-1)\Gamma^{\frac{2}{\theta+2}}}{(\theta+1)(\theta+2)\tau^{2\theta+2}}h(\eta^{\mathrm{EX}})。$$

由于 $\tau > 1$，若能证明 $g(\eta^{\mathrm{EX}})$ 和 $h(\eta^{\mathrm{EX}})$ 均为 η^{EX} 的单调递增函数（尽管并

非必要），结合括号打开后第一项的单调递增性，则$(\sigma_{k,\mathrm{OP}}^{\mathrm{ED}})^2$必然随$\eta^{\mathrm{EX}}$单调递增。对函数$g(\eta^{\mathrm{EX}})$的代数形式略做变换可以发现：

$$g(\eta^{\mathrm{EX}})=\left[\frac{\left(\Delta_d^{\mathrm{ED}}\Delta_x^{\mathrm{ED}}\right)^{\frac{\theta}{2}}}{\left(1-\eta^{\mathrm{EX}}\right)\left(\dfrac{\tau^{\theta+2}}{\Delta_x^{\mathrm{ED}}}+\dfrac{1}{\Delta_d^{\mathrm{ED}}}\right)}\right]^{\frac{2}{\theta+2}}。$$

由$\partial\Delta_d^{\mathrm{ED}}/\partial\eta^{\mathrm{EX}}>0$，$\partial\Delta_x^{\mathrm{ED}}/\partial\eta^{\mathrm{EX}}>0$易知$g'(\eta^{\mathrm{EX}})>0$。

类似地，对函数$h(\eta^{\mathrm{EX}})$略做代数变换有：

$$h(\eta^{\mathrm{EX}})=\left[\frac{\left(\Delta_x^{\mathrm{ED}}\right)^{\theta+1}}{\left(1-\eta^{\mathrm{EX}}\right)\left(\tau^{\theta+2}\dfrac{\Delta_d^{\mathrm{ED}}}{\Delta_x^{\mathrm{ED}}}+1\right)}\right]^{\frac{2}{\theta+2}}。$$

注意到

$$\frac{\partial\left(\Delta_d^{\mathrm{ED}}/\Delta_x^{\mathrm{ED}}\right)}{\partial\eta^{\mathrm{EX}}}=\frac{4\gamma\lambda L\beta^2\left(1-\tau^2\right)}{\left[4\gamma\lambda\left(1-\eta^{\mathrm{EX}}\right)-L\beta^2\right]^2\tau^2}<0,$$

故$h'(\eta^{\mathrm{EX}})>0$。至此，我们完成了对$(\sigma_{k,\mathrm{OP}}^{\mathrm{ED}})^2$关于$\eta^{\mathrm{EX}}$的单调递增性的证明。

D　最优内部数字化水平解的存在性和唯一性

下面证明本书第五章理论推导得到的封闭条件下差异化产品单位生产成本为c的代表性企业，在内部数字化转型的数字化属性变更阶段，所选择的最优内部数字化水平$\eta_c^{\mathrm{IN}*}$的存在性和唯一性。

（I）原优化问题的一阶必要条件是：

$$\frac{L_c^{A\prime}\left(\eta_c^{\mathrm{IN}}\right)}{4\gamma}\left(c-c_{\mathrm{T}}\right)^2-C'\left(\eta_c^{\mathrm{IN}}\right)=0。$$

我们注意到对于任意满足一阶条件的 η_{c0}^{IN}，其也满足二阶充分条件：

$$\frac{L_c^{A\,\prime\prime}\!\left(\eta_{c0}^{\mathrm{IN}}\right)}{4\gamma}\left(c-c_{\mathrm{T}}\right)^2 - C''\!\left(\eta_{c0}^{\mathrm{IN}}\right) < 0。$$

这一点可由企业可及市场规模决定函数 $L_c^A(\cdot)$ 和内部数字化转型成本函数 $C(\cdot)$ 的数学性质——$L_c^{A\,\prime\prime}(\cdot) < 0$（性质5-1-3）和 $C''(\cdot) > 0$（性质5-2-3）——看出。至此，我们完成了对企业最优内部数字化水平解的存在性的证明。

(Ⅱ)整理一阶必要条件可得：

$$\frac{C'\!\left(\eta_c^{\mathrm{IN}}\right)}{L_c^{A\,\prime}\!\left(\eta_c^{\mathrm{IN}}\right)} = \frac{\left(c_{\mathrm{T}}-c\right)^2}{4\gamma}。$$

记等号左侧的部分为 $f\!\left(\eta_c^{\mathrm{IN}}\right)$，则有：

$$f'\!\left(\eta_c^{\mathrm{IN}}\right) = \frac{C''\!\left(\eta_c^{\mathrm{IN}}\right)L_c^{A\,\prime}\!\left(\eta_c^{\mathrm{IN}}\right) - C'\!\left(\eta_c^{\mathrm{IN}}\right)L_c^{A\,\prime\prime}\!\left(\eta_c^{\mathrm{IN}}\right)}{\left[L_c^{A\,\prime}\!\left(\eta_c^{\mathrm{IN}}\right)\right]^2}。$$

由 $L_c^{A\,\prime}(\cdot) > 0$（性质5-1-2）、$L_c^{A\,\prime\prime}(\cdot) < 0$（性质5-1-3）、$C'(\cdot) \geqslant 0$（性质5-2-2）和 $C''(\cdot) > 0$（性质5-2-3）可知 $f'\!\left(\eta_c^{\mathrm{IN}}\right) > 0$ 对 $\forall \eta_c^{\mathrm{IN}} \in [0, +\infty)$ 均成立。因此，$f\!\left(\eta_c^{\mathrm{IN}}\right)$ 是其定义域上的恒增函数。结合上述性质，又注意到：

$$f(0) = \frac{C'(0)}{L_c^{A\,\prime}(0)} = 0,$$

$$\lim_{\eta_c^{\mathrm{IN}} \to +\infty} f\!\left(\eta_c^{\mathrm{IN}}\right) = \lim_{\eta_c^{\mathrm{IN}} \to +\infty} \frac{C'\!\left(\eta_c^{\mathrm{IN}}\right)}{L_c^{A\,\prime}\!\left(\eta_c^{\mathrm{IN}}\right)} = +\infty。$$

这意味着 $f\!\left(\eta_c^{\mathrm{IN}}\right)$ 的值域是 $[0, +\infty)$。由于整理后的一阶必要条件等号右侧为一个与 η_c^{IN} 无关的常数，必然有且仅有一个 η_c^{IN}（即正文中的 $\eta_c^{\mathrm{IN*}}$）使一阶条件成立。这就证明了企业最优内部数字化水平解的唯一性。

E　图5-2中曲线段L与直线段P_1在点G处的相切性

下面证明本书第五章图5-2中曲线段L与直线段P_1相切于点G。

由正文的推导可知，直线段P_1的轨迹方程是：

$$k_1 = \tilde{\Delta}(c_{\mathrm{T,AU}}^{\mathrm{ID}} - c), \quad c \in [0, c_{\mathrm{T,AU}}^{\mathrm{ID}}]。$$

其中，$\tilde{\Delta} = L^1\beta / (4\lambda\gamma - L^1\beta^2)$。因此，点$G$的坐标是$(c_{\mathrm{T,AU}}^{\mathrm{ID}}, 0)$，直线段$P_1$在该点处的斜率为$-\tilde{\Delta}$。那么，欲证明曲线段$L$与直线段$P_1$相切于点$G$，只需证明：①点$G$也在曲线段$L$上；②曲线段$L$在点$G$处的斜率也为$-\tilde{\Delta}$。

由正文的推导可知，曲线段L的轨迹方程是：

$$k_2 = \Delta^{\mathrm{ID}}(c_{\mathrm{T,AU}}^{\mathrm{ID}} - c), \quad c \in [0, c_{\mathrm{T,AU}}^{\mathrm{ID}}]。$$

其中，$\Delta^{\mathrm{ID}} = L_c^A\beta / (4\lambda\gamma - L_c^A\beta^2)$。易知，点$G(c_{\mathrm{T,AU}}^{\mathrm{ID}}, 0)$在曲线段$L$上。

曲线段L在点G处的切线斜率为：

$$\left.\frac{\partial k_2}{\partial c}\right|_{c = c_{\mathrm{T,AU}}^{\mathrm{ID}}} = \left.\frac{\partial \Delta^{\mathrm{ID}}}{\partial c}(c_{\mathrm{T,AU}}^{\mathrm{ID}} - c) - \Delta^{\mathrm{ID}}\right|_{c = c_{\mathrm{T,AU}}^{\mathrm{ID}}} = -\Delta^{\mathrm{ID}}\big|_{c = c_{\mathrm{T,AU}}^{\mathrm{ID}}} = -\tilde{\Delta}。$$

至此，我们就完成了对曲线段L与直线段P_1相切于点G的证明。